Microsoft
Office
Specialist

JN001271

MOS
攻略問題集

Excel エキスパート
365&2019

日経BP

目次

第 3 章　高度な機能を使用した数式およびマクロの作成 ───── 113

第4章　高度な機能を使用したグラフやテーブルの管理 ──────── 231

はじめに

本書は、Microsoft Office Specialist（MOS）に必要なアプリケーションの機能と操作方法を、練習問題で実習しながら学習する試験対策問題集です。試験の出題範囲をすべて学習することができます。

本書は「本誌解説」「模擬練習問題」「模擬テストプログラム」の 3 種類の教材で学習を行います。

■ 本誌解説

個々の機能について、練習問題＋機能の説明＋操作手順という 3 ステップで学習します。
学習のために利用する実習用データは CD-ROM からインストールしてください。インストール方法は（7）ページを参照してください。

■ 模擬練習問題

より多くの問題を練習したい、という方のための模擬問題です。模擬テストプログラムではプログラムの都合上判定ができないような問題も収録しています。問題は 292 ページに掲載しています。解答に使用するファイルは実習用データと一緒にインストールされます。解答が終了したらプロジェクト単位でファイルを保存し、解答（PDF ファイル）および完成例ファイルと比較し、答え合わせを行ってください。

■ 模擬テストプログラム

実際の MOS 試験に似た画面で解答操作を行います。採点は自動で行われ、実力を確認できます。模擬テストは CD-ROM からインストールしてください。インストール方法は（7）ページ、詳しい使い方は 294 ページを参照してください。

模擬テストには 2 種類のモードがあります。
- 練習モード： 一つのタスクごとに採点します。
- 本番モード： 実際の試験と同じように、50 分の制限時間の中で解答します。終了すると合否判定が表示され、タスクごとの採点結果を確認できます。作成したファイルはあとで内容を確認することもできます。

■ 学習に必要なコンピューター環境（実習用データ、模擬テストプログラム）

OS	Windows 10（日本語版、32 ビットおよび 64 ビット。ただし S モードを除く）。本書発行後に発売された Windows のバージョンへの対応については、本書のウェブページ（https://bookplus.nikkei.com/atcl/catalog/21/S60060/）を参照してください。
アプリケーションソフト	Microsoft Office 2019 または Office 365（Microsoft 365、日本語版、32 ビットおよび 64 ビット）をインストールし、ライセンス認証を完了させた状態。 なお、お使いの Office がストアアプリ版の場合、模擬テストプログラムが動作しないことがあります。くわしくは、本書のウェブページ（https://bookplus.nikkei.com/atcl/catalog/21/S60060/）の「お知らせ」を参照してください。
インターネット	本誌解説の中には、インターネットに接続されていないと実習できない機能が一部含まれています。模擬テストプログラムの実行にインターネット接続は不要ですが、模擬テストプログラムの更新プログラムの適用にはインターネット接続が必要です。
ハードディスク	300MB 以上の空き容量。
画面解像度	本誌解説は画面解像度が 1280×768 ピクセルの環境での画面ショットを掲載しています。環境によりリボンやボタンの表示が誌面とは異なる場合があります。模擬テストプログラムの実行には、横 1280 ピクセル以上を推奨します。
CD-ROM ドライブ	実習用データおよび模擬テストのインストールに必要です。

※ 模擬テストプログラムは、Office 2019 もしくは Office 365（Microsoft 365）以外のバージョンや Microsoft 以外の互換 Office では動作しません。また、複数の Office が混在した環境では、本プログラムの動作を保証しておりません。

※Office のインストールは、模擬テストプログラムより先に行ってください。模擬テストプログラムのインストール後に Office のインストールや再インストールを行う場合は、いったん模擬テストプログラムをアンインストールしてください。

■ インストール方法

本書付属 CD-ROM では次のファイルもしくはデータをインストールできます。

・模擬テストプログラム

・実習用データと模擬練習問題

これらは別々にインストールできます。

●インストール方法

CD-ROM をドライブに挿入すると、自動再生機能によりインストールが始まります。始まらない場合は、CD-ROM の中にある MosExcel2019 Expert_Setup.exe をダブルクリックしてください（ファイルを間違えないようご注意ください）。

インストールウィザードで右の画面が表示されたら、インストールするモジュールの左にあるアイコンをクリックします。インストールする場合は［この機能をローカルのハードディスクドライブにインストールします。］（既定値）、インストールしない場合は［この機能を使用できないようにします。］を選んでください。その他の項目を選択すると正常にインストールされないのでご注意ください。

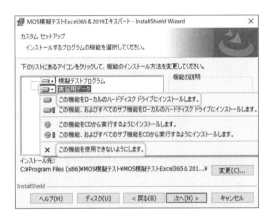

あとから追加でインストールする場合は、［コントロールパネル］の［プログラムと機能］で表示される一覧から［MOS 模擬テスト Excel365&2019 エキスパート］を選び、［変更］をクリックします。右の画面で［変更］を選んで［次へ］をクリックすると、右上と同じ画面が表示されます。

※「インストールしています」の画面が表示されてからインストールが開始されるまで、かなり長い時間がかかる場合があります。インストールの進行を示すバーが変化しなくても、そのまましばらくお待ちください。

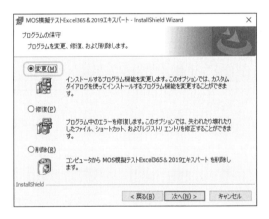

●インストール場所

模擬テストプログラム： インストールプログラムが提示します。この場所はインストール
　　　　　　　　　　　　時に変更できます。

実習用データ： 　　　　　［ドキュメント］-［Excel365&2019 エキスパート（実習用)］
　　　　　　　　　　　　フォルダー。この場所は変更できませんが、インストール後に移
　　　　　　　　　　　　動させることはできます。

●アンインストール方法

① Windows に管理者（Administrator）でサインイン / ログオンします。

② 設定の［アプリ］から［アプリと機能］を開き、[MOS 模擬テスト Excel365&2019
　エキスパート］を選んで［アンインストール］をクリックします。

※ アンインストールを行うと、動画解答、実習用データ（インストール後に作成したもの
　を除く）も削除されます。

おことわり

　本書の内容および模擬テストプログラムは、2021年4月現在のOffice
2019 Professional Plusで検証しています。

　Officeの更新状況や機能・サービスの変更により、模擬テストプログラ
ムの正解手順に応じた操作ができなかったり、正しい手順で操作したにも
かかわらず正解とは判定されなかったりすることがあります。その場合は、
適宜別の方法で操作したり、手順を確認のうえ、ご自分で正解と判断した
りして学習を進めてください。

本書の使い方

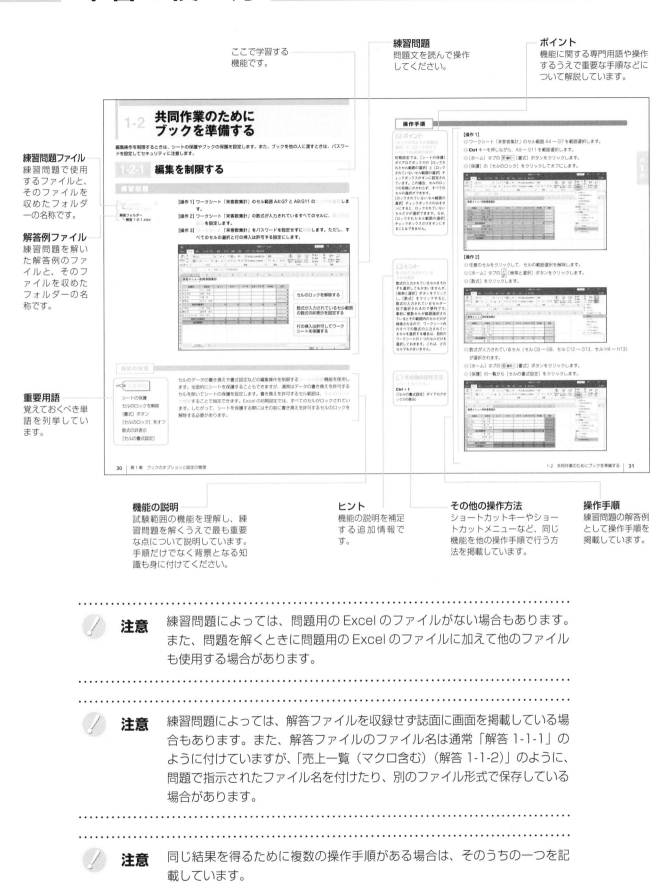

ここで学習する
機能です。

練習問題
問題文を読んで操作
してください。

ポイント
機能に関する専門用語や操作
するうえで重要な手順などに
ついて解説しています。

練習問題ファイル
練習問題で使用
するファイルと、
そのファイルを
収めたフォルダ
ーの名称です。

解答例ファイル
練習問題を解い
た解答例のファ
イルと、そのフ
ァイルを収めた
フォルダーの名
称です。

重要用語
覚えておくべき単
語を列挙してい
ます。

機能の説明
試験範囲の機能を理解し、練
習問題を解くうえで最も重要
な点について説明しています。
手順だけでなく背景となる知
識も身に付けてください。

ヒント
機能の説明を補足
する追加情報で
す。

その他の操作方法
ショートカットキーやショー
トカットメニューなど、同じ
機能を他の操作手順で行う方
法を掲載しています。

操作手順
練習問題の解答例
として操作手順を
掲載しています。

📝 **注意** 練習問題によっては、問題用の Excel のファイルがない場合もあります。
また、問題を解くときに問題用の Excel のファイルに加えて他のファイル
も使用する場合があります。

📝 **注意** 練習問題によっては、解答ファイルを収録せず誌面に画面を掲載している場
合もあります。また、解答ファイルのファイル名は通常「解答 1-1-1」の
ように付けていますが、「売上一覧（マクロ含む）（解答 1-1-2）」のように、
問題で指示されたファイル名を付けたり、別のファイル形式で保存している
場合があります。

📝 **注意** 同じ結果を得るために複数の操作手順がある場合は、そのうちの一つを記
載しています。

■ Excel 2019 の画面

クイックアクセスツールバー

[上書き保存] [元に戻す] など、作業内容にかかわらず頻繁に利用する
ボタンが集められたバー。ボタンをカスタマイズすることもできる。

[ファイル] タブ

クリックすると、[新規] [開く] [名前を付けて保存] [印刷] などのファ
イルに関する操作を選択して、その設定画面を表示できる

タブ

ウィンドウ上の [ホーム] [挿入] …と表示された部分。クリックすると、
その下のボタンの内容が選択したタブに応じて変化する。ワークシート上の
グラフやテーブルなどを選択すると、それに関するタブが新たに表示される。

リボン

ウィンドウ上の [ホーム] [挿入] …と表示された部分（タブ）に応じたコ
マンドボタンが並んでいるエリア。

詳細なダイアログボックスの表示

クリックすると、より詳細な設定ができるダイアログボックスや作業ウィ
ンドウが表示される。

表示選択ショートカット

[標準] [ページレイアウト] [改ページプレビュー] の各表示画面に切り
替えるボタンが配置されている。

コマンドボタン

各グループを構成する個々のボタン。コマンドボタンにマウスポインターを合わせて少し待つと、そのコマンドボタンの名前や機能がポップヒントで表示される。

名前ボックス

アクティブセルの位置を示す。セルやセル範囲に名前を付けると、その名前が表示される。

操作アシスト

実行したい作業を入力すると、コマンドが検索され、クリックすると実行できる。入力した内容に関するヘルプを表示することもできる。

グループ

ボタンが［フォント］や［数値］などのグループに分類されている。グループには、似た機能を持つボタン（コマンドボタン）が集められている。

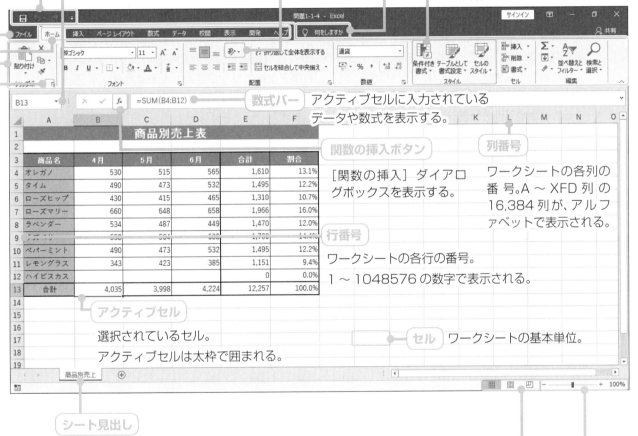

数式バー　アクティブセルに入力されているデータや数式を表示する。

関数の挿入ボタン

［関数の挿入］ダイアログボックスを表示する。

列番号

ワークシートの各列の番号。A ～ XFD 列の16,384 列が、アルファベットで表示される。

行番号

ワークシートの各行の番号。1 ～ 1048576 の数字で表示される。

アクティブセル

選択されているセル。アクティブセルは太枠で囲まれる。

セル　ワークシートの基本単位。

シート見出し

ワークシート名が表示される。クリックしてワークシートを切り替えることができる。

ズームスライダー

ウィンドウ右下にあり、表示倍率を変更する。スライダーをドラッグすると表示倍率を変更できる。また、［拡大］、［縮小］をクリックすると 10%ずつ拡大、縮小できる。

■ 本書の表記

本書では、Windows 10 上で Excel 2019 を操作した場合の画面表示、名称を基本に解説し、次のように表記しています。

●画面に表示される文字

メニュー、コマンド、ボタン、ダイアログボックスなどの名称で画面に表示される文字は、角かっこ（[ ]）で囲んで表記しています。アクセスキー、コロン（:）、省略記号（...）、チェックマークなどの記号は表記していません。

●ボタン名の表記

ボタンに表記されている名前を、原則的に使用しています。なお、ボタン名の表記がないボタンは、マウスでポイントすると表示されるポップヒントに従って表記しています。また、右端や下に▼が付いているボタンでは、「[○○] ボタンをクリックする」とある場合はボタンの左側や上部をクリックし、「[○○] ボタンの▼をクリックする」とある場合は、ボタンの右端や下部の▼部分をクリックすることを表します。

■ 実習用データの利用方法

インストール方法は、（7）ページを参照してください。[Excel365&2019 エキスパート（実習用）] フォルダーは [ドキュメント] の中にあり、以下のフォルダーとファイルが収録されています。

フォルダー名	内容
[問題] フォルダー	練習問題用のファイル
[解答] フォルダー	練習問題の解答例ファイル
[模擬練習問題] フォルダー	模擬練習問題に関する、解答に必要なファイル、完成例ファイル、問題と解答例

おことわり

Officeのバージョンやエディション、更新状況に伴う機能・サービスの変更により、誌面の通りに表示されなかったり操作できなかったりすることがあります。その場合は適宜別の方法で操作してください。

■ 学習の進め方

本誌解説は、公開されている MOS 365&2019 エキスパートの「出題範囲」に基づいて章立てを構成しています。このため、Excel の機能を学習していく順序としては必ずしも適切ではありません。Excel の基本から応用へと段階的に学習する場合のカリキュラム案を以下に示しますが、もちろんこの通りでなくてもかまいません。

本書は練習問題（1-1-1 のような項目ごとに一つの練習問題があります）ごとに実習用の問題ファイルが用意されているので、順序を入れ替えても問題なく練習できるようになっています。

1. 効率的なデータ入力

2-1	既存のデータを使用してセルに入力する
2-2-2	データの入力規則を設定する
2-2-5	重複レコードを削除する
1-3	言語オプションを使用する、設定する

2. ユーザー設定の書式の適用

2-2-1	ユーザー定義の表示形式を作成する
2-3	詳細な条件付き書式を適用する

3. 数式と関数

3-1	関数で論理演算を行う
3-2	関数を使用してデータを検索する
3-3	高度な日付と時刻の関数を使用する
3-4-4	PMT 関数、PV 関数、NPER 関数を使って、財務データを計算する
3-5	数式のトラブルシューティングを行う
1-2-5	数式の計算方法を設定する

4. データの分析

| 3-4 | データ分析を行う（3-4-4 を除く） |

5. 高度なグラフの作成

| 4-1 | 高度な機能を使用したグラフを作成する、変更する |

6. データーベース機能

2-2-3	データをグループ化する、グループを解除する
2-2-4	小計や合計を挿入してデータを計算する
4-2	ピボットテーブルを作成する、変更する
4-3	ピボットグラフを作成する、変更する

7. ブックの管理と保護

1-1-3	別のブックのデータを参照する
1-1-4	ブックのバージョンを管理する
1-2	共同作業のためにブックを準備する（1-2-5 を除く）

8. マクロの作成

3-6	簡単なマクロを作成する、変更する
1-1-1	ブック内のマクロを有効にする
1-1-2	ブック間でマクロをコピーする

MOS 試験について

●**試験の内容と受験方法**
MOS（マイクロソフトオフィススペシャリスト）試験については、試験を実施しているオデッセイコミュニケーションズの MOS 公式サイトを参照してください。
https://mos.odyssey-com.co.jp/

● **Excel 365&2019 エキスパート（上級）の出題範囲**
より詳しい出題範囲（PDF ファイル）は MOS 公式サイトからダウンロードできます。その PDF ファイルにも書かれていますが、出題範囲に含まれない操作や機能も出題される可能性があります。

ブックのオプションと設定の管理
　・ブックを管理する
　・共同作業のためにブックを準備する
　・言語オプションを使用する、設定する

データの管理、書式設定
　・既存のデータを使用してセルに入力する
　・データに表示形式や入力規則を適用する
　・詳細な条件付き書式やフィルターを適用する

高度な機能を使用した数式およびマクロの作成
　・関数で論理演算を行う
　・関数を使用してデータを検索する
　・高度な日付と時刻の関数を使用する
　・データ分析を行う
　・数式のトラブルシューティングを行う
　・簡単なマクロを作成する、変更する

高度な機能を使用したグラフやテーブルの管理
　・高度な機能を使用したグラフを作成する、変更する
　・ピボットテーブルを作成する、変更する
　・ピボットグラフを作成する、変更する

試験の操作方法

試験問題の構成や操作方法などは試験開始前に説明画面が表示されますが、なるべく事前に頭に入れておき、問題の解答操作以外のところで時間を取られないよう注意しましょう。

●試験問題の構成

試験は「マルチプロジェクト」と呼ぶ形式で、5～8個のプロジェクトで構成されています。プロジェクトごとに1つの文書（ファイル）が開き、そのファイルに対して解答操作を行います。タスク（問題）はプロジェクトごとに1～7個、試験全体で25～35個あります。

●プロジェクトの操作

※ 実際の試験では画面のデザインやマークなどが異なります。

試験が始まると上記のような画面が表示されます。上半分がプロジェクトファイルを開いたExcelのウィンドウです。下半分が試験の操作ウィンドウ（プロジェクト操作画面）で、問題文の表示、タスク（問題）の切り替え、次のプロジェクトへの移動、［解答済みにする］と［あとで見直す］のマーク付けなどを行います。［プロジェクトの背景］［タスク1］［タスク2］…という部分はタブになっていて、選択されているタスクの問題文やプロジェクトの簡単な説明がその下に表示されます。

一つのタスクについて、解答操作を行ったら［解答済みにする］をクリック、解答操作に自信がない（あとで見直したい）場合や解答をいったんスキップする場合は［あとで見直す］をクリックします。なお、［解答済みにする］マークや［あとで見直す］マークは確認のためのものであり、試験の採点には影響しません。その後、ほかのタスクに切り替えます。タスクは番号にかかわらずどの順序でも解答することができます。解答操作をキャンセルしてファイルを初期状態に戻したいときは［リセット］をクリックします。この場合、そのプロジェクトのすべてのタスクに関する解答操作が失われます。

全部のタスクを解答またはスキップしたら［次のプロジェクト］をクリックします。すると、確認メッセージとともにそのプロジェクトが保存され、次のプロジェクトが開きます。試験の操作ウィンドウの上部のバーには試験に含まれるプロジェクト数と現在が何番目のプロジェクトかが「1/7」という形式で表示されており、その横に残り時間が表示されています。最後のプロジェクトで［次のプロジェクト］をクリックすると、確認メッセージに続いてレビューページが表示されます。

●レビューページ

レビューページには、解答操作の際に付けた［解答済みにする］と［あとで見直す］のマークがそれぞれのタスクに表示されます。タスク番号をクリックすると試験の操作画面に戻り、該当するプロジェクトのファイルが開きます。プロジェクトファイルは保存したときの状態で、クリックしたタスクが選択されています。解答の操作、修正、確認などを行ったら［解答済みにする］や［あとで見直す］のマークの状態を更新します。

レビューページは随時表示できます。前のプロジェクトに戻るときや、テストを終了して採点するときなどに使います。

すべての操作や確認が完了したら［テスト終了］ボタンをクリックして試験を終了します。［テスト終了］ボタンをクリックしなくても、試験時間の50分が経過したら自動的に終了します。

受験時のアドバイス

▶▶▶ タスクの解答順にはこだわらない・・・・・・・・・・・・・・・・・・・・・・・・・・・

一つのプロジェクト内では同じファイルに対して操作を行いますが、タスクは基本的に相互の関連がないので、前のタスクを解答しないと次のタスクが解答できない、ということはありません。左の「タスク1」から順に解答する必要はありません。

▶▶▶ 一つのタスクに固執しない・・・・・・・・・・・・・・・・・・・・・・・・・・・・・・・・

できるだけ高い得点をとるためには、やさしい問題を多く解答して正解数を増やすようにします。とくに試験の前半で難しい問題に時間をかけてしまうと、時間が足りなくなる可能性があります。タスクの問題文を読んで、すぐに解答できる問題はその場で解答し、すぐに解答できそうにないと感じたら、早めにスキップして別のタスクに進みます。全部のタスクを開いたら、スキップしたタスクがあっても次のプロジェクトに進みます。

▶▶▶ ［解答済みにする］か［あとで見直す］のチェックは必ず付ける・・・・・・・

一つのタスクについて、解答したときは［解答済みにする］、解答に自信がないかすぐに解答できないときは［あとで見直す］のチェックを必ず付けてから、次のタスクを選択するようにします。これらのチェックは採点結果には影響しませんが、あとでレビューページを表示したときに重要な情報になるので、付け忘れないようにします。

▶▶▶ レビューページで未了タスクを確認・・・・・・・・・・・・・・・・・・・・・・・・・

どのタスクの解答を解答済みにしたかは、レビューページで確認します。レビューページで［解答済みにする］マークも［あとで見直す］マークも付いていないタスクは、解答し忘れている可能性があるので、そのようなタスクがあればまず確認し解答します。
次に、［あとで見直す］マークが付いているタスクに取りかかります。解答できたら［あとで見直す］マークのチェックを外し［解答済みにする］マークをチェックし直してから、レビューページに戻ります。

▶▶▶ 残り時間を意識し、早めにレビューページを表示する・・・・・・・・・・・・・

プロジェクト操作画面とレビューページには、試験の残り時間が表示されています。試験終了間際にならないうちに、すべてのプロジェクトをいったん保存するように心がけます。

▶▶▶ ［リセット］ボタンは慎重に ・・・・・・・・・・・・・・・・・・・・・・・・・・・・・・・・・

［リセット］ボタンをクリックすると、現在問題文が表示されているタスクだけではなく、そのプロジェクトにあるタスクの操作がすべて失われるので注意が必要です。途中で操作の間違いに気づいた場合、なるべく［リセット］ボタンを使わず、［元に戻す］ボタン（または Ctrl+Z キー）で操作を順に戻すようにしましょう。

▶▶▶ 指示外の設定は変更しない ・・・・・・・・・・・・・・・・・・・・・・・・・・・・・・・・・

操作項目に書かれていない設定項目は初期状態のままにしておきます。これを変更すると採点結果に悪影響を与える可能性があります。

▶▶▶ 文字は直接入力せずコピー機能を利用する ・・・・・・・・・・・・・・・・・・・・・

問題文で下線が引かれた文字列をクリックするとその文字がクリップボードにコピーされ、解答操作で Ctrl+V キーなどで貼り付けて利用できます。セルやグラフなどへの入力のほか、文字列の置換やプロパティの設定などあらゆる文字入力の操作で利用できます。一部の操作（マクロなど）を除き、入力ミスを防ぎ操作時間を短縮するためにコピー機能を利用しましょう。

▶▶▶ 英数字や記号は基本的に半角文字 ・・・・・・・・・・・・・・・・・・・・・・・・・・・

英数字や記号など、半角文字と全角文字の両方がある文字については、具体的な指示がない限り半角文字を入力します。

▶▶▶ ファイルの保存は適度に ・・・・・・・・・・・・・・・・・・・・・・・・・・・・・・・・・

ファイルをこまめに保存するよう案内画面には書かれていますが、それほど神経質になる必要はありません。ファイルの保存操作をするかどうかは採点結果には影響しません。何らかの原因で試験システムが停止してしまった場合に、操作を途中から開始できるようにするためのものです。ただし、このようなシステム障害の場合にどういう措置がとられるかは状況次第ですので、会場の試験官の指示に従ってください。

1

ブックのオプションと設定の管理

本 章 で 学 習 す る 項 目

□ ブックを管理する

□ 共同作業のためにブックを準備する

□ 言語オプションを使用する、設定する

1-1 ブックを管理する

別のブックのマクロをコピーして使用すると、マクロを新規で作成する手間が省けます。また、別のブックや同じブック内のデータを参照すると、データが書き換わったときに自動的に参照先のデータも変更されるのでデータを一元管理できます。

1-1-1 ブック内のマクロを有効にする

練習問題

問題フォルダー
└ 注文一覧
（問題 1-1-1.xlsm)

解答フォルダー
└ 解答ファイルなし
※P7 の上図で確認
してください

【操作 1】Excel マクロ有効ブック「注文一覧（問題 1-1-1)」をマクロを有効にして開きます。

【操作 2】Microsoft Excel トラストセンターで、マクロの設定を確認します。

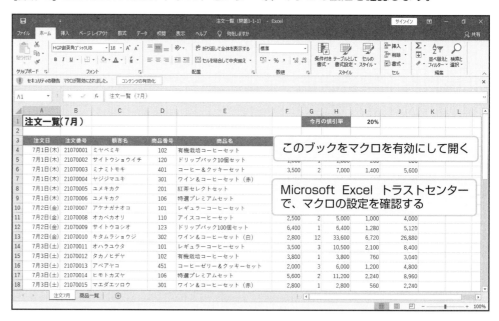

機能の解説

重要用語

□ マクロ
□ マクロを有効にする
□ [セキュリティの警告]
メッセージバー
□ [コンテンツの有効化]
□ [情報] 画面
□ [コンテンツの有効化]
ボタン
□ [すべてのコンテンツを
有効にする]

マクロとは、アプリケーションにおける操作を登録し、必要なときに自動的に実行できる機能です。マクロを使用すれば、手作業で面倒な処理や時間がかかる処理を自動化して、作業時間を短縮し、繰り返し実行することができます（詳しくは「3.6 簡単なマクロを作成する、変更する」参照）。

ただし、マクロは、ファイルの削除、データの盗難、マルウェアのインストールなど、悪質な目的で使用することもできます。そのため、マクロを含むブックを開いても、既定ではマクロが無効になっています。ブックを自分が作成していたり、信頼できる作成者から入手していたりして、ブックに含まれるマクロが安全なものだと判断した場合は、以下の方法でマクロを有効にします。

★ヒント
マクロを含むブックの形式
マクロを含むブックは、Excel マクロ対応ブック (*.xlsm) 形式または Excel マクロ対応テンプレート (*.xltm) 形式です。

●マクロを有効にする

マクロを含むブックを開くと、[セキュリティの警告] メッセージバーが表示されます。マクロを有効にする場合は [コンテンツの有効化] をクリックします。一度マクロを有効にすると、次回以降同じブックを開くときには警告は表示されずにマクロが有効になります。

マクロを含むブックを開いた状態

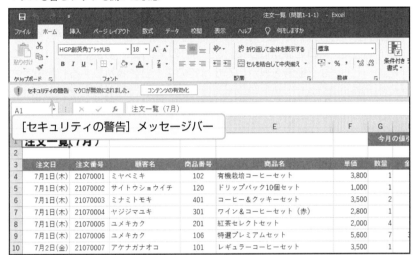

[セキュリティの警告] メッセージバーを閉じた後にブック内のマクロを有効にするには、[ファイル] タブをクリックし、[情報] をクリックして [情報] 画面を表示します。マクロを含むブックをマクロを無効にして開いた場合は、　[コンテンツの有効化] ボタンが表示されるので、これをクリックし、[すべてのコンテンツを有効にする] をクリックします。

マクロを含むブックをマクロを無効にして開いた場合の [情報] 画面

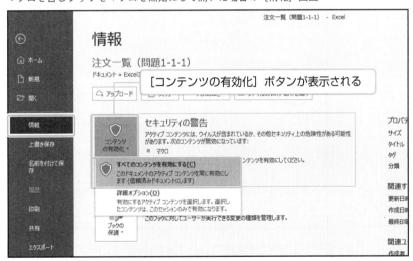

●マクロの設定

マクロを含むブックを開くときに、マクロを有効にするかどうかは、Microsoft Excel トラストセンターで設定できます。それには、［ファイル］タブをクリックし、［その他］をクリックして、［オプション］をクリックします。［Excel のオプション］ダイアログボックスが表示されるので、左側の一覧から［トラストセンター］をクリックし、［トラストセンターの設定］をクリックします。［トラストセンター］ダイアログボックスが表示されるので、左側の一覧から［マクロの設定］をクリックすると、マクロの設定を確認、変更できます。設定としては［警告を表示せずにすべてのマクロを無効にする］［警告を表示してすべてのマクロを無効にする］［デジタル署名されたマクロを除き、すべてのマクロを無効にする］［すべてのマクロを有効にする］の４つが選べます。なお、既定値では［警告を表示してすべてのマクロを無効にする］が設定されています。

［Excel のオプション］ダイアログボックスの［トラストセンター］

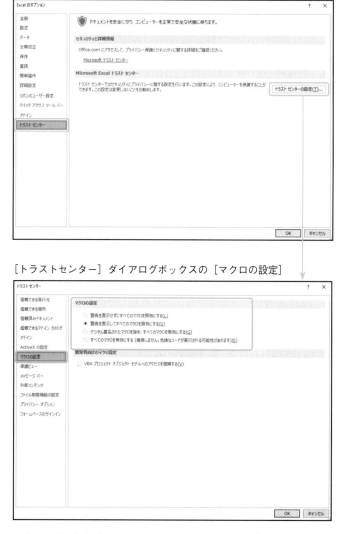

［トラストセンター］ダイアログボックスの［マクロの設定］

マクロの設定を変更すると、Excel のすべてのブックに適用されます。Word や PowerPoint など他の Microsoft Office アプリケーションには影響しません。

【操作1】

❶ [問題] フォルダーの Excel マクロ有効ブック [注文一覧 (問題1-1-1)] を開きます。

❷ [セキュリティの警告] メッセージバーの [コンテンツの有効化] をクリックします。

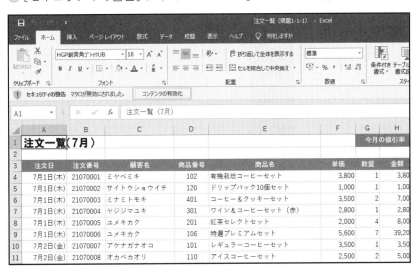

❸ [セキュリティの警告] メッセージバーがなくなり、ブックのマクロが有効になります。

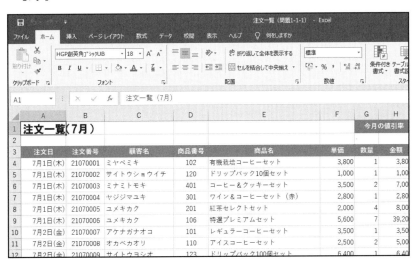

【操作2】

❹ [ファイル] タブをクリックします。

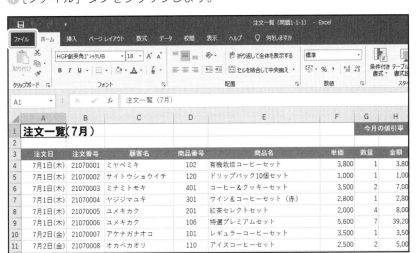

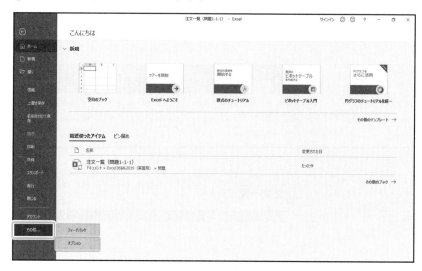

★ヒント
[ホーム] 画面の左側の一覧
環境によっては、[その他] がない場合があります。その場合は手順⑥へ進みます。

⑤ [ホーム] 画面が表示されるので、左側の一覧から [その他] をクリックします。

⑥ [オプション] をクリックします。

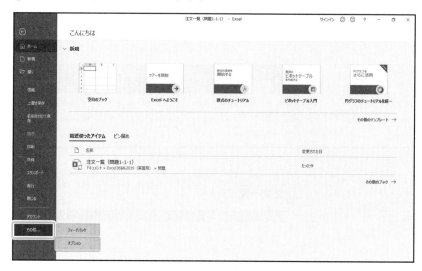

⑦ [Excel のオプション] ダイアログボックスが表示されるので、左側の一覧から [トラストセンター] をクリックします。

⑧ [トラストセンターの設定] をクリックします。

★ヒント
トラストセンター
環境によっては、「セキュリティセンター」の場合があります。

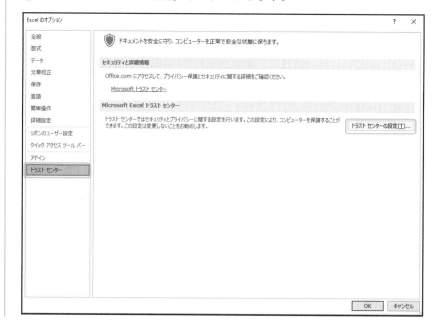

［開発］タブが表示されている場合は、 ⚠ マクロのセキュリティ ［マクロのセキュリティ］ボタンをクリックします。［トラストセンター］ダイアログボックスの［マクロの設定］が表示されます。［開発］タブを表示するには、リボン上で右クリックし、ショートカットメニューの［リボンのユーザー設定］をクリックします。［Excel のオプション］ダイアログボックスが表示されるので、［リボンのユーザー設定］の下側のボックスの一覧の［開発］チェックボックスをオンにし、［OK］をクリックします。

❽ ［トラストセンター］ダイアログボックスが表示されるので、左側の一覧から［マクロの設定］をクリックします。

❿ ［マクロの設定］の［警告を表示してすべてのマクロを無効にする］が設定されていることを確認します。

⓫ ［OK］をクリックします。

⓬ ［Excel のオプション］ダイアログボックスの［OK］をクリックします。

1-1-2 ブック間でマクロをコピーする

問題フォルダー
├─注文一覧
│　(問題 1-1-2).xlsm
└─売上一覧
　　(問題 1-1-2).xlsx

解答フォルダー
└─売上一覧(マクロ含む)
　　(解答 1-1-2).xlsm

【操作 1】Excel マクロ有効ブック「注文一覧(問題 1-1-2)」をマクロを有効にして開き、登録されているマクロ「曜日付き日付」を、ブック「売上一覧(問題 1-1-2)」にコピーし、Excel マクロ有効ブック「注文一覧(問題 1-1-2)」を閉じます。

【操作 2】ブック「売上一覧(問題 1-1-2)」の「注文日」の日付に対してマクロ「曜日付き日付」を実行します。

【操作 3】ブック「売上一覧(問題 1-1-2)」を [Excel365 & 2019 エキスパート(実習用)] フォルダーに Excel マクロ有効ブックとして「売上一覧(マクロ含む)」というファイル名で保存します。

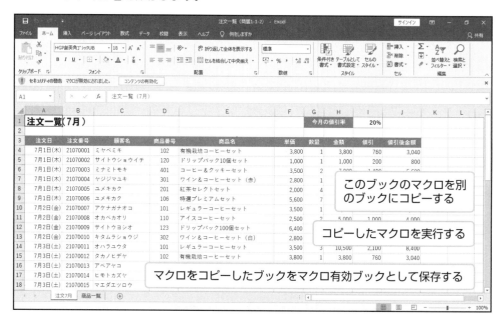

機能の解説

重要用語

□ VBA

□ VBE

□ [マクロ] ボタン

□ [マクロ] ダイアログ
　ボックスの [編集]

□ マクロのコピー

□ [エクスポート]

□ [エクスポート] 画面

□ [ファイルの種類の変更]

□ [マクロ有効ブック]

□ [名前を付けて保存]

マクロに登録した操作は VBA (Visual Basic for Applications) というプログラミング言語で記述され、VBE (Visual Basic Editor) を使用してプログラムコードの表示や編集ができます。VBE を起動するには、[表示] タブの [マクロ] ボタンをクリックし、表示される [マクロ] ダイアログボックスの [編集] をクリックします。

□ ［名前を付けて保存］
ダイアログボックス

□ ［Excel マクロ有効
ブック］

● VBE の構成

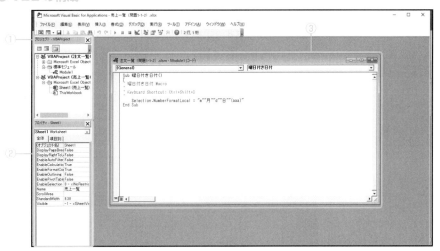

① ［プロジェクト］ウィンドウ：ブックの構成要素が階層構造で表示されます。記録され
たマクロは［標準モジュール］の［Module］に保存さ
れています。

② ［プロパティ］ウィンドウ　：［プロジェクト］ウィンドウで選択している項目の属性や
情報が表示されます。

③ コードウィンドウ　　　　　：マクロのプログラムコードを表示、編集します。

💡 ヒント
マクロの作成
「3-6-1」参照

●マクロのコピー

ブックに登録されているマクロは別のブックにコピーして使うことができます。コピーす
るマクロを含むブックとコピー先のブックの両方を開き、VBE を起動します。［プロジェ
クト］ウィンドウに、開いているブックが一覧表示されるので、コピーする Module を
コピー先のブックにドラッグします。

VBE でマクロを別のブックにコピーしている状態

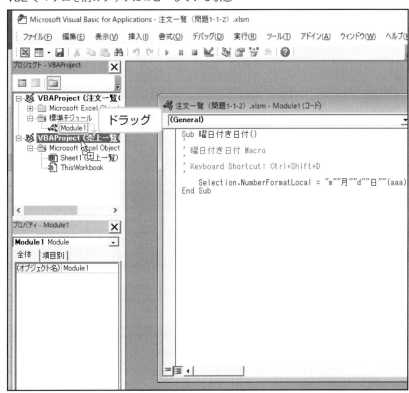

●マクロ有効ブックとして保存

マクロを含むブックを保存する場合は、［ファイル］タブをクリックし、［エクスポート］をクリックします。［エクスポート］画面の［ファイルの種類の変更］をクリックし、［ファイルの種類の変更］の［マクロ有効ブック］をクリックし、［名前を付けて保存］をクリックします。［名前を付けて保存］ダイアログボックスが表示されるので、保存先とファイル名を指定し、［ファイルの種類］ボックスに［Excel マクロ有効ブック］と表示されていることを確認して保存します。

［エクスポート画面］

［名前を付けて保存］ダイアログボックス

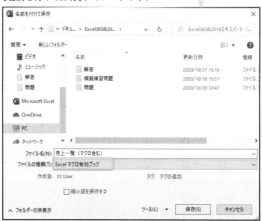

操作手順

【操作 1】

❶［問題］フォルダーの Excel マクロ有効ブック「注文一覧（問題 1-1-2）」を開きます。

❷［セキュリティの警告］メッセージバーの［コンテンツの有効化］をクリックします。

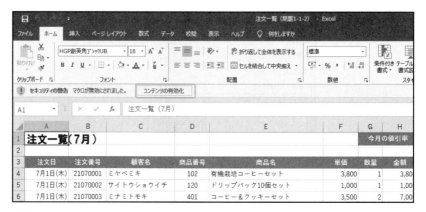

❸［セキュリティの警告］メッセージバーがなくなり、ブックのマクロが有効になります。

④ [問題] フォルダーのブック「売上一覧（問題 1-1-2）」を開きます。

⑤ [表示] タブの [マクロ] ボタンをクリックします。

その他の操作方法

[マクロ]ダイアログボックス
の表示

[開発] タブが表示されている場
合は、その [マクロ] ボタンをク
リックしても [マクロ] ダイアロ
グボックスが表示されます。

［マクロ］ボタン

⑥ [マクロ] ダイアログボックスが表示されるので、［マクロ名］の一覧に［' 注文一覧
（問題 1-1-2）.xlsm'! 曜日付き日付］が表示されていることを確認し、[編集]をクリッ
クします。

その他の操作方法

ショートカットキー

Alt ＋ **F8** キー
（[マクロ] ダイアログボックスの
表示）

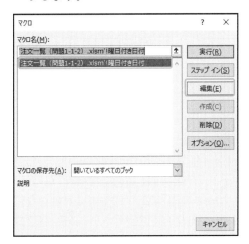

⑦ VBE（Visual Basic Editor）が起動します。

⑧ [プロジェクト] ウィンドウの [VBAProject（注文一覧（問題 1-1-2）.xlsm]の [標
準モジュール] の [Module1] を [VBAProject（売上一覧（問題 1-1-2）.xlsx]]
にドラッグします（ドラッグしている間はマウスポインターの形が になります）。

その他の操作方法

ショートカットキー

Alt ＋ **F11** キー
（VBE の起動）

ヒント

VBE の起動

[開発] タブが表示されている場
合は、[Visual Basic] ボタンをク
リックして VBE を起動できます。

Visual Basic
［Visual Basic]ボタン

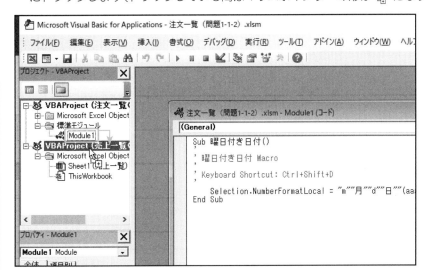

第
1
章

ブックのオプションと設定の管理

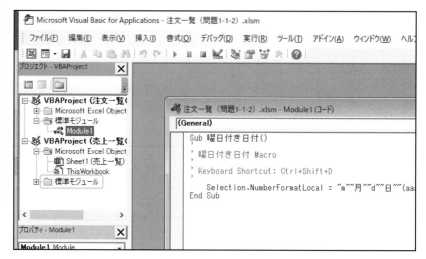
ヒント

コピーされた Module

コピーされた［Module1］は［標準モジュール］の中に格納されています。

❾ マウスのボタンから指を離すと、［VBAProject（売上一覧（問題 1-1-2）.xlsx）］の下に［標準モジュール］がコピーされます。

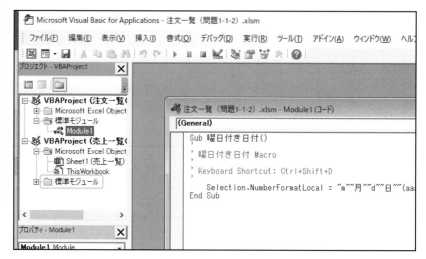

❿ ☒ ［閉じる］ボタンをクリックして、VBE を閉じます。

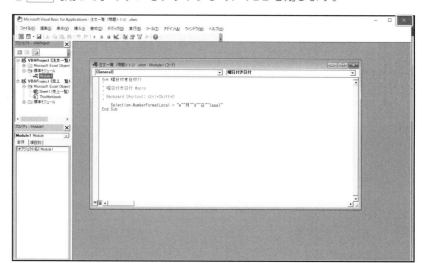

⓫ タスクバーの ☒ Excel のアイコンをポイントし、［注文一覧（問題 1-1-2）］の縮小表示の ☒ 閉じるボタンをクリックします。

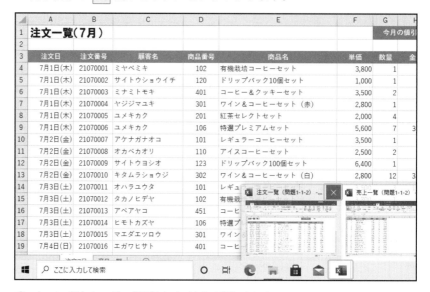

⓬ ブック「注文一覧（問題 1-1-2）」が閉じます。

★ヒント

マクロの実行

マクロ「曜日付き日付」にはショートカットキー **Ctrl** ＋ **Shift** ＋ **D** が割り当てられています。このキーを押してもマクロを実行できます。

【操作2】

⑬ ブック「売上一覧（問題 1-1-2）」のセル B2 ～ B87 を範囲選択します。

⑭ ［表示］タブの [マクロ]［マクロ］ボタンをクリックします。

⑮ ［マクロ］ダイアログボックスが表示されるので、［マクロ名］ボックスの［曜日付き日付］が選択されていることを確認し、［実行］をクリックします。

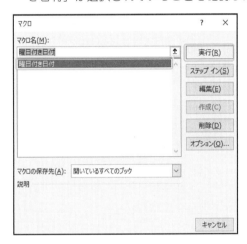

⑯ セル B2 ～ B87 の日付が「○月○日（曜日）」の形式で表示されます。

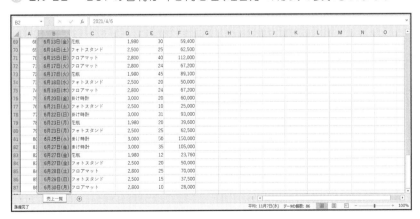

第 **1** 章

ブックのオプションと設定の管理

【操作 3】

⑰ [ファイル] タブをクリックします。

⑱ [ホーム] 画面が表示されるので、左側の一覧から [エクスポート] をクリックします。

⑲ [エクスポート] 画面が表示されるので、[ファイルの種類の変更] をクリックします。

⑳ [ファイルの種類の変更] の [マクロ有効ブック] をクリックします。

㉑ [名前を付けて保存] をクリックします。

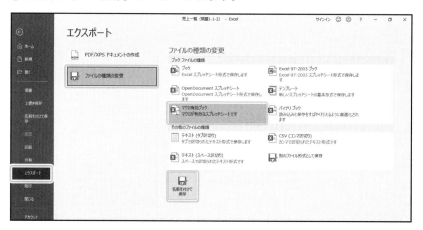

㉒ [名前を付けて保存] ダイアログボックスが表示されるので、[保存先] ボックスの [Excel365 & 2019 エキスパート（実習用）] をクリックします。

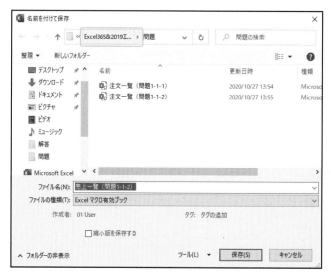

㉓ ［保存先］ボックスが「Excel365 & 2019 エキスパート（実習用）」になります。

㉔ ［ファイル名］ボックスに「売上一覧（マクロ含む）」と入力します。

㉕ ［ファイルの種類］ボックスに「Excel マクロ有効ブック」と表示されていることを
確認します。

㉖ ［保存］をクリックします。

※ 操作終了後、［Excel365 & 2019 エキスパート（実習用）］フォルダーに保存したブッ
ク「売上一覧（マクロ含む）」は削除しておきます。

別のブックのデータを参照する

練習問題

問題フォルダー
└ 売上集計
（問題 1-1-3）.xlsx
商品一覧
（問題 1-1-3）.xlsx

解答フォルダー
└ 売上集計
（解答 1-1-3）.xlsx
商品一覧
（解答 1-1-3）.xlsx

【操作 1】 ブック「売上集計（問題 1-1-3）」のワークシート「7 月売上」のセル B9 を基点とする位置に、ブック「商品一覧（問題 1-1-3)」のワークシート「商品一覧」のセル範囲 C9:D29 を、リンク貼り付けします。

【操作 2】 ブック「売上集計（問題 1-1-3）」のワークシート「7 月売上」のセル A6 を基点とする位置に、ブック「商品一覧（問題 1-1-3)」のワークシート「商品区分」のセル範囲 A2:H2 を、図としてリンク貼り付けします。

【操作 3】 ブック「商品一覧（問題 1-1-3）」のワークシート「商品区分」のセル F2 の値を「ワイン」、ワークシート「商品一覧」のセル D9 の値を「2800」に変更し、ブック「売上集計（問題 1-1-3）」の、それらのデータを参照しているセルの値が変更されたことを確認します。

ヒント
解答例ファイルのリンク
リンク先のファイルの場所が変わると、リンクが正しく機能しないため、売上集計(解答 1-1-3)のリンク先は、同じ「解答」フォルダーにある商品一覧（解答 1-1-3) にしています。

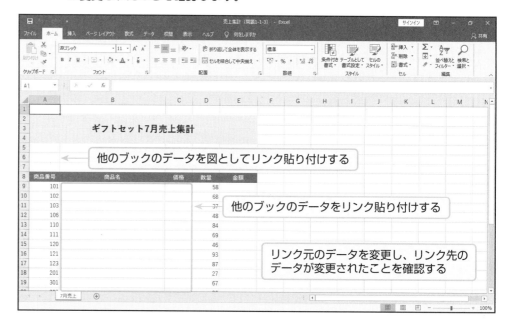

機能の解説

重要用語

- □ リンク貼り付け
- □ [コピー] ボタン
- □ [貼り付け] ボタン
- □ [リンク貼り付け]
- □ 参照式
- □ 図としてリンク貼り付け
- □ [リンクされた図]

セルのデータを、別のブックで参照するには、リンク貼り付けの機能を使用します。リンク貼り付けすると、リンク元のセルの値を変更したときに、リンク先のセルの値も変更されます。リンク貼り付けをするには、リンク元のセルを選択し、[ホーム] タブの [コピー] ボタンをクリックします。続いて、リンク先のセルを選択し、[ホーム]タブの [貼り付け] ボタンの▼をクリックし、[その他の貼り付けオプション] の一覧から [リンク貼り付け] をクリックします。

●参照式

リンク貼り付けをすると、リンク先のセルには、リンク元のセルを参照する参照式が入力されます。参照式は次のような形式で入力されます。

同じワークシートのセルの場合	= セル番地
異なるワークシートのセルの場合	= ワークシート名 ! セル番地
異なるブックのセルの場合	='[ブック名 .xlsx] ワークシート名'! セル番地

参照式は直接入力したり、編集してリンク元のブックやセルの指定を変更したりすることができます。

リンク元のブック　　　　　　　　　　　　　　　　　リンク先のブック

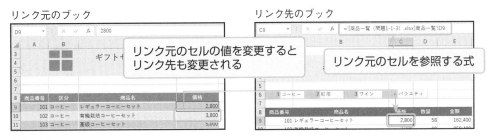

●図としてリンク貼り付け

セル範囲をコピーして、別の場所に図としてリンク貼り付けすることができます。図の形式になるため、自由に配置したり、サイズを変更したりできるようになり、列幅の異なる表を配置したいときなどに便利です。リンク元のセルの値や書式を変更すると、貼り付けられた図の中の参照しているセルの値や書式も変更されます。

図としてリンク貼り付けするには、リンク元のセルを選択し、[ホーム] タブの [コピー] ボタンをクリックします。続いて、貼り付け先のセルを選択し、[ホーム] タブの [貼り付け] ボタンの▼をクリックし、[貼り付けのオプション] の一覧から [リンクされた図] をクリックします。リンクされた図には、リンク元のセル範囲を参照する参照式が設定されます。

リンク元のブック　　　　　　　　　　　　　　図としてリンク貼り付けされた表

●リンクを含むブックを開く

リンクを含むブックを開くと、[セキュリティの警告] メッセージバーが表示されます。リンクを有効にするには [コンテンツの有効化] をクリックします。一度リンクを有効にすると、次回以降同じブックを開くときには警告は表示されずにリンクが有効になります。

リンクを含むブックを開いた状態

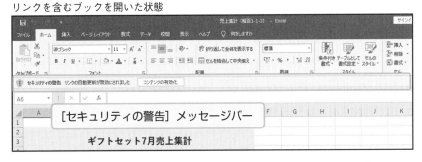

リンクを有効にしてブックを開くと、リンク元のブックが開いている場合には、リンクが自動更新されます。リンク元のブックが開いていない場合は、既定の設定では、リンクを更新するかどうかを確認するメッセージが表示されます。

リンクを含むブックを開いたときに表示されるリンクの更新の確認メッセージ

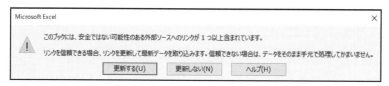

●リンクの編集

リンクを有効にしないでブックを開き、後から有効にする場合や、リンクを解除する場合は、[データ] タブの 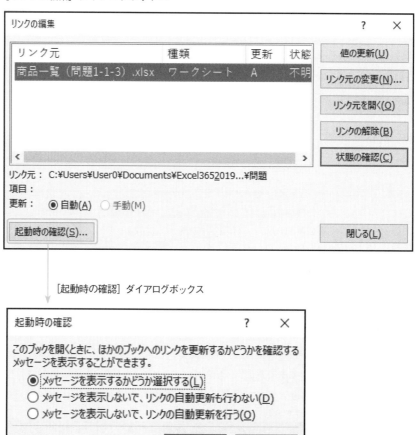 [リンクの編集] ボタンをクリックして [リンクの編集] ダイアログボックスを表示します。リンク元のファイルや更新の設定が確認でき、[値の更新]、[リンク元を開く]、[リンクの解除] などができます。また、[起動時の確認] をクリックすると、[起動時の確認] ダイアログボックスが表示され、ブックを開くときに表示されるリンクの更新の確認メッセージの表示 / 非表示や、自動更新の設定を確認、変更できます。

[リンクの編集] ダイアログボックス

[起動時の確認] ダイアログボックス

操作手順

【操作 1】

❶ ブック「売上集計（問題 1-1-3）」を開きます。

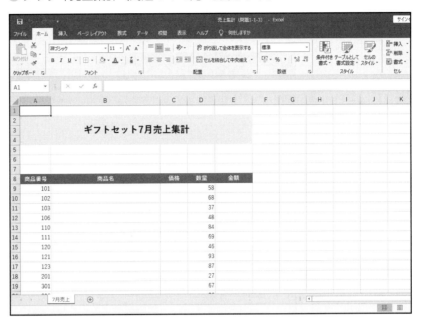

❷ ブック「商品一覧（問題 1-1-3）」を開きます。

❸ ブック「商品一覧（問題 1-1-3）」のワークシート「商品一覧」のセル C9 ～ D29 を範囲選択します。

❹ ［ホーム］タブの ［コピー］ボタンをクリックします。

コピー

選択範囲内で右クリックし、ショートカットメニューの［コピー］をクリックします。

その他の操作方法
ショートカットキー
Ctrl + **C** キー（コピー）

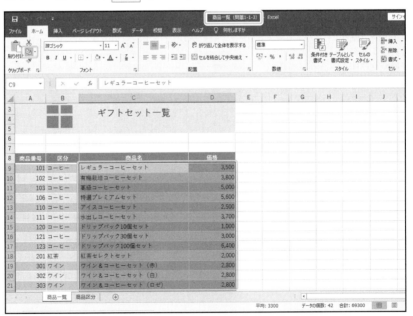

1-1 ブックを管理する | **19**

❺ **Ctrl + Tab** キーを押します。

❻ ブック「売上集計（問題 1-1-3）」のワークシート「7 月売上」が表示されるので、セル B9 をクリックします。

❼ [ホーム] タブの [貼り付け] ボタンの▼をクリックします。

❽ [その他の貼り付けオプション]の一覧から [リンク貼り付け]をクリックします。

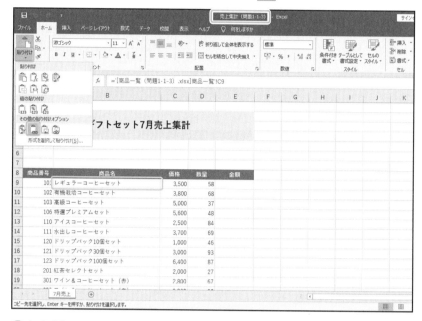

❾ セル B9 〜 C29 に、それぞれコピー元の対応するセルを参照する数式が入力されます。

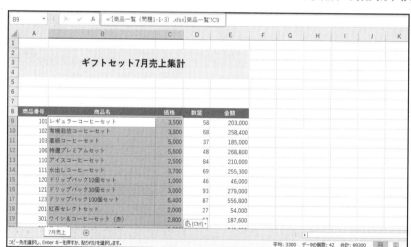

【操作 2】

⑩ **Ctrl** ＋ **Tab** キーを押します。

⑪ ブック［商品一覧（問題 1-1-3）］が表示されるので、ワークシート「商品区分」の
シート見出しをクリックします。

⑫ セル A2 ～ H2 を範囲選択します。

⑬ ［ホーム］タブの 📋▾ ［コピー］ボタンをクリックします。

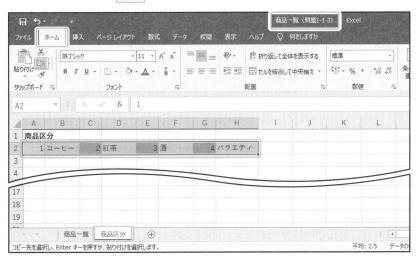

⑭ **Ctrl** ＋ **Tab** キーを押します。

⑮ ブック［売上集計（問題 1-1-3）］のワークシート「7 月売上」が表示されるので、
セル A6 をクリックします。

⑯ ［ホーム］タブの 📋 ［貼り付け］ボタンの▼をクリックします。

⑰ ［その他の貼り付けオプション］の一覧から 🖼 ［リンクされた図］をクリックします。

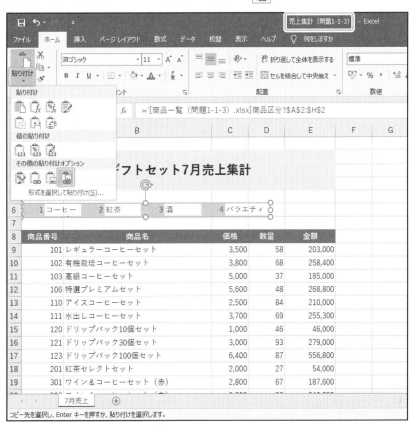

> **その他の操作方法**
> **図としてリンク貼り付け**
>
> ［貼り付け］ボタンをクリックするか、**Ctrl** ＋ **V** キーを押して貼り付けた後に表示される 📋(Ctrl)▾ ［貼り付けのオプション］ボタンをクリックして、［その他の貼り付けオプション］の一覧から 🖼 ［リンクされた図］をクリックしても、図としてリンク貼り付けされます。
>
>
>
> ［貼り付け］ボタン

⓲ セル A6 を基点とする位置に、ブック「商品一覧（問題 1-1-3）」のワークシート「商品区分」のセル A2 〜 H2 が図として貼り付けられます。

⓳ 数式バーにコピー元のセル範囲を参照する数式が表示されます。

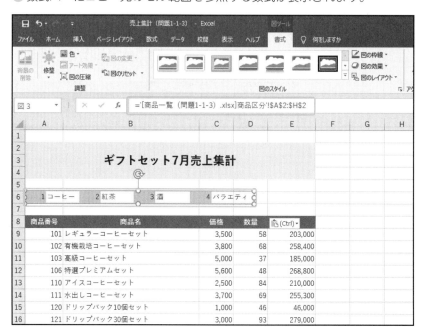

【操作 3】

⓴ **Ctrl** + **Tab** キーを押します。

㉑ ブック「商品一覧（問題 1-1-3）」のワークシート「商品区分」が表示されるので、セル F2 に「ワイン」と入力します。

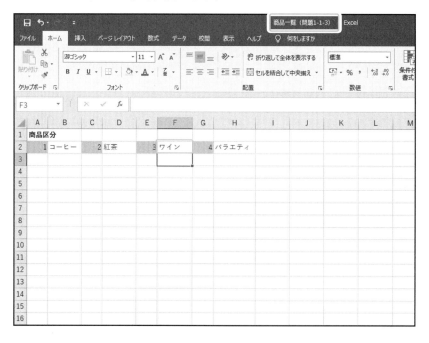

㉒ ワークシート「商品一覧」のシート見出しをクリックします。

㉓ セル D9 に「2800」と入力します。

㉔ **Ctrl** + **Tab** キーを押します。

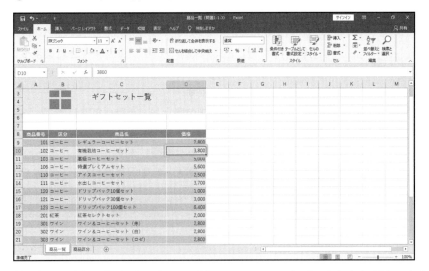

㉕ ブック［売上集計（問題 1-1-3）］のワークシート「7 月売上」が表示されるので、6 行目の 3 番目の項目値が「ワイン」、セル C9 の値が「2,800」に変わったことを確認します。

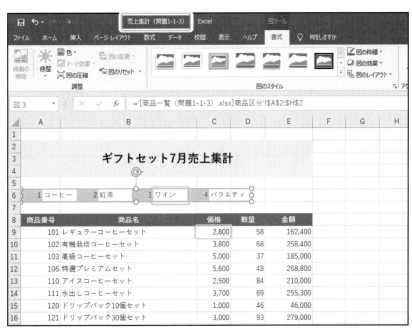

ブックのバージョンを管理する

練習問題

【操作 1】1 分ごとに自動回復用データが保存されるように設定を変更します。また、保存しないで終了した場合に最後に自動保存されたデータを残す設定になっていることを確認します。

【操作 2】ハイビスカスの売上を、4 月「377」、5 月「365」、6 月「407」と入力します。入力後 3 分経過したら、自動保存のバージョンが作成されたことを確認し、保存しないでブックを閉じます。

【操作 3】再びブックを開き、自動保存されたデータからブックを回復します。

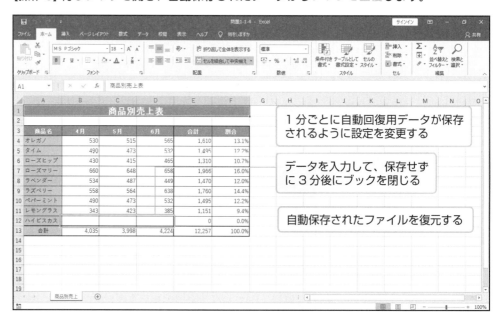

機能の解説

Excel には、一定の間隔で自動回復用データを保存する機能があり、ブックは既定値で 10 分間隔で保存されます。この自動保存されたデータをバージョンといいます。ブックの編集中に、自動保存のバージョンから選択することにより、自動保存された時点のブックに戻すことができます。また、最後に自動保存されたデータ（最終のバージョン）を残す設定になっているので、ブックを保存せずに閉じてしまった場合に、自動回復用のバージョンからブックを回復させることができます。これらの設定を確認、変更するには、[ファイル] タブをクリックし、[その他] をクリックして、[オプション] をクリックします。[Excel のオプション] ダイアログボックスが表示されるので、左側の一覧から [保存] をクリックします。

[Excel のオプション] ダイアログボックスの [保存]

既定値では 10 分ごとに自動回復用データが保存される設定になっている

保存しないで終了した場合は、最後に自動保存されたデータを残す設定になっている

自動保存されたデータからブックを回復するには、[ファイル] タブをクリックし、[情報]をクリックして表示される [情報] 画面の [ブックの管理] の一覧から選択します。また、新規作成したブックを保存しないで閉じた場合は、[ブックの管理] ボタンをクリックし、[保存されていないブックの回復] をクリックすると、[ファイルを開く] ダイアログボックスが表示されるので、自動回復用データを指定します。

その他の操作方法
新規作成して保存しないで閉じたブックの回復

[ファイル] タブをクリックし、[開く] をクリックして表示される [開く] 画面の [最近使ったアイテム] の一覧の下の [保存されていないブックの回復] をクリックしても、[ファイルを開く] ダイアログボックスが表示され、自動回復用データを指定して、新規作成して保存しないで閉じたブックを復元することができます。

[情報] 画面

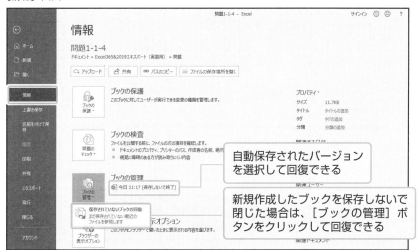

自動保存されたバージョンを選択して回復できる

新規作成したブックを保存しないで閉じた場合は、[ブックの管理] ボタンをクリックして回復できる

操作手順

その他の操作方法
ショートカットキー

Alt、**T**、**O** キーを順に押す（[Excel のオプション] ダイアログボックスの表示）

【操作 1】

❶ [ファイル] タブをクリックします。

★ヒント

[ホーム]画面の左側の一覧

環境によっては、[その他]がない場合があります。その場合は手順❸へ進みます。

❷[ホーム]画面が表示されるので、左側の一覧から[その他]をクリックします。

❸[オプション]をクリックします。

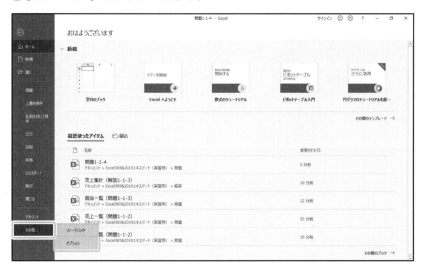

❹[Excelのオプション]ダイアログボックスが表示されるので、左側の一覧から[保存]をクリックします。

❺[ブックの保存]の[次の間隔で自動回復用データを保存する]チェックボックスがオンになっていることを確認し、「1」分ごとに変更します。

❻[保存しないで終了する場合、最後に自動保存されたバージョンを残す]チェックボックスがオンになっていることを確認します。

❼[OK]をクリックします。

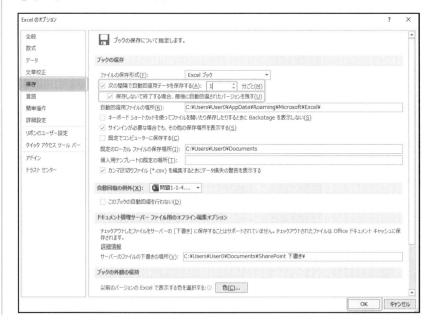

【操作2】

⑦ セルB12に「377」、セルC12に「365」、セルD12に「407」と入力します。

⑧ 入力後3分経過したら、［ファイル］タブをクリックします。

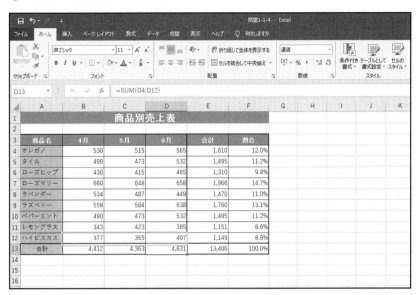

⑨ ［ホーム］画面が表示されるので、左側の一覧から［情報］をクリックします。

⑩ ［情報］画面が表示されるので、［ブックの管理］に［今日○○：○○（時刻）（自動回復）］と表示されており、セルB12～D12にデータを入力した時刻よりも後であることを確認します。

⑪ 左側の一覧から［閉じる］をクリックします。

⑫ 「'問題1-1-4.xlsx'への変更を保存しますか？」というメッセージが表示されたら、［保存しない］をクリックします。

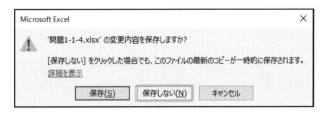

【操作3】

⑬ ［ファイル］タブをクリックします。

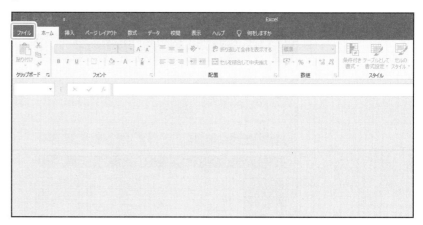

⑭ ［ホーム］画面が表示されるので、［最近使ったアイテム］の［今日］の一覧から［問題1-1-4］をクリックします。

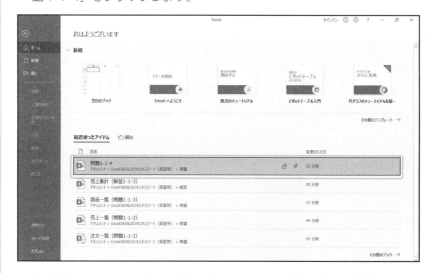

⑮ ハイビスカスの売上データが入力されていない状態のブックが開きます。

⑯ ［ファイル］タブをクリックします。

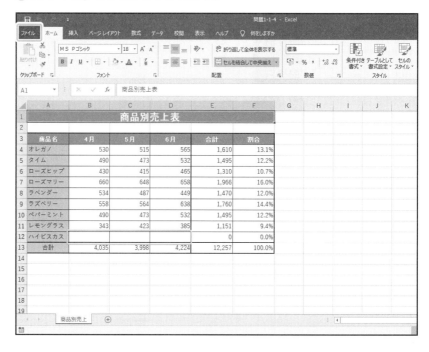

⑰ ［ホーム］画面が表示されるので、左側の一覧から［情報］をクリックします。

⑱ ［情報］画面が表示されるので、［ブックの管理］の［今日○○：○○（保存しない
　 で終了）］をクリックします（○○：○○は時刻を表しています）。

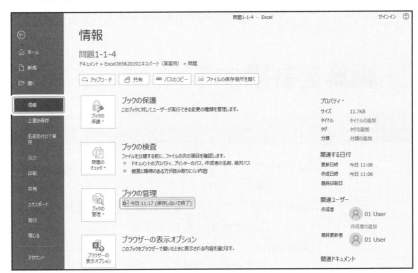

⑲ ハイビスカスの売上データが入力された状態のブックが開きます。

⑳ メッセージバーに「復元された未保存のファイル」、タイトルバーに「未保存のファ
　 イル」と表示されていることを確認します。

※ 解答操作が終了したら、手順 ❶ ～ ❽ の操作で自動保存の間隔を 10 分に戻してお
　 きます。

ポイント

以前のバージョンで
上書きする

メッセージバーの［復元］をクリ
ックすると、「前回保存したバー
ジョンを選択したバージョンで上
書きしようとしています。」という
メッセージが表示されます。［OK］
をクリックすると、現在のファイ
ルが以前の自動保存されたバー
ジョンで上書きされます。

共同作業のために
ブックを準備する

編集操作を制限するときは、シートの保護やブックの保護を設定します。また、ブックを他の人に渡すときは、パスワードを設定してセキュリティに注意します。

1-2-1 編集を制限する

練習問題

問題フォルダー
└問題 1-2-1.xlsx

解答フォルダー
└解答 1-2-1.xlsx

【操作 1】ワークシート「来客数集計」のセル範囲 A4:G7 と A9:G11 のロックを解除します。

【操作 2】ワークシート「来客数集計」の数式が入力されているすべてのセルに、数式の非表示を設定します。

【操作 3】ワークシート「来客数集計」をパスワードを設定せずに保護します。ただし、すべてのセルの選択と行の挿入は許可する設定にします。

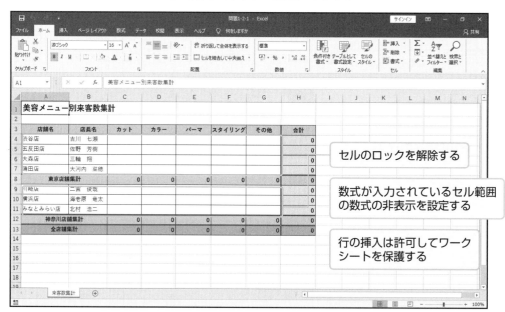

機能の解説

重要用語

☐ シートの保護
☐ セルのロックを解除
☐ ［書式］ボタン
☐ ［セルのロック］をオフ
☐ 数式の非表示
☐ ［セルの書式設定］

セルのデータの書き換えや書式設定などの編集操作を制限するシートの保護機能を使用します。全面的にシートを保護することもできますが、通常はデータの書き換えを許可するセルを除いてシートの保護を設定します。書き換えを許可するセル範囲は、セルのロックを解除することで指定できます。Excel の初期設定では、すべてのセルがロックされています。したがって、シートを保護する際にはその前に書き換えを許可するセルのロックを解除する必要があります。

●セルのロックを解除する

セルのロックを解除するには、目的のセル範囲を選択し、[ホーム] タブの [書式] [書式] ボタンをクリックし、[保護] の [セルのロック] をクリックしてオフにします。

[ホーム] タブの [書式] ボタンをクリックした状態

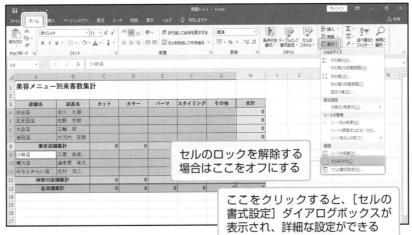

セルのロックを解除する
場合はここをオフにする

ここをクリックすると、[セルの
書式設定] ダイアログボックスが
表示され、詳細な設定ができる

●数式を非表示にする

セルを選択したときに、そのセルの数式を数式バーに表示しない設定にすることもできます。目的のセル範囲を選択し [ホーム] タブの [書式] [書式] ボタンをクリックし、[保護] の一覧から [セルの書式設定] をクリックします。[セルの書式設定] ダイアログボックスが表示されるので、[保護] タブの [表示しない] チェックボックスをオンにします。セルのロックと同様に、この機能もシートを保護したときに有効になります。

》》その他の操作方法〉
セルのロックの解除

右図の [セルの書式設定] ダイアログボックスの [保護] タブの [ロック] チェックボックスをオフにしても、セルのロックを解除できます。

[セルの書式設定] ダイアログボックスの [保護] タブ

ここをオンにするとシートを保護
したときに、数式バーにそのセル
の数式が表示されなくなる

● **シートを保護する**

シートを保護するには、[ホーム] タブの [書式] ボタンをクリックし、[保護] の一覧から [シートの保護] をクリックします。[シートの保護] ダイアログボックスが表示されるので、[このシートのすべてのユーザーに許可する操作] ボックスから、許可する項目を選択します。

[シートの保護] ダイアログボックス

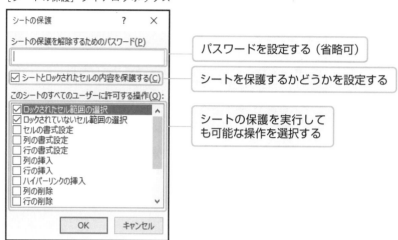

保護を設定した後に、ロックされたセルのデータを書き換えようとすると、保護されていることを警告するメッセージが表示されます。メッセージを確認して [OK] をクリックします。

シートが保護されていることを知らせる警告メッセージ

● **シートの保護を解除する**

シートを保護すると、許可されていない機能のリボンのボタン等が淡色表示になり使用できなくなります。また、[ファイル] タブをクリックし、[情報] をクリックして表示される [情報] 画面の [ブックの保護] ボタンの色が変わり、シートが保護されていることと、保護されているシート名が表示されます。保護を解除するには、その右側にある [保護解除] をクリックします。

シートを保護した場合の [情報] 画面

【操作 1】

❶ ワークシート「来客者集計」のセル範囲 A4 〜 G7 を範囲選択します。

❷ **Ctrl** キーを押しながら、A9 〜 G11 を範囲選択します。

❸ ［ホーム］タブの ［書式］ボタンをクリックします。

❹ ［保護］の［セルのロック］をクリックしてオフにします。

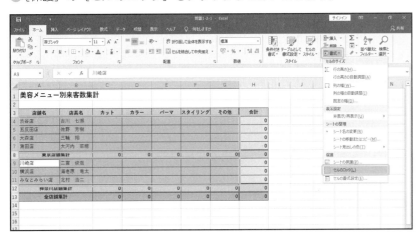

【操作 2】

❺ 任意のセルをクリックして、セルの範囲選択を解除します。

❻ ［ホーム］タブの ［検索と選択］ボタンをクリックします。

❼ ［数式］をクリックします。

❽ 数式が入力されているセル（セル C8 〜 G8、セル C12 〜 G13、セル H4 〜 H13）が選択されます。

❾ ［ホーム］タブの ［書式］ボタンをクリックします。

❿ ［保護］の一覧から［セルの書式設定］をクリックします。

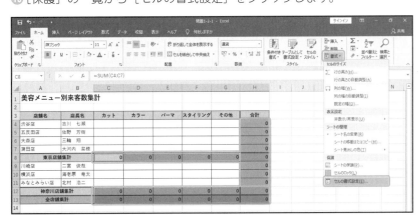

★ ヒント

**数式の入力されている
セルの選択**

数式の入力されているセルをそれぞれ選択してもかまいませんが、［検索と選択］ボタンをクリックし、［数式］をクリックすると、数式の入力されているセルが一括で選択されるので便利です。事前に複数セルが範囲選択されているとその範囲内のセルだけが検索されるので、ワークシート内のすべての数式の入力されているセルを選択する場合は、目的のワークシートの 1 つのセルだけを選択しておきます。これは、どのセルでもかまいません。

❀ その他の操作方法

ショートカットキー

Ctrl ＋ 1
（［セルの書式設定］ダイアログボックスの表示）

⑪［セル書式設定］ダイアログボックスが表示されるので、［保護］タブの［表示しない］
チェックボックスをオンにします。

⑫［OK］をクリックします。

【操作 3】

⑬［ホーム］タブの ▦書式▾［書式］ボタンをクリックします。

⑭［保護］の一覧から［シートの保護］をクリックします。

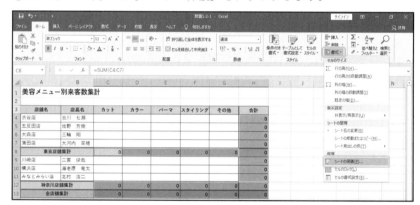

⑮［シートの保護］ダイアログボックスが表示されるので、［シートとロックされたセ
ルの内容を保護する］チェックボックスがオンになっていることを確認します。

⑯［このシートのすべてのユーザーに許可する操作］ボックスの［ロックされたセル範
囲の選択］と［ロックされていないセル範囲の選択］チェックボックスがオンになっ
ていることを確認します。

⑰［行の挿入］チェックボックスをオンにします。

⑱［OK］をクリックします。

1-2-2 ワークシートとセル範囲を保護する

練習問題

【操作 1】ワークシート「来客数集計」のセル範囲 C4:G7 と C9:G11 に範囲の編集を許可します。その際、範囲のタイトルを「来客数入力」、範囲パスワードを「1234」にします。

【操作 2】ワークシート「来客数集計」をパスワードを設定せずに保護します。

【操作 3】パスワード「1234」を入力して範囲のロックを解除し、セル C4 に「278」と入力します。

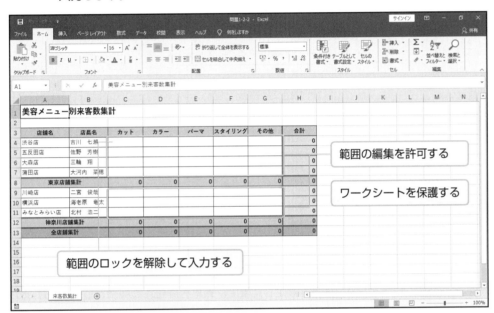

機能の解説

重要用語

- 範囲の編集の許可
- [範囲の編集を許可する]ボタン
- [範囲の編集の許可]ダイアログボックス
- [新規]
- [新しい範囲]ダイアログボックス
- [シートの保護]
- [シートの保護]ダイアログボックス
- [範囲のロック解除]ダイアログボックス

特定の範囲をパスワードを知っているユーザーのみが編集できるように設定して、ワークシートを保護することができます。範囲の編集の許可機能を使用します。

パスワードを知っているユーザーのみが編集できるようにしたいセル範囲を選択し、[校閲]タブの [範囲の編集を許可する] ボタンをクリックします。[範囲の編集の許可] ダイアログボックスが表示されるので、[新規] をクリックします。[新しい範囲] ダイアログボックスが表示されるので、[タイトル] ボックスに範囲名を入力し、[セルの参照] ボックスで範囲を確認し、必要に応じて変更します（セル範囲を選択した状態でこのダイアログボックスを表示した場合は選択したセル範囲が設定されています）。[範囲パスワード] ボックスにパスワードを設定し、[OK] をクリックすると、[パスワードの確認] ダイアログボックスが表示されるので、再びパスワードを入力し、[OK] をクリックします。

[範囲の編集の許可] ダイアログボックスに戻り、[シートの保護] をクリックすると、[シートの保護] ダイアログボックスが表示されるので、シートの保護を設定します（「1-2-1」参照）。

[範囲の編集の許可] ダイアログボックス　　　　[新しい範囲] ダイアログボックス

ここをクリックすると、[新しい範囲] ダイアログボックスが表示される

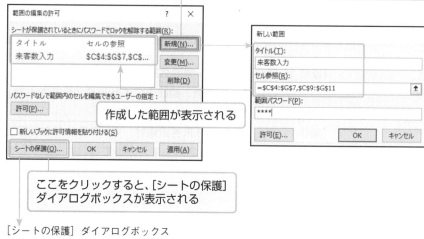

作成した範囲が表示される

ここをクリックすると、[シートの保護] ダイアログボックスが表示される

[シートの保護] ダイアログボックス

保護を設定した後に、編集を許可する範囲として設定された範囲内のデータを書き換えようとすると、[範囲のロック解除] ダイアログボックスが表示されるので、[このセルを編集するためのパスワードを入力してください] ボックスにパスワードを入力します。[OK] をクリックすると、その範囲内に入力できるようになります。

編集を許可する範囲で表示される [範囲のロック解除] ダイアログボックス

編集を許可する範囲として設定された範囲内のデータを書き換えようとするとこのダイアログボックスが表示される

パスワードを入力すると、その範囲内のデータの書き換えが可能になる

なお、編集を許可されていない範囲のセルのデータを書き換えようとすると、保護されていることを警告するメッセージが表示されます。

シートが保護されていることを知らせる警告メッセージ

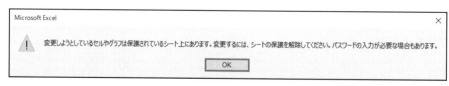

【操作 1】

❶ ワークシート「来客者集計」のセル範囲 C4 ～ G7 を範囲選択します。

❷ **Ctrl** キーを押しながら、C9 ～ G11 を範囲選択します。

❸ [校閲] タブの [範囲の編集を許可する] ボタンをクリックします。

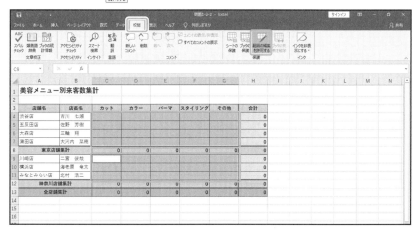

❹ [範囲の編集の許可] ダイアログボックスが表示されるので、[新規] ボタンをクリックします。

❺ [新しい範囲] ダイアログボックスが表示されるので、[タイトル] ボックスに「来客数入力」と入力します。

❻ [セル参照] ボックスに「=$C$4:$G$7,$C$9:$G$11」と表示されていることを確認します。

❼ [範囲パスワード] ボックスに「1234」と入力します。

❽ [OK] をクリックします。

❾ [パスワードの確認] ダイアログボックスが表示されるので、[パスワードをもう一度入力してください。] ボックスに再度「1234」と入力します。

❿ [OK] をクリックします。

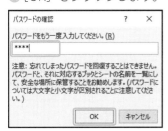

⓫ [範囲の編集の許可] ダイアログボックスの [シートが保護されているときにパスワードでロックを解除する範囲] ボックスに、タイトル「来客数入力」、セルの参照に「$C$4:$G$7,C...」と表示されていることを確認します。

【操作 2】

⓬ [シートの保護] をクリックします。

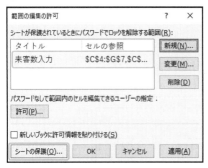

⓭ [シートの保護] ダイアログボックスが表示されるので、[シートとロックされたセルの内容を保護する] チェックボックスがオンになっていることを確認します。

⓮ [このシートのすべてのユーザーに許可する操作] ボックスの [ロックされたセル範囲の選択] と [ロックされていないセル範囲の選択] チェックボックスがオンになっていることを確認します。

⓯ [シートの保護を解除するためのパスワード] ボックスには何も入力せずに [OK] をクリックします。

★ヒント

範囲の編集の許可の解除

シートの保護を解除すると（「1-2-1」参照）、範囲の編集の許可は無効になり、パスワードを入力しなくても書き換えができるようになります。許可の設定範囲を削除する場合は、[範囲の編集の許可] ダイアログボックスの [シートが保護されているときにパスワードでロックを解除する範囲] ボックスの一覧から削除する範囲を選択し、[削除] をクリックします。

【操作3】

⑯ セル C4 をクリックします。

⑰ 数字または文字のキーを押します。

⑱ [範囲のロック解除] ダイアログボックスが表示されるので、[このセルを編集する ためのパスワードを入力してください] ボックスに「1234」と入力します。

⑲ [OK] をクリックします。

⑳ セル C4 に「278」と入力します。

問題フォルダー
└問題 1-2-3.xlsx

解答フォルダー
└解答 1-2-3.xlsx

ブックの保護を実行して、シート構成を保護します。その際、パスワード「R03」を設定します。

パスワードを設定して、シート構成を保護する

□ ブックの保護

□ シート構成の保護

□ [ブックの保護] ボタン

□ [シート構成とウィンドウの保護]
ダイアログボックス

□ [シート構成]
チェックボックス

□ [情報] 画面の [ブックの保護] ボタン

ブックの保護は、ワークシートの挿入や削除、名前の変更、移動やコピー、表示 / 非表示などを制限するための機能です。ブックを保護するには、[校閲] タブの [ブックの保護] ボタンをクリックします。[シート構成とウィンドウの保護] ダイアログボックスが表示されるので [パスワード（省略可）] ボックスにパスワードを入力すると、ブック構成の保護を解除する際にパスワードの入力を求めるようにできます。[保護対象] の [シート構成] チェックボックスがオンになっていることを確認し、[OK] をクリックします。[パスワード（省略可）] ボックスにパスワードを入力した場合は、続いて [パスワードの確認] ダイアログボックスが表示されるので、同じパスワードを再び入力し、[OK] をクリックします。

★ **ヒント**

パスワードの設定

パスワードは半角の 255 文字以内で、文字や数字、スペース、記号が使用でき、大文字と小文字も区別されます。なお、パスワードを忘れると解除ができなくなるので管理には注意してください。

[シート構成とウィンドウの保護] ダイアログボックス　　　　　　　　[パスワードの確認] ダイアログボックス

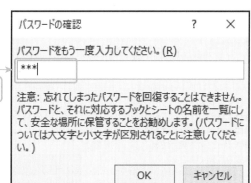

★ **ヒント**

ブックの保護の解除

[情報] 画面の [ブックの保護] ボタンをクリックして一覧から [ブック構成の保護] をクリックしてオフにします。または、[校閲] タブの [ブックの保護] ボタンをクリックしてオフにします。パスワードが設定されている場合は [ブック保護の解除] ダイアログボックスが表示されるのでパスワードを入力します。

[情報] 画面の
[ブックの保護] ボタン

[校閲] タブの
[ブックの保護] ボタン

シート構成を保護した後、シート見出しをドラッグしようとすると ⊘ が表示されて、移動やコピーができません。また、シート見出しを右クリックすると、ショートカットメニューのうち使用できないコマンドが淡色表示になっています。

ブックを保護すると、[ファイル] タブをクリックし、[情報] をクリックして表示される [情報] 画面の [ブックの保護] ボタンの色が変わり、ブックがロックされているとの記載があります。

[情報] 画面の [ブックの保護] ボタン

≫その他の操作方法
ブックの保護

[ファイル] タブをクリックし、[情報] をクリックして [情報] 画面を表示します。[ブックの保護] ボタンをクリックして、[ブック構成の保護] をクリックしても、[シート構成とウィンドウの保護] ダイアログボックスが表示され、シート構成を保護できます。

　[情報] 画面の
　[ブックの保護] ボタン

❶ [校閲] タブの  [ブックの保護] ボタンをクリックします。

❷ [シート構成とウィンドウの保護] ダイアログボックスが表示されるので、[保護対象] の [シート構成] チェックボックスがオンになっていることを確認します。

❸ [パスワード（省略可）] ボックスに「R03」と入力します。※ 画面上には「***」と表示されます。

❹ [OK] をクリックします。

❺ [パスワードの確認] ダイアログボックスが表示されるので、[パスワードをもう一度入力してください。] ボックスに再び「R03」と入力します。

❻ [OK] をクリックします。

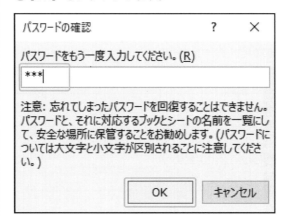

1-2-4 パスワードでブックを暗号化する

練習問題

問題フォルダー
└ 問題 1-2-4.xlsx

解答フォルダー
└ 上半期支店別売上
(解答 1-2-4).xlsx

【操作 1】ブックにパスワード「kamihan」を設定して暗号化し、「上半期支店別売上」という名前を付けて[Excel365 & 2019 エキスパート（実習用）]フォルダーに保存して閉じます。

【操作 2】保存したブック「上半期支店別売上」を、パスワード「kamihan」を入力して開きます。

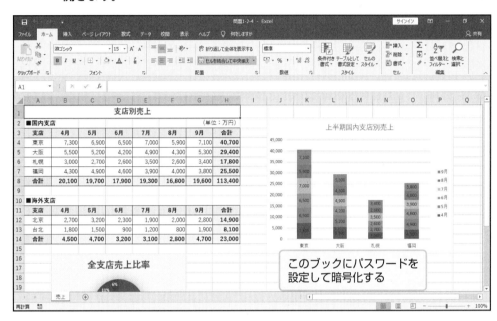

このブックにパスワードを設定して暗号化する

機能の解説

□ 暗号化
□ パスワードの入力
□ [情報] 画面の
[ブックの保護] ボタン
□ [パスワードを使用して暗号化]
□ [ドキュメントの暗号化] ダイアログボックス
□ [パスワード] ダイアログボックス

Excel にはシートやブックの要素を保護するなどの多様なセキュリティ機能がありますが、最も確実な方法はブックそのものを暗号化して、開くときにパスワードの入力を求めるようにすることです。

ブックを暗号化するには、ブックを開いた状態で[ファイル]タブをクリックし、[情報]をクリックして[情報]画面を表示します。 [ブックの保護]ボタンをクリックし、[パスワードを使用して暗号化]をクリックします。[ドキュメントの暗号化]ダイアログボックスが表示されるので、パスワードを入力します。続いて表示される[パスワードの確認]ダイアログボックスでも同じパスワードを入力します。

[ドキュメントの暗号化] ダイアログボックス

ここにパスワードを入力する

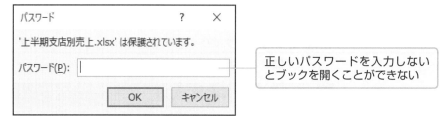

★ヒント

パスワードの設定

パスワードは半角の255文字以内で、文字や数字、スペース、記号が使用でき、大文字と小文字も区別されます。パスワードは設定後に解除や変更することができますが、パスワードを忘れるとブックを開くことができなくなります。パスワードの管理には注意してください。

ブックを暗号化すると、[ファイル]をクリックし、[情報]をクリックして表示される[情報]画面の[ブックの保護]ボタンの色が変わり、ブックを開くにはパスワードが必要との記載があります。

暗号化したブックは、開くときに[パスワード]ダイアログボックスが表示され、正しいパスワードを入力しないと開くことができません。

暗号化したブックを開くときに表示される[パスワード]ダイアログボックス

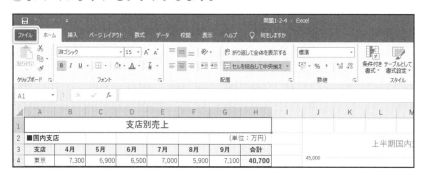

正しいパスワードを入力しないとブックを開くことができない

操作手順

【操作1】

❶[ファイル]タブをクリックします。

❷[ホーム]画面が表示されるので、左側の一覧から[情報]をクリックします。

❸[情報]画面が表示されるので、[ブックの保護]ボタンをクリックします。

❹一覧から[パスワードを使用して暗号化]をクリックします。

⑤ [ドキュメントの暗号化] ダイアログボックスが表示されるので、[パスワード] ボックスに「kamihan」と入力します。※ 画面上には「●●●●●●」と表示されます。

⑥ [OK] をクリックします。

⑦ [パスワードの確認] ダイアログボックスが表示されるので、[パスワードの再入力] ボックスに再び「kamihan」と入力します。

⑧ [OK] をクリックします。

★ヒント
パスワードの解除

設定したパスワードを解除するには、パスワードを入力してブックを開いたあとに、手順 ① ～ ⑤ を行い、表示される [ドキュメントの暗号化] ダイアログボックスの [パスワード] ボックスの「●」をすべて削除し、[OK] をクリックします。

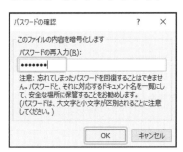

⑨ 「ブックの保護」の色が変わり、「このブックを開くにはパスワードが必要です。」と表示されます。

⑩ 左側の一覧から [名前を付けて保存] をクリックします。

⑪ [名前を付けて保存] 画面が表示されるので、[参照] をクリックします。

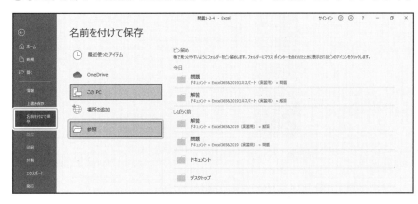

⑫［名前を付けて保存］ダイアログボックスが表示されるので、［ファイルの場所］ボックスで［Excel365 & 2019 エキスパート（実習用）］をクリックします。

⑬［ファイル名］ボックスに「上半期支店別売上」と入力します。

⑭［保存］をクリックします。

ヒント

書き込みパスワードの設定

［名前を付けて保存］ダイアログボックスの［ツール］をクリックし、［全般オプション］をクリックすると、［全般オプション］ダイアログボックスが表示され、［読み取りパスワード］と［書き込みパスワード］を設定できます。読み取りパスワードは［パスワードを使用して暗号化］と同じ機能で、設定するとブックを開くときにパスワードの入力が求められます。書き込みパスワードを設定すると、パスワードを知らなくても読み取り専用で開くことはできますが、パスワードを入力して開かないと上書き保存ができなくなります。

⑮［ファイル］タブをクリックします。

⑯［ホーム］画面が表示されるので、左側の一覧から［閉じる］をクリックします。

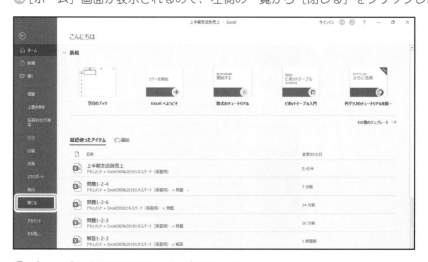

⑰ ブック「上半期支店別売上」が閉じます。

【操作 2】

⑱ ［ファイル］タブをクリックします。

⑲ ［ホーム］画面が表示されるので、［最近使ったアイテム］の一覧から［上半期支店
別売上］をクリックします。

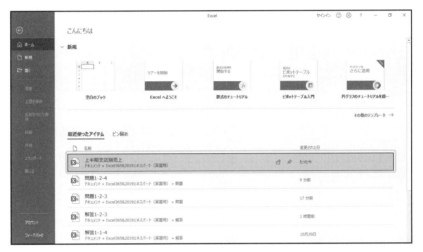

⑳ ［パスワード］ダイアログボックスが表示されるので、［パスワード］ボックスに、
パスワード「kamihan」を入力します。

㉑ ［OK］をクリックします。

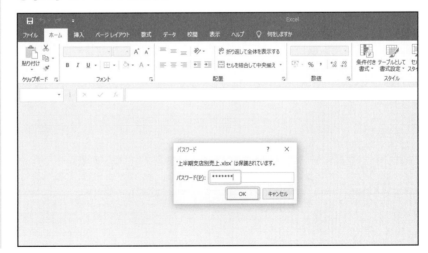

㉒ ブック「上半期支店別売上」が開きます。

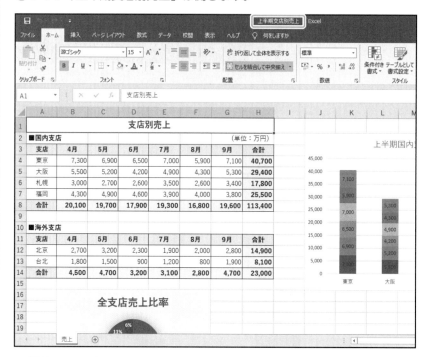

※ 操作終了後、[Excel365 & 2019 エキスパート（実習用）]フォルダーに保存したブック「上半期支店別売上」は削除しておきます。

数式の計算方法を設定する

練習問題

問題フォルダー
└問題 1-2-5.xlsx

解答フォルダー
└解答 1-2-5.xlsx

【操作 1】ブックの計算方法を手動にし、ブックの保存前に再計算されない設定にします。

【操作 2】セル A16 に「12:20」、セル B16 に「2」、セル E16 に「2」と入力して計算が自動的に行われないことを確認し、再計算を実行します。

機能の解説

□ 再計算
□ [計算方法の設定] ボタン
□ [自動]
□ [手動]
□ [再計算実行] ボタン
□ [Excel のオプション] ダイアログボックスの [数式]
□ [計算方法の設定]
□ [ブックの計算]
□ [ブックの保存前に再計算を行う] チェックボックス

セルに値を入力すると、そのセルを参照している数式が自動的に再計算され、計算結果の表示が更新されます。しかし、ワークシートで扱っているデータ量が多く、複雑な数式が大量に設定されている場合、コンピューターの能力によっては、1 回の再計算に非常に時間がかかってしまうことがあります。このようなブックでは、自動再計算を停止し、作業の区切りごとにまとめて再計算を実行することで、作業時間を短縮できます。

計算の設定を変更するには、[数式] タブの [計算方法の設定] ボタンをクリックします。既定値では [自動] になっているので [手動] に変更します。この状態では、セルの値を変更しても再計算は行われず、[数式] タブの [再計算実行] ボタンをクリックすることで、自分の好きなタイミングで再計算を実行できます。なお、計算方法の設定は、ブック単位で保存されます。

[数式] タブの [計算方法の設定] ボタンをクリックした状態

［計算方法の設定］ボタンで［手動］にした場合、［再計算実行］ボタンをクリックしなくても、ブックを保存するときに自動で再計算されます。ブックの保存時にも再計算されないようにするには、［Excel のオプション］ダイアログボックスで設定します。それには、［ファイル］タブをクリックし、［その他］をクリックして、［オプション］をクリックします。［Excel のオプション］ダイアログボックスが表示されるので、左側の一覧から［数式］をクリックし、［計算方法の設定］の［ブックの計算］の［手動］をクリックします。淡色表示だった［ブックの保存前に再計算を行う］チェックボックスが表示されるので、オフにします。

★ヒント
［データテーブル以外自動］
［計算方法の設定］の［ブックの計算］の［データテーブル以外自動］を選択すると、データテーブル（1つの数式に対し、複数のデータを使用したシミュレーションが行える機能）の処理の結果として表示されている値以外の数式が、自動的に再計算されます。

［Excel のオプション］の［数式］

操作手順

≫その他の操作方法≫
ショートカットキー
Alt、**T**、**O** キーを順に押す
（［Excel のオプション］ダイアログボックスの表示）

【操作 1】

❶［ファイル］タブをクリックします。

❷ [ホーム] 画面が表示されるので、左側の一覧から [その他] をクリックします。

❸ [オプション] をクリックします。

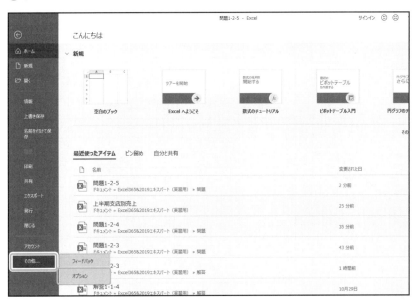

❹ [Excel のオプション] ダイアログボックスが表示されるので、左側の一覧から [数
式] をクリックします。

❺ [計算方法の設定] の [ブックの計算] の [手動] をクリックします。

❻ [ブックの保存前に再計算を行う] チェックボックスが変更可能になるので、これを
オフにします。

❼ [OK] をクリックします。

【操作2】

⑧ セル A16 に「12:20」、セル B16 に「2」、セル E16 に「2」と入力します。

⑨ 計算が自動的に行われないことを確認します。

⑩［数式］タブの ［再計算実行］ボタンをクリックします。

⑪ 再計算が行われ、セル C16 に「しゃけ弁当」、セル D16 に「350」、セル F16 に「770」と計算結果が表示されます。セル E4 が「18」、セル F4 が「7,535」に変更されます。

その他の操作方法

再計算の実行

F9 キーを押しても再計算を実行できます。

ヒント

シート再計算

［数式］タブの ［シート再計算］ボタンをクリックすると、ブック全体ではなく現在のシートのみ再計算が実行されます。

1-2-6 コメントを管理する

【操作 1】セル D3 に「達成率が 100%の場合は特別報酬を支給」というコメント（[校閲]
タブに [メモ] ボタンがある場合は [メモ]）を挿入します。

【操作 2】セル E3 のコメント（メモ）の「発表」を「表彰」に編集します。

【操作 3】A 列のすべてのコメント（メモ）を削除します。

★ヒント

コメント機能

環境によっては、[校閲] タブに [コメント] と [メモ] グループがある場合があります。その場合、この問題では [メモ] グループの [メモ] ボタンを使用します。

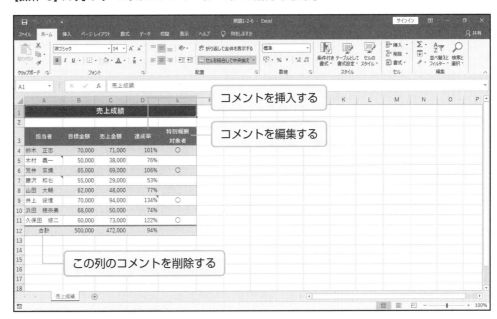

機能の解説

重要用語

- □ コメント
- □ コメントの挿入
- □ [新しいコメント] ボタン
- □ コメントの編集
- □ [コメントの編集] ボタン
- □ コメントの削除
- □ [削除] ボタン
- □ [前へ] ボタン
- □ [次へ] ボタン
- □ [コメントの表示 / 非表示] ボタン
- □ [すべてのコメントの表示] ボタン

作業中のブックに覚え書きを追加したり、他の人と共有するブックに注意書きを入れたりするときは、セルに吹き出しを付けて文字を記入できるコメント機能を使うと便利です。コメントは編集でき、不要になったら削除できます。

●コメントの挿入

コメントはセルにメモや伝言を記入する機能です。セルを選択し、[校閲] タブの [新しいコメント] ボタンをクリックすると挿入できます。コメントが挿入されたセルには右上にコメントがあることを示す赤い三角（　）が表示され、セルをポイントするとコメントが吹き出しで表示されます。

コメントが表示された状態

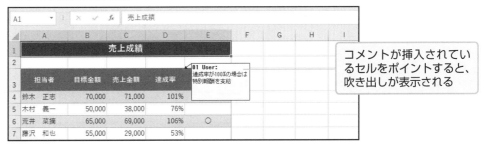

●コメントの編集

コメントの内容は必要に応じて編集することができます。セルをクリックして、［校閲］タブの［コメントの編集］［コメントの編集］ボタンをクリックします。コメントの吹き出しとその中にカーソルが表示され、文字が編集できます。

●コメントの削除

コメントは不要になったら削除することができます。セルを選択して、［校閲］タブの［削除］ボタンをクリックするとコメントが削除されます。複数のセルや、列や行、ワークシート全体を選択して［削除］ボタンをクリックすると、複数のコメントを一度に削除することができます。

●コメントの表示 / 非表示

ワークシート内のコメントを 1 つずつ確認したいときは、［校閲］タブの［前へ］ボタンや［次へ］ボタンをクリックすると、コメントのあるセルが 1 つずつ選択されてコメントが表示されます。
コメントを常に表示された状態に固定することも可能です。選択したセルのコメントだけを常に表示した状態にするには、［校閲］タブの［コメントの表示/非表示］［コメントの表示 / 非表示］ボタンをクリックします。ワークシート内のすべてのコメントを常に表示した状態にするには、［すべてのコメントの表示］［すべてのコメントの表示］ボタンをクリックします。なお、コメントを非表示にする場合は、同じボタンを再びクリックします。

コメントの表示 / 非表示

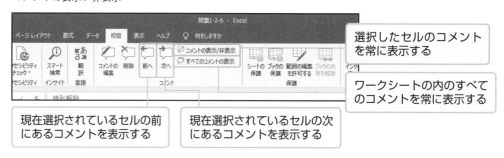

選択したセルのコメントを常に表示する

ワークシートの内のすべてのコメントを常に表示する

現在選択されているセルの前にあるコメントを表示する

現在選択されているセルの次にあるコメントを表示する

操作手順

その他の操作方法
コメントの挿入

セルを右クリックし、ショートカットメニューの［コメントの挿入］をクリックしても、コメントを挿入できます。

その他の操作方法
ショートカットキー
Shift + **F2** キー
（コメントのないセルを選択した場合：コメントの挿入）

【操作 1】

❶ セル D3 をクリックします。

❷ ［校閲］タブの［新しいコメント］ボタン（［メモ］ボタンがある場合は［メモ］ボタンをクリックし、一覧から［新しいメモ］）をクリックします。

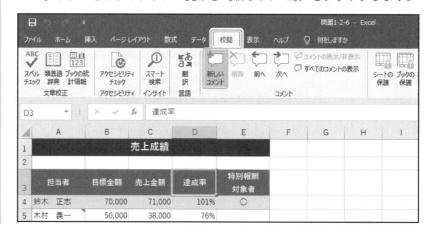

③ セル D3 にコメントの吹き出しとその中にカーソルが表示されます。

④「達成率が100％の場合は特別報酬を支給」と入力します。

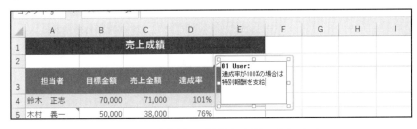

⑤ ワークシート上のコメント以外の部分をクリックします。

⑥ コメントが確定し、セル D3 の右上にコメントがあることを示す赤い三角（◣）が
表示されます。

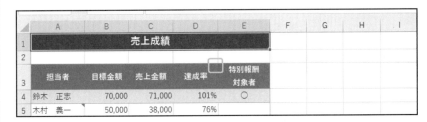

【操作2】

⑦ セル E3 をクリックします。

⑧ ［校閲］タブの [コメントの編集] ボタン（[メモ] ボタンがある場合は［メ
モ］ボタンをクリックし、一覧から ［メモの編集］）をクリックします。

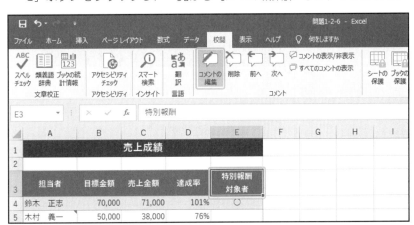

⑨ セル E3 にコメントの吹き出しとその中にカーソルが表示されます。

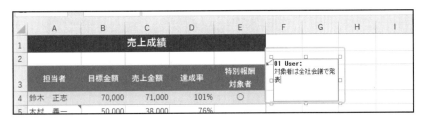

⑩「発表」を「表彰」に修正します。

⑪ ワークシートのコメント以外の部分をクリックします。

⑫ コメントが確定します。

	A	B	C	D	E	F	G	H	I
1			売上成績						
2									
3		担当者	目標金額	売上金額	達成率	特別報酬対象者			
4	鈴木　正志	70,000	71,000	101%	○				
5	木村　義一	50,000	38,000	76%					
6	荒井　菜摘	65,000	69,000	106%					
7	藤沢　和也	55,000	29,000	53%					
8	山田　大輔	62,000	48,000	77%					
9	井上　俊信	70,000	94,000	134%	○				
10	浜田　穂奈美	68,000	50,000	74%					
11	久保田　修二	60,000	73,000	122%	○				
12	合計	500,000	472,000	94%					

【操作 3】

⑬ 列番号 A をクリックします。

⑭ ［校閲］タブの [削除] ［削除］ボタンをクリックします。

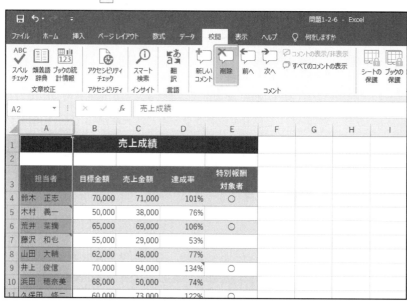

⑮ A 列のすべてのコメントが削除されます。

	A	B	C	D	E	F	G	H	I
1			売上成績						
2									
3		担当者	目標金額	売上金額	達成率	特別報酬対象者			
4	鈴木　正志	70,000	71,000	101%	○				
5	木村　義一	50,000	38,000	76%					
6	荒井　菜摘	65,000	69,000	106%	○				
7	藤沢　和也	55,000	29,000	53%					
8	山田　大輔	62,000	48,000	77%					
9	井上　俊信	70,000	94,000	134%	○				
10	浜田　穂奈美	68,000	50,000	74%					
11	久保田　修二	60,000	73,000	122%	○				
12	合計	500,000	472,000	94%					
13									
14									
15									
16									
17									
18									

売上成績　＋

>> その他の操作方法 <<

セルのコメントの削除

セルを右クリックし、ショートカットメニューの［コメントの削除］をクリックしても、コメントを削除できます。ただし、列や行、ワークシート全体を選択した状態ではこのコマンドは表示されず、使用できません。

1-3 言語オプションを使用する、設定する

Excel の画面の表示や入力の言語は日本語以外の言語に変更することが可能です。また、日本語に特有の機能として、文字列にふりがなを表示することができます。

1-3-1 編集言語や表示言語を設定する

練習問題

問題フォルダー
└問題 1-3-1.xlsx

解答フォルダー
└解答ファイルなし
※P60 の上図で確認してください。

Office の編集言語に「フランス語（フランス）」を追加します。[Microsoft Office の言語設定の変更]のメッセージが表示されたら[OK]をクリックします。Office の再起動はしません。

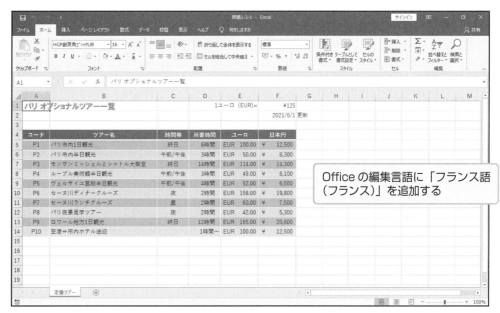

Office の編集言語に「フランス語（フランス）」を追加する

機能の解説

重要用語

☐ Excel のオプション]ダイアログボックスの[言語]

☐ [Office の表示言語]

☐ [Office の編集言語と校正機能]

Excel のボタンやメニューなどに表示される言語は、日本語の Windows を使用している場合は日本語になっています。また、スペルチェックや文章校正などの校正ツールを含む、ブックの入力や編集に使用する言語は日本語と英語が初期値で設定され、日本語が優先になっています。これらの言語は、他の言語を追加したり、切り替えたりすることができます。

[ファイル]タブをクリックし、[その他]をクリックして、[オプション]をクリックします。[Excel のオプション]ダイアログボックスが表示されるので、左側の一覧から[言語]をクリックします。[Office の表示言語]と[Office の編集言語と校正機能]の一覧に、言語を追加し、優先順位を設定します。

[Excel のオプション] ダイアログボックスの [言語]

表示言語を追加するときはここをクリックする

優先順位はここで変えられる

編集言語を追加するときはここをクリックする

操作手順

その他の操作方法

ショートカットキー

Alt、**T**、**O** キーを順に押す
（[Excel のオプション] ダイアロ
グボックスの表示）

❶ [ファイル] タブをクリックします。

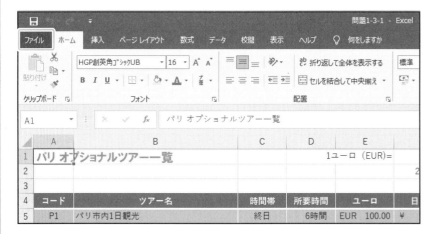

ヒント

[ホーム] 画面の左側の一覧

環境によっては、[その他] がな
い場合があります。その場合は
手順❸へ進みます。

❷ [ホーム] 画面が表示されるので、左側の一覧から [その他] をクリックします。

❸ [オプション] をクリックします。

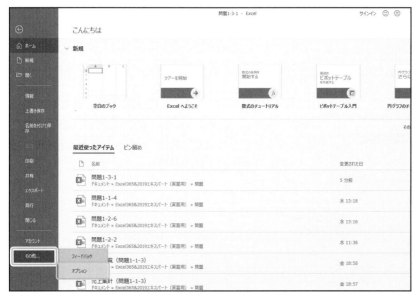

❹ [Excel のオプション] ダイアログボックスが表示されるので、左側の一覧から [言語] をクリックします。

❺ [Office の編集言語と校正機能] の [言語を追加] をクリックします。

❻ [編集言語の追加] ダイアログボックスが表示されるので、[追加する言語を選択します。] の一覧から [フランス語（フランス）] をクリックします。

❼ [追加] をクリックします。

ヒント

Office の編集言語の削除

[Office の編集言語と校正機能]
の一覧から削除する言語を選択
し、[削除] をクリックします。な
お、Windows で使用されている
言語（ここでは「日本語」）は削
除できません。

❽ [Office の編集言語と校正機能] の一覧に [フランス語（フランス）] が追加されます。

❾ [OK] をクリックします。

ヒント

言語の変更を有効にする

言語の変更は、Office を再起動
した後で有効になります。

❿ [Microsoft Office の言語設定の変更] の「Office を再起動して、言語の変更を有
効にしてください。」のメッセージが表示されるので、[OK] をクリックします。

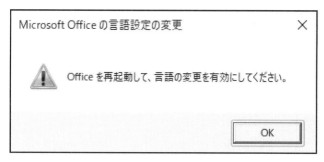

※ 操作終了後、[Office の編集言語と校正機能] の一覧の [フランス語（フランス）]
は削除しておきます。

言語（日本語）に特有の機能を使用する

練習問題

問題フォルダー
└ 問題 1-3-2.xlsx

解答フォルダー
└ 解答 1-3-2.xlsx

【操作 1】セル範囲 B4:B15 に入力されている名前にひらがなでふりがなを表示し、ふりがなのフォントサイズを「8」に変更します。

【操作 2】セル B6 の「愛宕」のふりがなを編集して「おたぎ」にします。

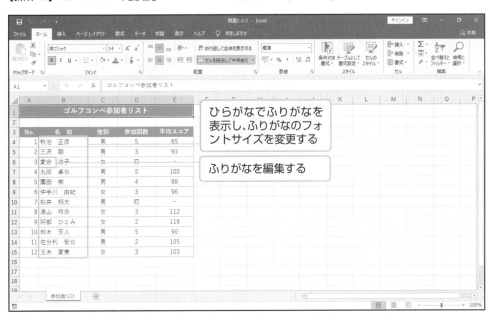

機能の解説

重要用語

- ふりがなの表示
- ［ふりがなの表示 / 非表示］ボタン
- ［ふりがなの設定］
- ［ふりがなの設定］ダイアログボックス
- ［ふりがなの編集］

Excel の日本語に特有の機能にふりがなの表示があります。ふりがなは、Excel で入力した際の読みの情報です。ふりがなを表示するには、目的のセルを選択し、［ホーム］タブの［ふりがなの表示 / 非表示］ボタンをクリックします。ふりがなは初期値では全角カタカナで表示されます。これをひらがなや半角カタカナに変更したり、ふりがなの配置、フォントサイズなどを変更したりする場合は、［ふりがなの表示 / 非表示］ボタンの▼をクリックし、［ふりがなの設定］をクリックして表示される［ふりがなの設定］ダイアログボックスで設定します。また、入力時の読みが間違っている場合などにふりがなを編集したい場合は、［ふりがなの表示 / 非表示］ボタンの▼をクリックし、［ふりがなの編集］をクリックします。ふりがな部分にカーソルが表示され編集が可能になります。

ヒント

ふりがなが表示できない文字
他のアプリで入力したり、CSV ファイルや Web ブラウザーから取り込んだりした文字はふりがなの情報がないため、ふりがなが表示されません。

［ホーム］タブの［ふりがなの表示 / 非表示］ボタンの▼をクリックした状態

【操作1】

❶ セル B4 ～ B15 を範囲選択します。

❷ ［ホーム］タブの ［ふりがなの表示 / 非表示］ボタンをクリックします。

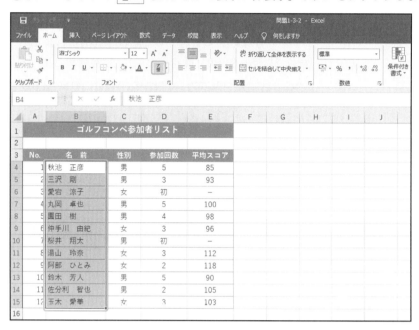

❸ セル B4 ～ B15 の文字列にカタカナのふりがなが表示されます。

❹ セル B4 ～ B15 を範囲選択した状態のまま、 ［ふりがなの表示 / 非表示］ボタンの▼をクリックします。

❺ 一覧から［ふりがなの設定］をクリックします。

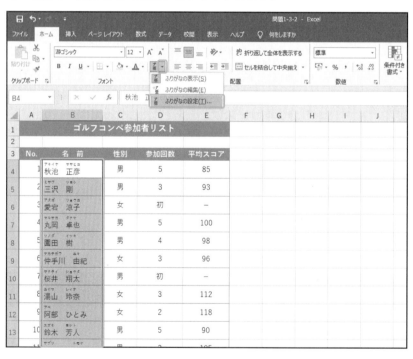

ヒント

ふりがなの非表示

目的の範囲を選択し、［ふりがなの表示 / 非表示］ボタンをクリックしてオフにすると、ふりがなが非表示になります。

［ふりがなの表示 / 非表示］ボタン

❻ ［ふりがなの設定］ダイアログボックスが表示されるので、［ふりがな］タブの［種類］の［ひらがな］をクリックします。

❼ ［フォント］タブの［サイズ］ボックスの［8］をクリックします。

❽ ［OK］をクリックします。

❾ セル B4 〜 B15 のふりがながひらがなに変更され、ふりがなのフォントサイズが大きくなります。

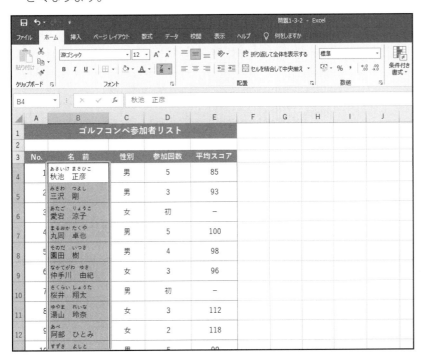

【操作2】

⑩ セル B6 をクリックします。

⑪ ［ホーム］タブの [あ▾] ［ふりがなの表示/非表示］ボタンの▼クリックします。

⑫ 一覧から［ふりがなの編集］をクリックします。

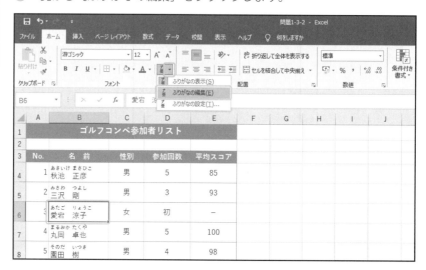

⑬ セル B6 の「涼子」が選択され、ふりがな「りょうこ」の前にカーソルが表示されます。

5	2	みさわ　つよし 三沢　剛	男	3	93	
6	3	あたご　りょうこ 愛宕　涼子	女	初	－	
7	4	まるおか　たくや 丸岡　卓也	男	5	100	

⑭ ふりがな「あたご」の後ろをクリックするか、←キーを押して「あたご」の後ろにカーソルを移動します。

5	2	みさわ　つよし 三沢　剛	男	3	93	
6	3	あたご　りょうこ 愛宕　涼子	女	初	－	
7	4	まるおか　たくや 丸岡　卓也	男	5	100	

⑮ **Backspace** キーで「あたご」を削除し、「おたぎ」と入力します。

⑯ **Enter** キーを押してセルの入力を確定します。

5	2	みさわ　つよし 三沢　剛	男	3	93	
6	3	おたぎ 愛宕　涼子	女	初	－	
7	4	まるおか　たくや 丸岡　卓也	男	5	100	

⑰ セル B6 のふりがなが「おたぎ　りょうこ」に変更されます。

5	2	みさわ　つよし 三沢　剛	男	3	93	
6	3	おたぎ　りょうこ 愛宕　涼子	女	初	－	
7	4	まるおか　たくや 丸岡　卓也	男	5	100	

2

データの管理、書式設定

本章で学習する項目

- ☐ 既存のデータを使用してセルに入力する
- ☐ データに表示形式や入力規則を適用する
- ☐ 詳細な条件付き書式を適用する

2-1 既存のデータを使用してセルに入力する

フラッシュフィルや連続データの作成機能を使うと、既存のデータを利用した規則性のあるデータの入力を簡単に行うことができます。また、よく使うデータはユーザー設定リストに登録することによって、オートフィルを使って連続入力することが可能になります。

2-1-1 フラッシュフィルを使ってセルにデータを入力する

練習問題

問題フォルダー
└問題 2-1-1.xlsx

解答フォルダー
└解答 2-1-1.xlsx

【操作 1】 フラッシュフィルを使用して、「班」の列にすべて「第 1 班」と入力します。ただし、セルの書式は変更しません。

【操作 2】 フラッシュフィルを使用して、「氏名」の列に「姓」と「名」の間に全角スペースをはさんでつなげた氏名を入力します。ただし、セルの書式は変更しません。

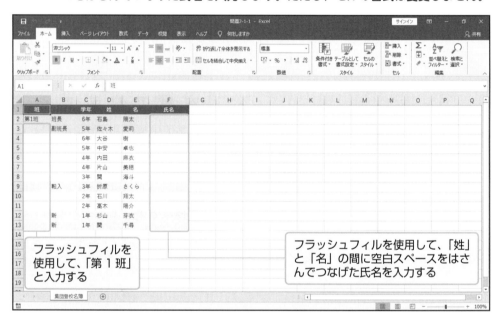

機能の解説

重要用語

□ フラッシュフィル

□ 入力したデータと
  同じ規則の文字列を
  自動的に入力する

□ [フィル] ボタン

□ [フラッシュフィル]

□ [オートフィルオプション]
  ボタン

□ オートコンプリート機能

フラッシュフィルは、入力したデータから Excel が規則性を認識し、入力したデータと同じ規則の文字列を自動的に入力する機能です。データを入力後に [ホーム] タブの ⬇▾ [フィル] ボタンをクリックして [フラッシュフィル] をクリックする方法、オートフィル機能を使用してデータを入力後に 🔳 [オートフィルオプション] ボタンの一覧から選択する方法があります。また、オートコンプリート機能によって表示される候補を確定して、フラッシュフィルを実行できる場合もあります。

フラッシュフィルではセルの書式はコピーされないため、元の書式が保持されます。

その他の操作方法
[フラッシュフィル] ボタン

[データ] タブの [フラッシュフィル] ボタンをクリックしても、同様にフラッシュフィルが実行されます。

[フラッシュフィル]ボタン

ヒント
[フィル] ボタンの一覧

[ホーム] タブの [フィル] ボタンをクリックした一覧には、[下方向へコピー] [右方向にコピー] [上方向へコピー] [左方向へコピー]など方向を指定してコピーするコマンドがあります。これらは、コピー先のセルを選択した状態で、コピー元のセルをどの方向にコピーするのかを指定します。

[フィル] ボタン

● ［フィル］ボタンを使用したフラッシュフィルの実行

サンプルとなるデータを入力後に、同じ規則で入力したいセルをアクティブにし、[ホーム] タブの ［フィル］ボタンをクリックし、一覧から[フラッシュフィル]をクリックします。

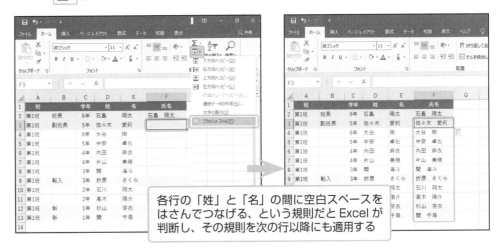

各行の「姓」と「名」の間に空白スペースをはさんでつなげる、という規則だと Excel が判断し、その規則を次の行以降にも適用する

● ［オートフィルオプション］ボタンを使用したフラッシュフィルの実行

オートフィル機能を使用してデータを入力後に表示される ［オートフィルオプション］ボタンの一覧にある ［フラッシュフィル］をクリックしても、フラッシュフィルを実行することができます。

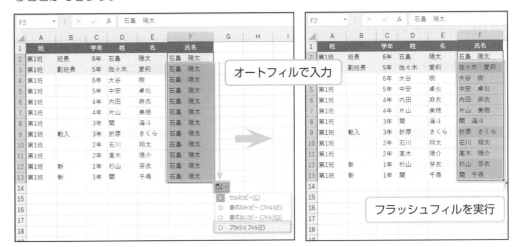

オートフィルで入力

フラッシュフィルを実行

●オートコンプリート機能を使用したフラッシュフィルの実行

サンプルとなるデータを入力し、次のセルにデータの途中までを入力すると、オートコンプリート機能により同じ規則のデータが入力候補として表示されます。**Enter** キーを押すと、入力候補が確定し、同じデータ範囲に一括入力されます。

ヒント
オートコンプリート機能

日本語入力モードがオンの場合、オートコンプリート機能が正常に働かない場合があります。その場合は、[ホーム] タブの [フィル] ボタンまたはオートフィル機能を使用してデータを入力後に表示される [オートフィルオプション] ボタンを使用してフラッシュフィルを実行しましょう。

[フィル] ボタン

[オートフィルオプション] ボタン

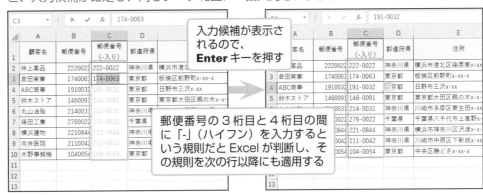

入力候補が表示されるので、**Enter** キーを押す

郵便番号の3桁目と4桁目の間に「-」(ハイフン)を入力するという規則だと Excel が判断し、その規則を次の行以降にも適用する

【操作 1】

❶ セル A3 をクリックします。

❷ ［ホーム］タブの 🔽 ・［フィル］ボタンをクリックします。

❸ 一覧から［フラッシュフィル］をクリックします。

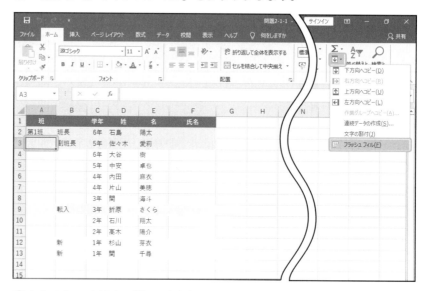

❹ セル A3 ～ A13 に「第 1 班」と入力されます。書式は変更されません。

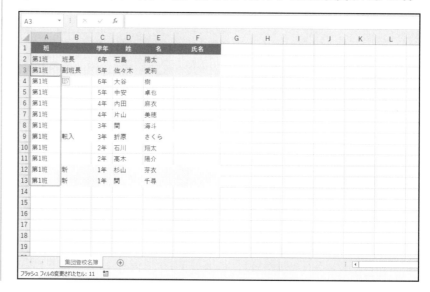

その他の操作方法

ショートカットキー

Ctrl ＋ E
（フラッシュフィル）

その他の操作方法

［オートフィルオプション］
ボタンからフラッシュフィル
を実行

セル A2 をクリックし、右下のフ
ィルハンドルをポイントし、マウ
スポインターの形が ✚ に変わっ
たらダブルクリックします。セル
A3 ～ A13 に「第 2 班」～「第
12 班」と入力され、セル A2 と
同じ塗りつぶしの色が設定される
ので、セル A13 の右下に表示さ
れる［オートフィルオプション］
ボタンをクリックし、一覧から［フ
ラッシュフィル］をクリックしま
す。セル A3 ～ A13 に「第 1 班」
と入力され、塗りつぶしの色が元
に戻ります。

［オートフィルオプション］
ボタン

ヒント

フラッシュフィルで変更され
たセルの数

フラッシュフィルを実行すると、
ステータスバーに「フラッシュフ
ィルの変更されたセル：11」と、
変更されたセルの数が表示され
ます。

【操作 2】

⑤ セル F2 をクリックします。

⑥ 「石島　陽太」（姓と名の間は全角スペース）と入力します。

⑦ セル F2 をクリックして、セルの右下のフィルハンドルをポイントします

⑧ マウスポインターの形が ✚ に変わったら、ダブルクリックします。

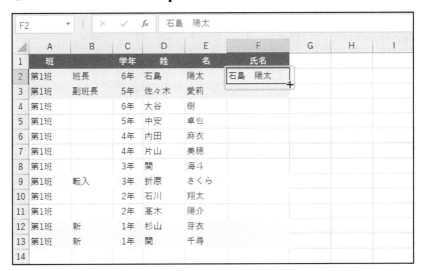

⑨ セル F3 〜 F13 に「石島　陽太」と入力されます。

⑩ [オートフィルオプション] ボタンをクリックし、一覧から [フラッシュフィル] をクリックします。

⑪セル F3 ～ F13 に各行の D 列の姓と F 列の名を空白スペースをはさんでつなげた氏名が入力されます。書式は変更されません。

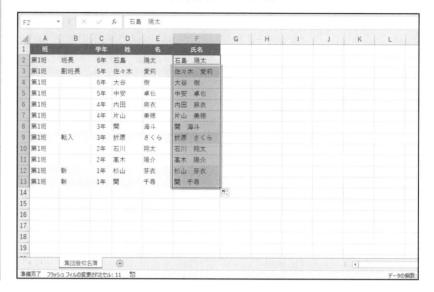

★ヒント
フラッシュフィルの設定
フラッシュフィルがうまく動作しない場合は、［ファイル］タブをクリックし、［その他］をクリックして［オプション］をクリックします。［Excel のオプション］ダイアログボックスが表示されるので、左側の一覧から［詳細設定］をクリックし、［編集オプション］にある［オートコンプリートを使用する］［フラッシュフィルを自動的に行う］のチェックボックスがいずれもオンになっているか確かめます。

2-1-2 連続データの詳細オプションを使ってセルにデータを入力する

練習問題

問題フォルダー
└ 問題 2-1-2.xlsx

解答フォルダー
└ 解答 2-1-2.xlsx

【操作 1】A 列に連続データを作成して、2021 年 6 月の土日を除く日付（週日）を入力します。

【操作 2】C 列に連続データを作成して、500 ～ 3000 までの 500 ずつ増える数値を入力します。

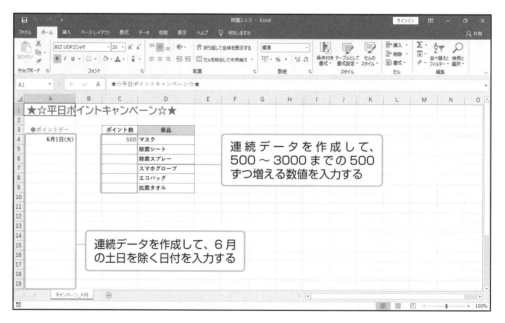

連続データを作成して、500 ～ 3000 までの 500 ずつ増える数値を入力する

連続データを作成して、6 月の土日を除く日付を入力する

数値の種類や増分値を指定して、連続データを自動的に入力することができます。連続データの元になる値のセルをクリックし、［ホーム］タブの ▼▼ ［フィル］ボタンの▼をクリックして、［連続データの作成］をクリックします。［連続データ］ダイアログボックスが表示されるので、データを入力する範囲を行か列かで指定し、データの種類、増分値、停止値などを指定します。なお、作成した連続データには元になった値のセルと同じ書式が設定されます。

50 までの間で、1 から 5 ずつ増える値を入力するように、［連続データ］ダイアログボックスで設定

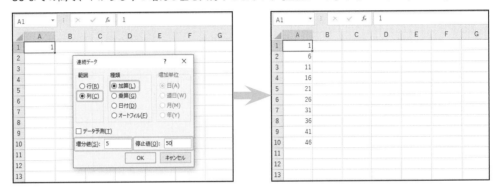

操作手順

【操作 1】

① セル A4 をクリックします。

② ［ホーム］タブの ▼▼ ［フィル］ボタンをクリックします。

③ ［連続データの作成］をクリックします。

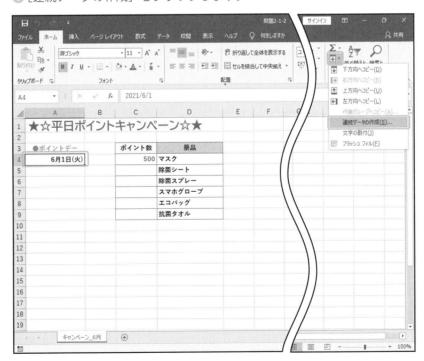

④［連続データ］ダイアログボックスが表示されるので、［範囲］の［列］をクリックします。

⑤［種類］の［日付］が選択されていることを確認します。

⑥［増加単位］の［週日］をクリックします。

⑦［増分値］ボックスに「1」と入力されていることを確認します。

⑧［停止値］ボックスに「2021/6/30」と入力します。

⑨［OK］をクリックします。

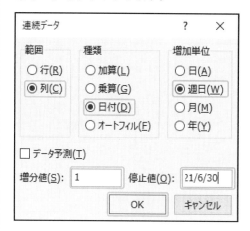

⑩ セル A5 ～ A25 に 6 月の土日を除いた日付が表示され、セル A4 と同じ書式が設定されます。

ヒント

［オートフィルオプション］
ボタンから［フラッシュフィル］
を実行

セル A4 の日付をオートフィルでコピーして表示される［オートフィルオプション］ボタンをクリックしても、一覧から［連続データ（週日単位）］を選択することができます。ただし、この方法では 6 月の最終日を指定することができないため、何行目までドラッグすればよいかがわからず、この例には不向きです。

［オートフィルオプション］
ボタン

【操作2】

⑪ セルC4 をクリックします。

⑫ ［ホーム］タブの ⬇▾ ［フィル］ボタンをクリックします。

⑬ ［連続データの作成］をクリックします。

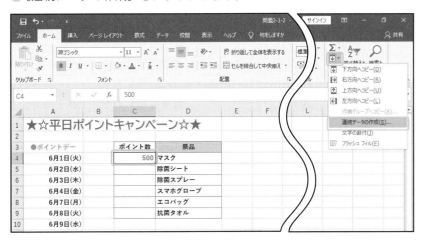

⑭ ［連続データ］ダイアログボックスが表示されるので、［範囲］の［列］をクリック
します。

⑮ ［種類］の［加算］が選択されていることを確認します。

⑯ ［増分値］ボックスに「500」と入力します。

⑰ ［停止値］ボックスに「3000」と入力します。

⑱ ［OK］をクリックします。

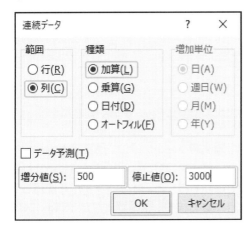

⑲ セルC5 ～ C9 に 1000 ～ 3000 までの 500 ずつ増える数値が表示され、セルC4
と同じ書式が設定されます。

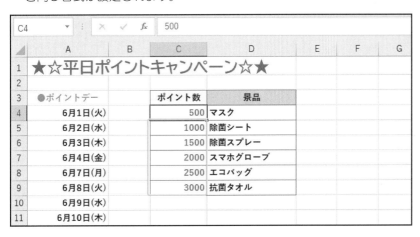

ユーザー設定リストを使って
セルにデータを連続入力する

練習問題

問題フォルダー
└問題 2-1-3.xlsx

解答フォルダー
└解答 2-1-3.xlsx

【操作 1】ワークシート「営業所別売上」のセル A4 ～ A14 に入力されているデータをユーザー設定リストに登録します。

【操作 2】ワークシート「最優秀者」のセル B5 ～ B11、セル G5 ～ G8 に、範囲の先頭セルに入力されている営業所名をもとにオートフィルを使用して連続入力します。

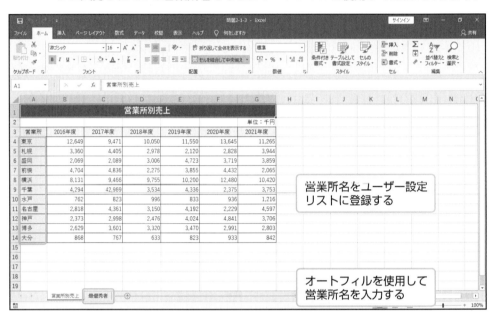

機能の解説

重要用語

□ オートフィル
□ ユーザー設定リスト
□ 連続入力
□ [Excel のオプション] ダイアログボックスの [詳細設定]
□ [ユーザー設定リストの編集]
□ [ユーザー設定リスト] ダイアログボックス

オートフィルは、隣接するセルに日付や時刻などの規則性のある連続データを作成する機能で、連続性のないデータの場合は同じ値がコピーされます。ただし、あらかじめユーザー設定リストに登録しておくと、オートフィルを使用して不規則なデータを連続入力することができるようになります。ユーザー設定リストに登録するには、[ファイル] タブをクリックし、[その他] をクリックして、[オプション]をクリックします。[Excel のオプション] ダイアログボックスが表示されるので、左側の一覧から [詳細設定] をクリックし、[全般]の [ユーザー設定リストの編集] をクリックします。

[Excel のオプション] ダイアログボックス

> ここをクリックすると、リスト
> を登録するダイアログボックス
> が表示される

[ユーザー設定リスト] ダイアログボックスが表示されるので、リストを登録します。
リストの登録には、次の 2 つの方法があります。

【方法 1】[リストの取り込み元範囲] ボックスにリストとして登録する項目が入力されて
いるセル範囲を指定し、[インポート] をクリックします。

【方法 2】[リストの項目] ボックスにリストの項目を並び順に従って **Enter** キーで区切っ
て入力し、[追加] をクリックします。

ヒント

登録したリストの削除

登録したリストを削除するには、
[ユーザー設定リスト] ボックス
の一覧から削除したいリストをク
リックし、[削除] をクリックしま
す。

[ユーザー設定リスト] ダイアログボックス

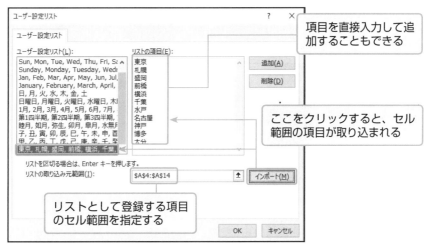

> 項目を直接入力して追
> 加することもできる

> ここをクリックすると、セル
> 範囲の項目が取り込まれる

> リストとして登録する項目
> のセル範囲を指定する

【操作1】

❶ ワークシート「営業所別売上」のセル A4 ～ A14 を範囲選択します。

❷ [ファイル] タブをクリックします。

	営業所	2016年度	2017年度	2018年度	2019年度	2020年度	2021年度
						単位：千円	
4	東京	12,649	9,471	10,050	11,550	13,645	11,265
5	札幌	3,360	4,405	2,978	2,120	2,828	3,944
6	盛岡	2,069	2,089	3,006	4,723	3,719	3,859
7	前橋	4,704	4,836	2,275	3,855	4,432	2,065
8	横浜	8,131	9,466	9,755	10,200	12,480	10,420
9	千葉	4,294	42,969	3,534	4,336	2,375	3,753
10	水戸	762	823	996	833	936	1,216
11	名古屋	2,818	4,361	3,150	4,192	2,229	4,597
12	神戸	2,373	2,998	2,476	4,024	4,841	3,706
13	博多	2,629	3,601	3,320	3,470	2,991	2,803
14	大分	868	767	633	823	933	842

❸ [ホーム] 画面が表示されるので、左側の一覧から [その他] をクリックします。

❹ [オプション] をクリックします。

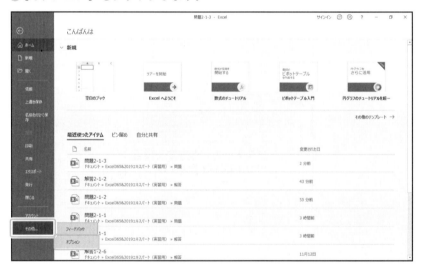

⑤ ［Excel のオプション］ダイアログボックスが表示されるので、左側の一覧から［詳細設定］をクリックします。

⑥ ［全般］の［ユーザー設定リストの編集］をクリックします。

⭐ヒント
データのインポート

セル範囲を選択せずに［Excel のオプション］ダイアログボックスを開き、［リストの取り込み元範囲］ボックスをクリックしてから、セル範囲を選択することもできます。

⑦ ［ユーザー設定リスト］ダイアログボックスが表示されるので、［リストの取り込み元範囲］ボックスに「$A$4:$A$14」と表示されていることを確認し、［インポート］をクリックします。

❽ ［リストの項目］ボックスと［ユーザー設定リスト］ボックスに、営業所名がセル
範囲に入力されている順序で表示されます。

❾ ［OK］をクリックします。

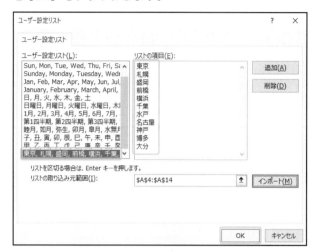

❿ ［Excel のオプション］ダイアログボックスの［OK］をクリックします。

【操作2】

⓫ ワークシート「最優秀者」のシート見出しをクリックします。

⓬ セル B5 をクリックし、右下のフィルハンドルをポイントして、マウスポインター
の形が ✚ に変わったら、ダブルクリックします。

⓭ セル B6 〜 B11 に営業所名が入力されます。

⓮ 同様にセル G5 のフィルハンドルをダブルクリックします。

⓯ セル G6 〜 G8 に営業所名が入力されます。

※ 操作終了後、ユーザー設定リストに登録した営業所名は削除しておきます。

2-2　データに表示形式や入力規則を適用する

データに表示形式や入力規則を適用すると、独自の形式でデータを表示したり、無効なデータの入力を防いだりして、表作成を効率よく進めることができます。また、小計機能を使用すると、集計行が自動で追加され、詳細行を非表示にして集計行だけを表示することが可能になります。

2-2-1　ユーザー定義の表示形式を作成する

練習問題

問題フォルダー
└問題 2-2-1.xlsx

解答フォルダー
└解答 2-2-1.xlsx

【操作 1】セル B3 〜 G3 に「2016 年度」「2017 年度」…「2021 年度」と表示されるようにユーザー定義の表示形式を設定します。

【操作 2】セル B4 〜 G14 のユーザー定義の表示形式を編集し、数値の下 3 桁を非表示にして千円単位で表示します。

機能の解説

- □ ユーザー定義の表示形式
- □ 書式記号
- □ [セルの書式設定] ダイアログボックスの [表示形式] タブ
- □ [ユーザー定義]

Excel には数値、通貨、会計、日付、時刻、文字列などさまざまな表示形式があらかじめ用意されていますが、表示形式用の書式記号を組み合わせることによって、ユーザー独自の表示形式を設定することができます。これをユーザー定義の表示形式といいます。ユーザー定義の表示形式を設定するには、[ホーム] タブの [数値] グループ右下の 🔽 [表示形式] ボタンをクリックし、[セルの書式設定] ダイアログボックスの [表示形式] タブを表示します。[分類] ボックスの [ユーザー定義] を選択し、[種類] ボックスに書式記号を組み合わせたユーザー定義の表示形式を設定します。

[セルの書式設定] ダイアログボックスの [表示形式] タブの [分類] の [ユーザー定義] を選択した状態

書式記号を使ってユーザー定義
の表示形式を設定する

●数値の書式記号

書式記号	説　明
#	数値の桁を示す。指定した桁数より少ない場合は有効桁数のみを表示する
0	数値の桁を示す。指定した桁数より少ない場合は空いた桁に「0」を表示する
?	数値の桁を示す。指定した桁数より少ない場合は空いた桁に空白を表示する
,	桁区切り記号のカンマ「,」を表示する。桁を示す # や 0 の書式記号の後に指定されている場合は 1,000 単位の位で数値が表示される
¥	通貨記号「¥」を表示する
%	パーセント「%」を表示する

●日付の書式記号

書式記号	説　明
yy	西暦の年の下 2 桁を表示する
yyyy	西暦の年を 4 桁で表示する
e	和暦の年を表示する
ee	1 桁の和暦の年に 0 を付けて 2 桁で表示する
g	元号を英字 1 文字で表示する（M、T、S、H）
gg	元号を漢字 1 文字で表示する（明、大、昭、平）
ggg	元号を漢字で表示する（明治、大正、昭和、平成）
m	月を表示する（1 〜 12）
mm	1 桁の月に 0 を付けて 2 桁で表示する（01 〜 12）
mmm	月を英語 3 文字で表示する（Jan 〜 Dec）
mmmm	月を英語で表示する（January 〜 December）
d	日にちを表示する（1 〜 31）
dd	1 桁の日にちに 0 を付けて 2 桁で表示する（01 〜 31）
ddd	曜日を英語 3 文字で表示する（Sun 〜 Sat）
dddd	曜日を英語で表示する（Sunday 〜 Saturday）
aaa	曜日を漢字 1 文字で表示する（日〜土）
aaaa	曜日を漢字で表示する（日曜日〜土曜日）

ヒント

[ユーザー定義] に登録されている表示形式

[ユーザー定義] には、さまざまな表示形式があらかじめ登録されています。登録されている表示形式を編集して新しい表示形式を作成することもできます。

ヒント

ユーザー独自の表示形式の削除

登録したユーザー独自の表示形式は [種類] ボックスの一覧に追加されます。[種類] ボックスの一覧から、削除したい表示形式を選択し、[削除] をクリックすると、追加した表示形式を削除することができます。

ヒント

正、負の値で異なる表示形式を設定する

「正の数値」「負の数値」「0」「文字列」の場合のそれぞれの表示形式を「;」（セミコロン）で区切って表します。

ヒント

色の書式記号

書式記号の先頭に [ ] で囲んだ色名を入力すると、色を指定することができます。たとえば「[赤] #,###」とすると、桁区切り記号が付いた数値が赤色で表示されます。色には、黒、緑、白、青、紫、黄、水、赤の 8 色が指定できます。

ヒント

条件の指定

条件を指定して、数値がそれを満たす場合のみ表示形式を適用することもできます。条件は比較演算子と値で指定し、[ ] で囲みます。たとえば「[緑][>=10];[赤][<10]」とすると、10 以上が緑色、10 未満が赤色で表示されます。

書式記号「m」と「mm」は、年や日と一緒に使用すると「月」、時や秒と一緒に使用すると「分」として扱われます。単独で使用する場合は「月」として扱われます。

●時刻の書式記号

書式記号	説　明
h	時を表示する（0 〜 23）
hh	1 桁の時に 0 を付けて 2 桁で表示する（00 〜 23）
m	分を表示する（0 〜 59）
mm	1 桁の分に 0 を付けて 2 桁で表示する（00 〜 59）
s	秒を表示する（0 〜 59）
ss	1 桁の秒に 0 を付けて 2 桁で表示する（00 〜 59）

数値に単位などの文字列を付けて表示する場合は、文字列を「"」（ダブルクォーテーション）で囲み、数値を表示する書式記号と組み合わせて入力します。たとえば、「1000」と入力して、「1,000個」と表示する場合は、表示形式に「#,##0" 個 "」と設定します。「1,000 個」とセルに直接入力すると文字列になり計算ができなくなるのに対し、表示形式で設定した場合は数値なので計算することができます。

●文字の書式記号

書式記号	説　明
@	セル内の文字列を表示する
スペース	スペースを表示する
" "	" " で囲まれた文字列をそのまま表示する
_	その次の文字幅分スペースを表示する
*	その次の文字を列幅全体にわたって繰り返し表示する

操作手順

【操作 1】

❶ セル B3 〜 G3 を範囲選択します。

❷ ［ホーム］タブの［数値］グループ右下の 🔲 ［表示形式］ボタンをクリックします。

［ホーム］タブの［数値の書式］ボックスの▼をクリックし、一覧から［その他の表示形式］をクリックしても、［セルの書式設定］ダイアログボックスの［表示形式］タブを表示することができます。

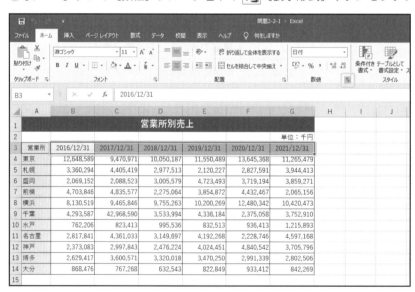

❸ ［セルの書式設定］ダイアログボックスの［表示形式］タブが表示されるので、［分類］ボックスの［ユーザー定義］をクリックします。

❹ ［種類］ボックスに「yyyy 年度」と入力します。

❺ ［サンプル］に「2016 年度」と表示されたことを確認します。

ヒント

["] の入力を省略

[セルの書式設定] ダイアログボックスの [表示形式] タブの [種類] ボックスに、「" 」（ダブルクォーテーション）を省略して文字列を入力しても、自動的に「" 」が補われます。この例の場合は、「yyyy" 年 "" 度 "」と設定されます。「yyyy" 年度 "」と入力しても同様に表示されます。

ヒント

ユーザー独自の表示形式の保存

ユーザー独自の表示形式はブックに保存されるので、他のブックでは使用できません。

❼ セル B3 ～ G3 の年に「年度」が付いて表示されます。

【操作 2】

❽ セル B4 ～ G14 を範囲選択します。

❾ [ホーム] タブの [数値] グループ右下の ⬚ [表示形式] ボタンをクリックします。

⑩ [セルの書式設定] ダイアログボックスの [表示形式] タブが表示されるので、[分類]
ボックスの [ユーザー定義] をクリックします。

⑪ [種類] ボックスに「#,##0」と表示されるので、「0」の後ろに「，」（カンマ）
を入力し、「#,##0,」とします。

⑫ [サンプル] に「12,649」と表示され、数値の下3桁が非表示になったことを確認
します。

⑬ [OK] をクリックします。

ヒント
表示形式を標準に戻す
セルを選択し、[ホーム] タブ
の [数値の書式] ボックスの▼
をクリックして、一覧から [標準]
をクリックすると、設定した表示
形式が解除されます。[セルの書
式設定]ダイアログボックスの[表
示形式] タブで設定する場合は、
[分類] ボックスの [標準] をク
リックします。標準の書式記号は
「G/ 標準」です。

⑭ セル B4 ～ G14 の数値の下3桁が非表示になります。

データの入力規則を設定する

練習問題

問題フォルダー
└問題 2-2-2.xlsx

解答フォルダー
└解答 2-2-2.xlsx

【操作 1】セル D9（結合セル）にデータの入力規則を設定して、セル範囲 I4:I9 のデータのリストから選択して入力するようにし、それ以外のデータを入力した場合は、次のようなエラーメッセージが表示されるようにします。

- スタイル：停止
- タイトル：入力エラー
- エラーメッセージ：リストから選択してください。

【操作 2】セル D9 に設定されたリストを使用して、「牧野　絵美」の氏名とメールアドレスを入力します。

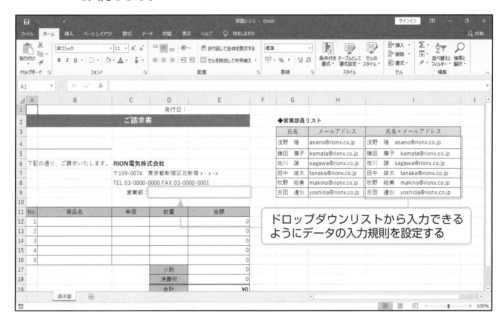

ドロップダウンリストから入力できる
ようにデータの入力規則を設定する

機能の解説

- □ データの入力規則
- □ ［データの入力規則］
  ボタン
- □ ［データの入力規則］
  ダイアログボックス
- □ ［設定］タブの［入力値の種類］ボックス
- □ ［入力時メッセージ］
  タブ
- □ ［エラーメッセージ］タブ
- □ ［日本語入力］タブ

セルに入力できるデータの種類や文字数などを制限する場合は、データの入力規則を設定します。データの入力規則は無効なデータが入力されないように制限する機能です。入力制限以外にも、エラーメッセージを表示したり、日本語入力システムのオン / オフを自動的に切り替える機能があります。

データの入力規則を設定するには、目的のセルを選択し、［データ］タブの ［データの入力規則］ボタンをクリックします。［データの入力規則］ダイアログボックスが表示されるので各タブで詳細を設定します。

●[設定] タブ

[入力値の種類] ボックスで、入力する値の種類を選択できます。選択した種類によって、その下に表示されるボックスの内容が異なります。

[設定] タブの [入力値の種類] ボックスで [リスト] を選択し、
リスト元のセル範囲を指定した状態

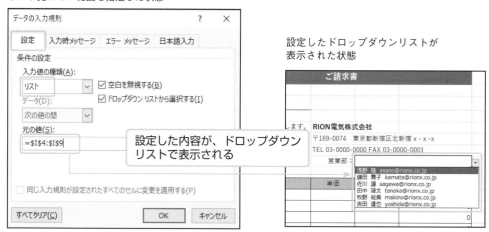

設定したドロップダウンリストが
表示された状態

[入力値の種類] ボックスで選択した種類に応じて、入力制限の内容は次のように異なります。

入力値の種類	制限内容
すべての値	既定の設定。入力値が制限されないため、すべての値を入力できる
整数、小数点数	指定した範囲外の数値（整数、小数点数）の入力を制限する
リスト	指定したリストの範囲以外の値の入力を制限する。入力時に指定したリストがドロップダウンで表示され、選択できる
日付、時刻	「2021/2/1 から 2021/2/28」のように、指定した期間の日付、時刻に入力を制限する
文字列（長さ指定）	入力する文字数を制限する。全角、半角は問わない
ユーザー設定	別のセルの計算結果を参照して、入力を制限する条件を指定する

●[入力時メッセージ] タブ

入力規則が設定されたセルに入力するときに表示されるメッセージを設定できます。

[入力時メッセージ] タブでメッセージを入力

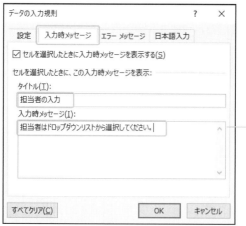

設定したセルをアクティブにした状態

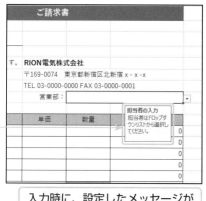

入力時に、設定したメッセージが
表示される

●[エラーメッセージ] タブ

入力規則で許されていないデータ（無効なデータ）を入力すると、指定した警告が表示されるように設定できます。

[エラーメッセージ] タブでメッセージを入力

無効なデータを入力した時に、エラーメッセージとして表示される

スタイルが [停止] の場合に表示されるエラーメッセージ

●[日本語入力] タブ

データ入力時に、日本語入力システムのオン／オフが自動的に切り替わるよう設定できます。

[日本語入力] タブで入力モードの一覧を表示した状態

▼をクリックして、日本語入力オン、オフ、無効、ひらがな、全角カタカナなどを選択する

【操作1】

❶ セル D9（結合セル）をクリックします。

❷ ［データ］タブの 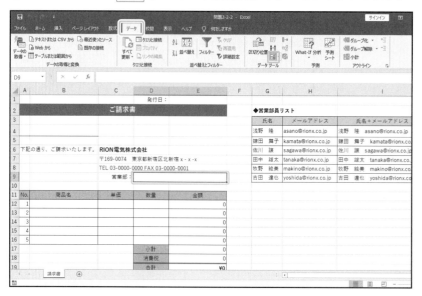 ［データの入力規則］ボタンをクリックします。

❸ ［データの入力規則］ダイアログボックスが表示されるので［設定］タブの［条件の設定］の［入力値の種類］ボックスの▼をクリックします。

❹ 一覧から［リスト］をクリックします。

❺ ［ドロップダウンリストから選択する］チェックボックスがオンになっていることを確認します。

❻ ［元の値］ボックスをクリックし、セル I4～I9 を範囲選択します。

❼ ［元の値］ボックスに「=$I$4: $I$9」と表示されたこをと確認します。

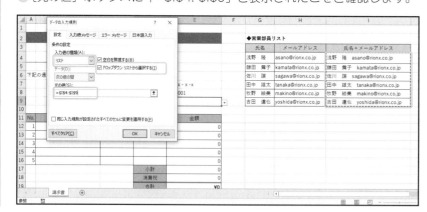

⑧ ［エラーメッセージ］タブの［無効なデータが入力されたらエラーメッセージを表示する］チェックボックスがオンになっていることを確認します。

⑨ ［無効なデータが入力されたときに表示するエラーメッセージ］の［スタイル］ボックスに［停止］と表示されていることを確認します。

⑩ ［タイトル］ボックスに「入力エラー」と入力します。

⑪ ［エラーメッセージ］ボックスに「リストから選択してください。」と入力します。

⑫ ［OK］をクリックします。

★ヒント
スタイルの変更
［スタイル］ボックスの▼をクリックすることで、他のスタイルに変更することができます。

★ヒント
データの入力規則のクリア
入力規則を設定した範囲を選択し、❷ の手順で［データの入力規則］ダイアログボックスを表示し、［すべてクリア］をクリックします。

⑬ セル D9 にデータの入力規則が設定され、セルの右側にリストを表示するための▼が表示されます。

【操作 2】

⑭ セル D9 の▼をクリックします。

⑮ 一覧から［牧野　絵美　makino@rionx.co.jp］をクリックします。

⑱ セル D9 に「牧野　絵美　makino@rionx.co.jp」が入力されます。

データをグループ化する、グループを解除する

練習問題

【操作 1】セル範囲 A3:K14 の表をグループ化してアウトラインを自動作成します。

【操作 2】アウトラインのレベル 2 までの行と列のデータを表示します。

【操作 3】池袋店の詳細データを表示します。

グループ化してアウトラインを自動作成し、指定したレベルで表示する

機能の解説

- グループ化
- アウトライン
- [グループ化] ボタン
- [アウトラインの自動作成]
- アウトライン記号
- レベル
- 詳細データ
- グループの解除
- [グループ解除] ボタン
- [アウトラインのクリア]

列や行は必要に応じてグループ化することができます。グループ化するとアウトラインが作成され、レベルごとに表示したり、非表示にしたりすることができます。大きな表の集計行や特定の項目の詳細行だけを表示したいときに便利です。

グループ化は、行や列を選択して手動で行う方法と、表内の見出しや数式に基づいて自動で行う方法があります。

●データのグループ化

手動でグループ化する場合は、行または列を選択し、[データ] タブの [グループ化▼] [グループ化] ボタンをクリックします。

自動でグループ化する場合は、表内の任意のセルをクリックし、[データ] タブの [グループ化▼] [グループ化] ボタンの▼をクリックし、[アウトラインの自動作成] をクリックします。アウトラインを自動作成するには、各列の最初の行に列の見出しがあること、小計や合計などの数式が入力されていることが前提になります。

[データ] タブの [グループ化] ボタンをクリックした状態

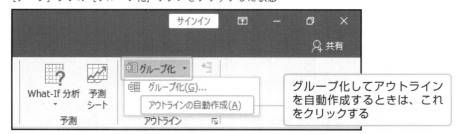

グループ化してアウトラインを自動作成するときは、これをクリックする

●アウトライン

グループ化してアウトラインを作成すると、列番号の上と行番号の左にアウトライン記号が
表示されます。
アウトラインは8段階のレベルまで設定することができます。アウトライン記号 ⃞1 や ⃞2
をクリックすると、そのレベルごとに表示を切り替えることができ、クリックしたレベル
よりも下位レベルの詳細データが非表示になります。

アウトラインで行のレベル2まで表示する

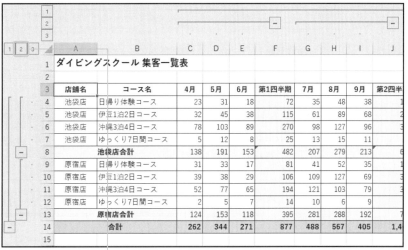

行のアウトライン記号の ⃞2 をクリックすると、
レベル3（店舗名）の詳細データが非表示になる

アウトライン記号 ＋ と － はグループの詳細データの表示と非表示を切り替えるときに
使用します。＋ をクリックすると詳細データが表示され、－ をクリックすると詳細デー
タが非表示になります。

●グループの解除

グループを解除するには、解除する行または列を選択し、［データ］タブの グループ解除 ▾ ［グ
ループ解除］ボタンをクリックします。表のすべてのグループを解除する場合は、表内の
任意のセルをクリックし、［データ］タブの グループ解除 ▾ ［グループ解除］ボタンの▼をク
リックし、［アウトラインのクリア］をクリックします。

［データ］タブの［グループ解除］ボタンをクリックした状態

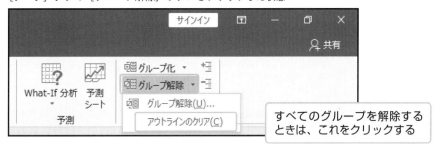

すべてのグループを解除する
ときは、これをクリックする

【操作1】

❶ セル A3 ～ K14 の範囲内の任意のセルをクリックします。

❷ ［データ］タブの ［グループ化］ ボタンの▼をクリックします。

❸ ［アウトラインの自動作成］をクリックします。

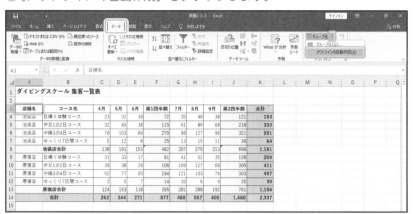

❹ アウトラインが自動作成され、アウトライン記号が表示されます。

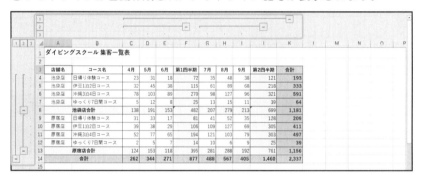

【操作2】

❺ 行番号の左のアウトライン記号 2 をクリックします。

❻ 列番号の上のアウトライン記号 2 をクリックします。

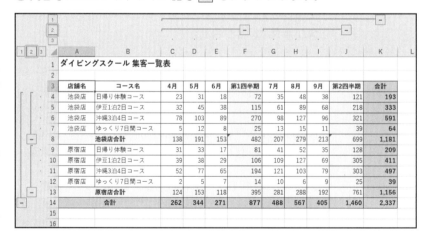

❼ 行と列がアウトラインのレベル 2 まで表示され、店舗名の詳細データの行と月別の詳細データの列が非表示になります。

【操作 3】

❽「池袋店合計」の左側にあるアウトライン記号 ＋ をクリックします。

1 2 3		A	B	F	J	K	L	M	N	O	P
	1	ダイビングスクール 集客一覧表									
	2										
	3	店舗名	コース名	第1四半期	第2四半期	合計					
+	8		池袋店合計	482	699	1,181					
+	13		原宿店合計	395	761	1,156					
-	14		合計	877	1,460	2,337					
	15										
	16										
	17										

❾ 池袋店の詳細データの行が表示されます。

1 2 3		A	B	F	J	K	L	M	N	O	P
	1	ダイビングスクール 集客一覧表									
	2										
	3	店舗名	コース名	第1四半期	第2四半期	合計					
	4	池袋店	日帰り体験コース	72	121	193					
	5	池袋店	伊豆1泊2日コース	115	218	333					
	6	池袋店	沖縄3泊4日コース	270	321	591					
	7	池袋店	ゆっくり7日間コース	25	39	64					
-	8		池袋店合計	482	699	1,181					
+	13		原宿店合計	395	761	1,156					
-	14		合計	877	1,460	2,337					
	15										
	16										
	17										

≫その他の操作方法≫
詳細データの表示／非表示

［データ］タブの［詳細データの表示］ボタンをクリックすると詳細データが表示され、［詳細を表示しない］ボタンをクリックすると詳細データが非表示になります。

＋≡ ［詳細データの表示］ボタン

－≡ ［詳細を表示しない］ボタン

小計や合計を挿入してデータを計算する

問題フォルダー
└問題2-2-4.xlsx

解答フォルダー
└解答2-2-4.xlsx

【操作1】セル範囲 A3:E19 の表を商品種別の昇順に並べ替えます。

【操作2】小計機能を使用して商品種別ごとに集計行を追加し、「金額」の列に商品種別ごとの小計と総計を表示します。

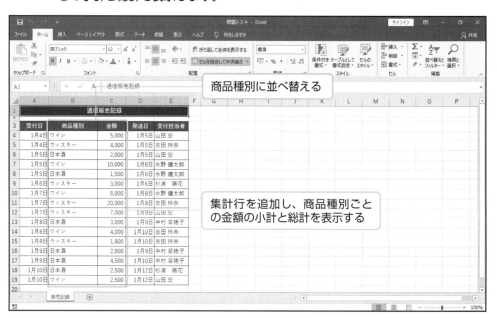

商品種別に並べ替える

集計行を追加し、商品種別ごとの金額の小計と総計を表示する

□ 小計機能
□ 集計行
□ 並べ替え
□ [小計] ボタン
□ [集計の設定]
　 ダイアログボックス

小計機能を使用すると集計行が追加され、指定した列（フィールド）ごとの合計や平均などを自動的に計算することができます。小計を行う前には、集計の基準となる列で並べ替え、集計するグループごとに行をまとめておく必要があります。

集計行を追加するには、表内の任意のセルをクリックし、[データ] タブの 小計 [小計] ボタンをクリックし、表示される [集計の設定] ダイアログボックスで集計方法などを設定します。

[集計の設定] ダイアログボックス

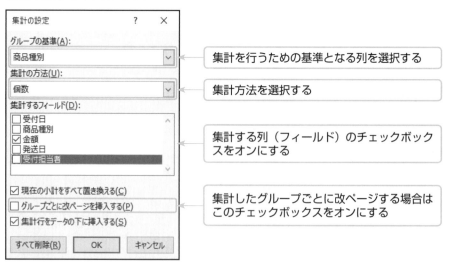

集計を行うための基準となる列を選択する

集計方法を選択する

集計する列（フィールド）のチェックボックスをオンにする

集計したグループごとに改ページする場合はこのチェックボックスをオンにする

【操作1】

① セル B3 ～ B19（「商品種別」の列）の範囲内の任意のセルをクリックします。

② ［データ］タブの ［昇順］ボタンをクリックします。

その他の操作方法

昇順で並べ替え

［ホーム］タブの［並べ替えとフィルター］ボタンをクリックし、［昇順］をクリックしてもデータを昇順に並べ替えられます。

［並べ替えとフィルター］ボタン

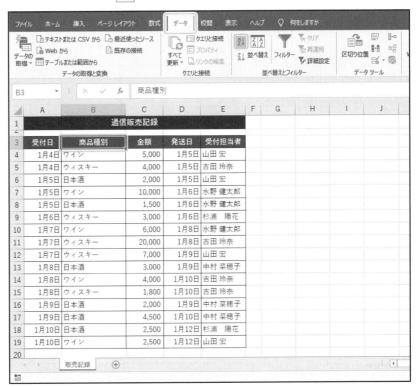

③ 表が商品種別の昇順に並べ替えられます。

【操作2】

④ ［データ］タブの ［小計］ボタンをクリックします。

❺ ［集計の設定］ダイアログボックスが表示されるので、［グループの基準］ボックスの▼をクリックし、一覧から［商品種別］をクリックします。

❻ ［集計の方法］ボックスの▼をクリックし、一覧から［合計］をクリックします。

❼ ［集計するフィールド］ボックスで［金額］チェックボックスをオンにし、それ以外のチェックボックスをオフにします。

❽ ［OK］をクリックします。

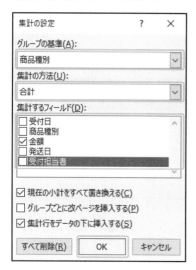

▶ポイント

アウトラインの作成

小計機能を使用して集計行を追加すると、自動的にアウトラインが作成されます。

★ヒント

小計の解除

小計が設定されている表内の任意のセルをクリックし、［データ］タブの ［小計］［小計］ボタンをクリックします。［集計の設定］ダイアログボックスが表示されるので、［すべて削除］をクリックします。なお、集計の基準となる列で行った並べ替えは元に戻らないので、必要に応じて基準にする列で並べ替えを行います。

❾ 集計行が追加され、商品種別ごとの小計と総計が表示されます。

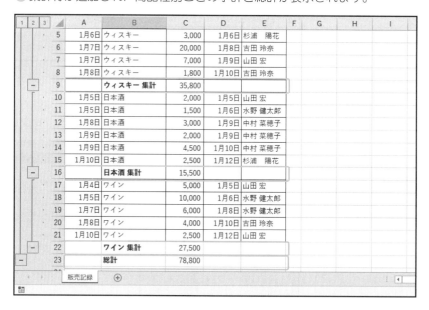

重複レコードを削除する

練習問題

問題フォルダー
└ 問題 2-2-5.xlsx

解答フォルダー
└ 解答 2-2-5.xlsx

テーブル内の「会員番号」以外がすべて重複している行を削除します。

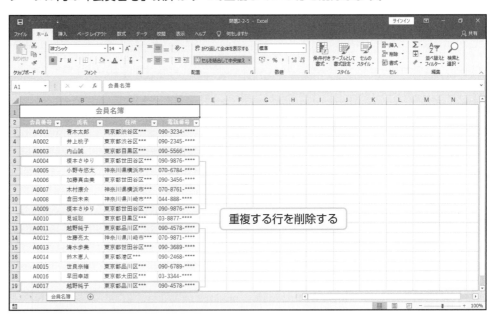

重複する行を削除する

機能の解説

重要用語

☐ 重複行の削除

☐ [重複の削除] ボタン

☐ [重複の削除] ダイアログ
　ボックス

表内から重複するデータを削除するには、表内の任意のセルをクリックし、[データ] タブの ▦ [重複の削除] ボタンをクリックします。[重複の削除] ダイアログボックスが表示されるので、重複を確認する列の見出しのチェックボックスをオンにすると、それらの列のデータがすべて同じ行が一つ（一番上の行）を除いて削除されます。

[重複の削除] ダイアログボックス

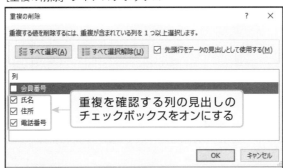

重複を確認する列の見出しの
チェックボックスをオンにする

**ヒント**
データのバックアップ

重複の削除を実行後に、ブックを上書き保存して閉じてしまうと、重複する行が完全に削除され元に戻すことができません。大事なデータを紛失しないように、重複の削除を実行する前に、ブックを別の名前で保存するなどして、バックアップを取っておきましょう。

❶ テーブル内の任意のセルをクリックします。

❷ ［データ］タブの  ［重複の削除］ボタンをクリックします。

重複の削除
表がテーブルに変換されている場合は、［デザイン］タブの ［重複の削除］ ［重複の削除］ボタンをクリックしても、重複行の削除を行うことができます。

❸ ［重複の削除］ダイアログボックスが表示されるので、［列］の［会員番号］チェックボックスをオフにします。

❹ ［OK］をクリックします。

重複の確認から除外する列
ここでは、一人の会員が異なる会員番号で複数登録されている場合に、一つの会員番号だけにするという処理を想定しています。会員番号が異なっていても、氏名、住所、電話番号がすべて同じである行を削除するので、［会員番号］は確認する対象となる列から外します。

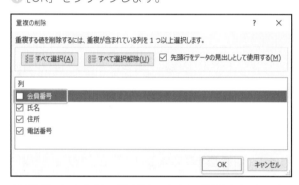

先頭行の扱い
表の先頭行に列の見出しが入っている場合は、［先頭行をデータの見出しとして使用する］チェックボックスが自動的にオンになっています。

❺ 「重複する 2 個の値が見つかり、削除されました。…」というメッセージが表示されたら、［OK］をクリックします。

❻ 重複していた行（11 行目と 19 行目）が削除され、会員番号 A0009 と A0017 のデータがなくなります。

テーブルの縞模様
表がテーブルに変換されていると、テーブルスタイルが適用されているので、重複行の削除後も行方向の縞模様は自動的に調整されます。

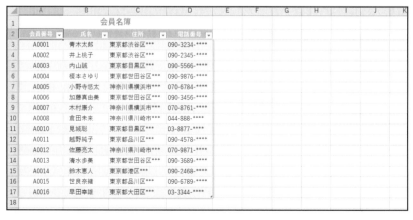

2-3 詳細な条件付き書式を適用する

条件付き書式では、複数の条件を設定したり、条件に数式を使用するなど、さまざまな指定をすることができます。また、条件は後から変更したり、削除したりすることも可能です。

2-3-1 ユーザー設定の条件付き書式ルールを作成する

練習問題

問題フォルダー
└問題 2-3-1.xlsx

解答フォルダー
└解答 2-3-1.xlsx

条件付き書式で新しいルールを作成して、降水量が 300 以上の場合はフォントの色を「標準の色」の「青」、太字、50 以下の場合はフォントの色を「標準の色」の「赤」に設定します。

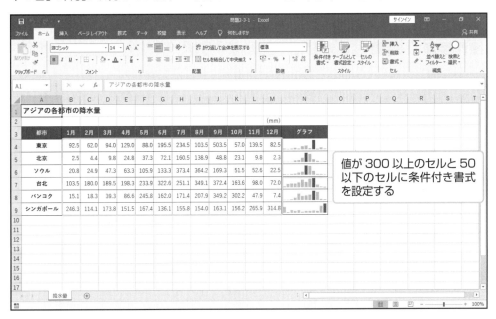

値が 300 以上のセルと 50 以下のセルに条件付き書式を設定する

機能の解説

重要用語

□ 条件付き書式
□ [条件付き書式] ボタン
□ [新しいルール]
□ [新しい書式ルール]
ダイアログボックス

条件付き書式を使用すると、設定した条件を満たすセルに特定の書式を適用することができます。よく使われる「指定の値より大きい」「指定の値より小さい」「指定の範囲内」「指定の値に等しい」「文字列」などの条件は [ホーム] タブの [条件付き書式] ボタンをクリックし、[セルの強調表示ルール] をポイントして表示される一覧から選択することができます。ただし、「指定の値以上」「指定の値以下」などの条件やそのほかの詳細な書式は設定することができません。ユーザー独自の条件や書式の設定は、[ホーム] タブの [条件付き書式] ボタンをクリックし、[新しいルール] をクリックして表示される [新しい書式ルール] ダイアログボックスで行います。

［新しい書式ルール］ダイアログボックス

ルールの種類を選択する

具体的なルールを作成する

操作手順

① セル B4 ～ M9 を範囲選択します。

② ［ホーム］タブの 📋 ［条件付き書式］ボタンをクリックします。

③ ［新しいルール］をクリックします

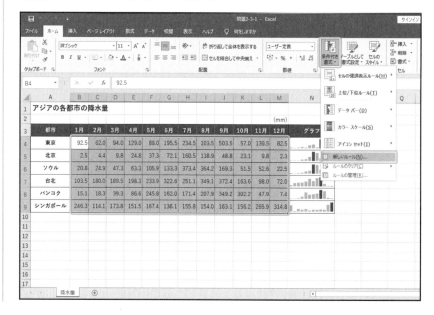

❹ ［新しい書式ルール］ダイアログボックスが表示されるので、［ルールの種類を選択してください］ボックスの一覧から［指定の値を含むセルだけを書式設定］をクリックします。

❺ ［ルールの内容を編集してください］の［次のセルのみを書式設定］の左端のボックスが［セルの値］になっていることを確認します。

❻ 2番目の「次の値の間」と表示されているボックスの▼をクリックして、一覧から［次の値以上］をクリックします。

❼ 右端のボックスに「300」と入力します。

❽ ［書式］をクリックします。

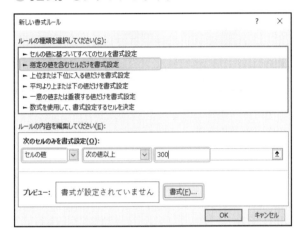

❾ ［セルの書式設定］ダイアログボックスが表示されるので、［フォント］タブの［スタイル］ボックスの［太字］をクリックします。

❿ ［色］ボックスの▼をクリックし、［標準の色］の一覧から［青］（右から3番目）をクリックします。

⓫ ［プレビュー］のフォントの色が青、太字になったことを確認し、［OK］をクリックします。

⑫ [新しい書式ルール] ダイアログボックスの [プレビュー] のフォントの色が青、太字になっていることを確認し、[OK] をクリックします。

⑬ 値が 300 以上のセルのフォントの色が青、太字になります。

⑭ セル B4 ～ M9 を範囲選択したまま、[ホーム] タブの 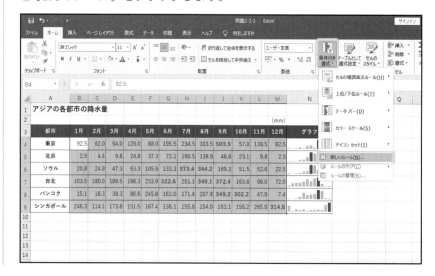 [条件付き書式] ボタンをクリックします。

⑮ [新しいルール] をクリックします。

⑯ [新しい書式ルール] ダイアログボックスが表示されるので、[ルールの種類を選択してください] ボックスの一覧から [指定の値を含むセルだけを書式設定] をクリックします。

⑰ [ルールの内容を編集してください] の [次のセルのみを書式設定] の左端のボックスが [セルの値] になっていることを確認します。

⑱ 2 番目の「次の値の間」と表示されているボックスの▼をクリックして、一覧から [次の値以下] をクリックします。

⑲ 右端のボックスに「50」と入力します。

⑳ [書式] をクリックします。

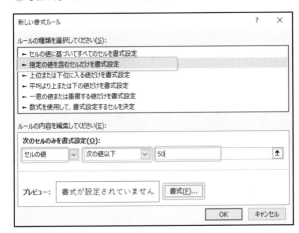

㉑ [セルの書式設定] ダイアログボックスが表示されるので、[フォント] タブの [色] ボックスの▼をクリックし、[標準の色] の一覧から [赤]（左から 2 番目）をクリックします。

㉒ [プレビュー] のフォントの色が赤になったことを確認し、[OK] をクリックします。

㉓ ［新しい書式ルール］ダイアログボックスの［プレビュー］のフォントの色が赤になっていることを確認し、［OK］をクリックします。

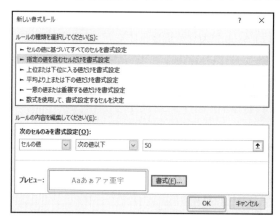

ヒント

ルールの確認

設定したルールを確認、編集するには、［ホーム］タブの［条件付き書式］ボタンをクリックし、［ルールの管理］をクリックして表示される［ルールの管理］ダイアログボックスを使用します（「2-3-3」参照）。

条件付き
書式 ▾　　［条件付き書式］ボタン

㉔ 任意のセルをクリックして、範囲選択を解除します。

㉕ 値が300以上のセルのフォントの色が青、太字、50以下のセルのフォントの色が赤になったことを確認します。

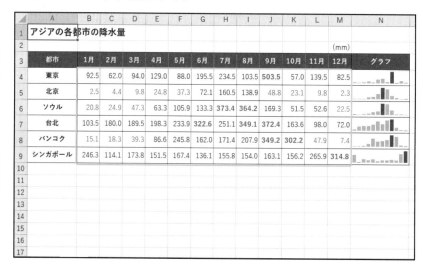

	A	B	C	D	E	F	G	H	I	J	K	L	M	N
1	アジアの各都市の降水量													
2													(mm)	
3	都市	1月	2月	3月	4月	5月	6月	7月	8月	9月	10月	11月	12月	グラフ
4	東京	92.5	62.0	94.0	129.0	88.0	195.5	234.5	103.5	503.5	57.0	139.5	82.5	
5	北京	2.5	4.4	9.8	24.8	37.3	72.1	160.5	138.9	48.8	23.1	9.8	2.3	
6	ソウル	20.8	24.9	47.3	63.3	105.9	133.3	373.4	364.2	169.3	51.5	52.6	22.5	
7	台北	103.5	180.0	189.5	198.3	233.9	322.6	251.1	349.1	372.4	163.6	98.0	72.0	
8	バンコク	15.1	18.3	39.3	86.6	245.8	162.0	171.4	207.9	349.2	302.2	47.9	7.4	
9	シンガポール	246.3	114.1	173.8	151.5	167.4	136.1	155.8	154.0	163.1	156.2	265.9	314.8	
10														
11														
12														
13														
14														
15														
16														
17														

練習問題

問題フォルダー
└問題 2-3-2.xlsx

解答フォルダー
└解答 2-3-2.xlsx

WEEKDAY 関数を使って曜日が土日の行に塗りつぶしの色を設定します。WEEKDAY 関数は月曜日の戻り値が「0」になる種類を使用し、塗りつぶしの色は RGB 値の赤「209」、緑「244」、青「152」を設定します。

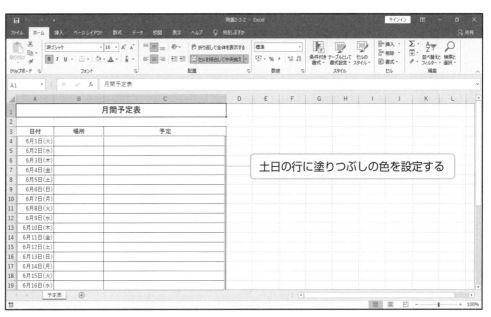

機能の解説

重要用語

□ WEEKDAY 関数

□ 条件に数式を設定

□ [新しい書式ルール]
　ダイアログボックス

□ [数式を使用して、書式設
　定するセルを決定]

□ [次の数式を満たす場合に
　値を書式設定] ボックス

□ 行全体に条件付き書式を
　設定

□ 複合参照

条件付き書式の条件に数式を設定すると、その計算結果によって、セルの書式を変化させることができます。[新しい書式ルール] ダイアログボックスの [ルールの種類を選択してください] の一覧から [数式を使用して、書式設定するセルを決定] をクリックし、[次の数式を満たす場合に値を書式設定] ボックスに数式を入力します。

●行全体に条件付き書式を設定する

条件付き書式で設定した条件を満たしたセルを含む行全体に書式を設定することもできます。条件付き書式を設定する際に表全体を範囲指定し、数式のセル参照は、条件の対象となるセルの列が参照されるように、「=WEEKDAY ($A4,3)」のように列を固定する複合参照で指定します。

［新しい書式ルール］ダイアログボックスで行全体に条件付き書式を設定

参照する列を固定する

操作手順

❶ セル A4 ～ C33 を範囲選択します。

❷ ［ホーム］タブの ［条件付き書式］ボタンをクリックします。

❸ ［新しいルール］をクリックします。

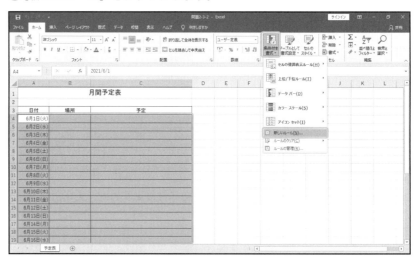

❹ ［新しい書式ルール］ダイアログボックスが表示されるので、［ルールの種類を選択
してください］ボックスの一覧から［数式を使用して、書式設定するセルを決定］
をクリックします。

❺ ［ルールの内容を編集してください］の［次の数式を満たす場合に値を書式設定］ボッ
クスに「=WEEKDAY($A4,3)>=5」と入力します。

❻ ［書式］をクリックします。

★ヒント
WEEKDAY 関数

WEEKDAY 関数の月曜日の戻り
値が「0」になる「種類」（第 2
引数）は「3」です。月曜日の「0」
から数えると土曜日が「5」、日曜
日が「6」になるため、計算結果
が 5 以上であれば、土日である
と判断できます。WEEKDAY 関
数については、「3-3-2」を参照し
てください。

❼ ［セルの書式設定］ダイアログボックスが表示されるので、［塗りつぶし］タブの［その他の色］をクリックします。

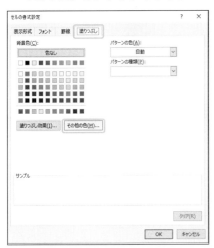

❽ ［色の設定］ダイアログボックスが表示されるので、［ユーザー設定］タブの［カラーモデル］ボックスに「RGB」と表示されていることを確認し、［赤］ボックスを「209」、［緑］ボックスを「244」、［青］ボックスを「152」にします。

❾ ［新規］に薄い緑色が表示されていることを確認し、［OK］をクリックします。

❿ ［セルの書式設定］ダイアログボックスの［サンプル］に薄い緑色の塗りつぶしが表示されていることを確認し、［OK］をクリックします。

⓫ ［新しい書式ルール］ダイアログボックスの［プレビュー］に薄い緑色の塗りつぶしが表示されていることを確認し、［OK］をクリックします。

⓬ 任意のセルをクリックして、選択範囲を解除します。

⓭ セルA4～C33の土日の行に薄い緑色の塗りつぶしが設定されたことを確認します。

2-3-3 条件付き書式ルールを管理する

練習問題

問題フォルダー
└ 問題 2-3-3.xlsx

解答フォルダー
└ 解答 2-3-3.xlsx

【操作 1】条件付き書式の 3 番目のルールを編集して、件数が 100 件以上の行に適用されるように変更します。

【操作 2】条件付き書式の適用順を変更します。
　　1 番目　オレンジ色の塗りつぶし（件数が 100 件以上）
　　2 番目　青色のフォント（未解決が 20 件以上）
　　3 番目　赤色のフォント（解決率が 80％以下）

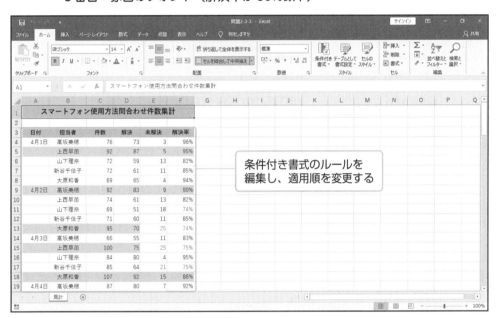

条件付き書式のルールを
編集し、適用順を変更する

機能の解説

重要用語

□ ［条件付き書式］ボタン

□ ［ルールの管理］

□ ［条件付き書式ルールの
　管理]ダイアログボックス

□ ［ルールの編集］

□ ［書式ルールの編集］
　ダイアログボックス

□ ［書式ルールの表示］
　ボックス

□ ルールの適用順を変更

□ ［上へ移動］ボタン

□ ［下へ移動］ボタン

セルに設定した条件付き書式のルールは、［ホーム］タブの ［条件付き書式］ボタンをクリックし、［ルールの管理］をクリックして表示される ［条件付き書式ルールの管理］ダイアログボックスに表示されます。

●ルールの編集

［条件付き書式ルールの管理］ダイアログボックスで、編集するルールを選択し、［ルールの編集］をクリックすると、［書式ルールの編集］ダイアログボックスが表示され、条件や書式を変更することができます。

ワークシート内に設定されているすべてのルールを表示するには、［書式ルールの表示］ボックスの▼をクリックし、一覧から［このワークシート］を選択します。

●ルールの適用順の変更

複数のルールが設定されている場合は、［条件付き書式ルールの管理］ダイアログボックスに表示されている順に適用されます。ルールの適用順を変更する場合は、［条件付き書式ルールの管理］ダイアログボックスでルールを選択し、▲ ［上へ移動］ボタン、▼ ［下へ移動］ボタンをクリックして、順序を入れ替えます。

［条件付き書式ルールの管理］ダイアログボックス

［このワークシート］を選択するとワークシートに設定されているすべてのルールが表示される

ルールの適用順を変更する

ここをクリックすると［書式ルールの編集］ダイアログボックスが表示される

［書式ルールの編集］ダイアログボックス

操作手順

【操作 1】

❶［ホーム］タブの ［条件付き書式］ボタンをクリックします。

❷［ルールの管理］をクリックします。

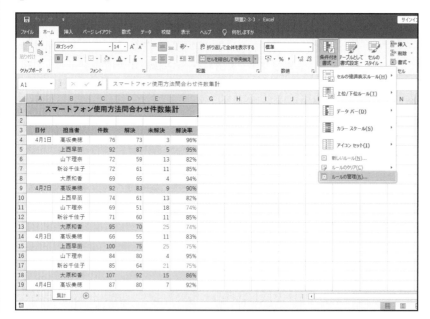

❸ ［条件付き書式ルールの管理］ダイアログボックスが表示されるので、［書式ルール
の表示］ボックスの▼をクリックし、一覧から［このワークシート］をクリックし
ます。

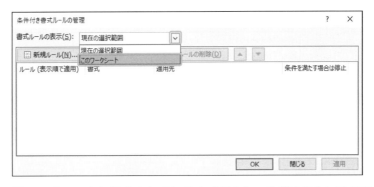

❹ ワークシートに設定されているすべてのルールが表示されるので、［ルール（表示順
で適用）］の一覧の3番目にある［数式 :=$C4>...］（ピンク色の塗りつぶしが設定
されているルール）をクリックします。

❺ ［ルールの編集］をクリックします。

❻ ［書式ルールの編集］ダイアログボックスが表示されるので、［ルールの内容を編集
してください］の［次の数式を満たす場合に書式設定］ボックスの「=$C4>=90」
を「=$C4>=100」に変更します。

❼ ［OK］をクリックします。

ヒント
ルールの確認
列幅が足りなくてルールがすべて
表示されていない場合は、ルー
ルをポイントするとポップアップ
が表示され、設定されている条
件を確認することができます。

ヒント
適用先の変更
［条件付き書式ルールの管理］ダ
イアログボックスのルールの［適
用先］ボックスには、各ルールが
設定されているセル範囲が表示
されています。この部分を編集し
て、条件付き書式の適用先を変
更することができます。

【操作2】

⑧ ［ルール（表示順で適用）］の一覧の3番目の［数式:=$C4>...］（ピンク色の塗りつぶしが設定されているルール）が選択されていることを確認します。

⑨ ▲ ［上へ移動］ボタンを2回クリックします。

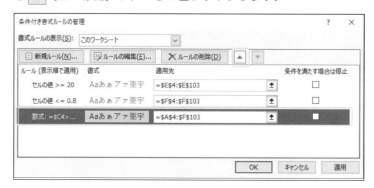

⑩ ［数式:=$C4>...］（ピンク色の塗りつぶしが設定されているルール）が一番上に移動します。

⑪ ［OK］をクリックします。

⑫ 条件付き書式ルールの適用順が変更され、未解決が20件以上、または解決率が80％以下であっても、件数が100件以上の行は塗りつぶしの色がオレンジになります。

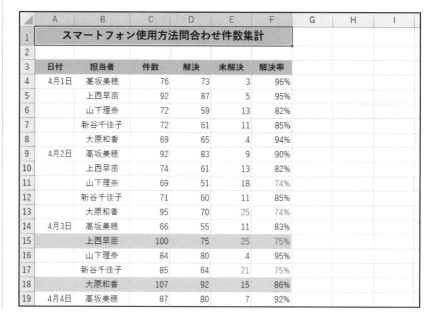

★ヒント

条件付き書式の解除

特定のセル範囲に設定されている条件付き書式を解除する場合は、解除したいセル範囲を選択し、［ホーム］タブの［条件付き書式］ボタンをクリックし、［ルールのクリア］の［選択したセルからルールをクリア］をクリックします。ワークシートに設定されているすべての条件付き書式を解除する場合は、［ルールのクリア］の［シート全体からルールをクリア］をクリックします。

条件付き
書式▼ ［条件付き書式］ボタン

高度な機能を使用した数式
およびマクロの作成

本 章 で 学 習 す る 項 目

☐ 関数で論理演算を行う

☐ 関数を使用してデータを検索する

☐ 高度な日付と時刻の関数を使用する

☐ データ分析を行う

☐ 数式のトラブルシューティングを行う

☐ 簡単なマクロを作成する、変更する

3-1 関数で論理演算を行う

Excel には多数の関数が登録されていて、難しい計算を効率よく行ったり、複雑な処理が簡単にできたりします。関数を組み合わせることによって、さらに複雑な処理やエラー回避などができるようになります。

3-1-1 関数をネストして論理演算を行う

ROUNDDOWN 関数と AVERAGE 関数を使用して、セル E3 に、全営業所の売上金額の平均を、千円未満を切り捨てて表示します。

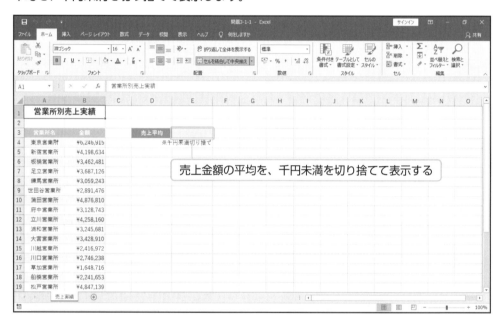

売上金額の平均を、千円未満を切り捨てて表示する

機能の解説

 重要用語

- □ ネスト
- □ [関数の引数] ダイアログボックス
- □ 関数を追加入力
- □ 数式オートコンプリート
- □ 関数の書式
- □ ROUNDDOWN 関数
- □ 数値を指定した桁で 切り捨てる
- □ ROUNDUP 関数
- □ 数値を指定した桁で 切り上げる

関数の中で関数を使うことを「ネスト」といいます。関数をネストすることで、1 つの関数ではできない複雑な計算ができるようになります。また、データ未入力時のエラー表示を回避するときなどにも使用します。関数をネストするには、[関数の引数] ダイアログボックスを使って引数に関数を指定する方法と、すでに入力されている関数にほかの関数を追加入力する方法があります。

【方法 1】[関数の引数] ダイアログボックスで引数に関数を指定する
関数の引数にほかの関数を指定する場合などは、[関数の引数] ダイアログボックスを使うと、引数の種類や結果などを確認しながら設定でき、入力ミスも防げます。
数式を設定するセルをクリックし、まずは最終結果を計算する関数の [関数の引数] ダイアログボックスを表示します。ほかの関数を引数として使用する引数のボックスをクリックし、数式バーの名前ボックスの▼をクリックして一覧から関数を選択します。[関数の引数] ダイアログボックスが選択した関数に変わるので、引数を設定します。数式バーの元の関数名をクリックすると、元の関数の [関数の引数] ダイアログボックスが引数に関数が設定された状態で再び表示されるので、必要な引数をすべて設定し、[OK] をクリックします。

- ROUND 関数
- 数値を指定した桁で四
  捨五入する
- TRUNC 関数
- INT 関数
- 小数点以下を切り捨て
  て整数化する

ポイント
**引数となる関数のダイアログ
ボックスでは[OK]をクリ
ックしない**

引数として使用する関数の[関
数の引数]ダイアログボックスの
[OK]をクリックすると数式の入
力が終了してしまうので、多くの
場合エラーメッセージが表示され
ます。元の関数のダイアログボッ
クスに戻るときは数式バーの関
数名をクリックします。

ヒント
**[関数の引数]ダイアログ
ボックスを再び表示するには**

数式の入力されているセルをクリ
ックし、数式バーの数式内の関
数名をクリックして、数式バーの
左側にある *fx* [関数の挿入]ボ
タンをクリックします。[関数の
引数]ダイアログボックスが引数
が設定された状態で表示され、
修正することができます。

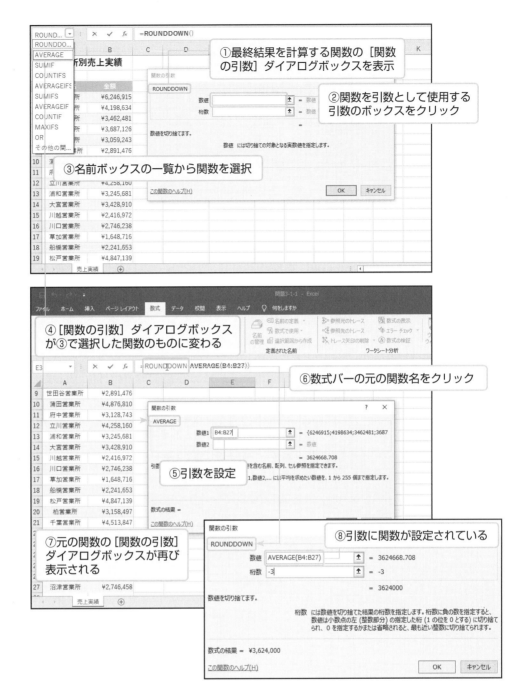

【方法2】数式バーで関数を追加入力する

入力済みの数式をほかの関数の引数として使用するときは、関数を追加するセルをクリッ
クし、数式バーの「=」の右側をクリックします。数式バーにカーソルが表示されるので、
追加する関数名の最初の数文字を入力します。数式オートコンプリート機能により、入力
した文字で始まる関数の一覧が表示されるので、目的の関数名をダブルクリックします。
関数名に続いて「（」が表示されるので、数式バーの下に表示される関数の書式を参照し
て引数を設定します。数式の最後にカーソルを移動し、「）」を入力して **Enter** キーを押し
ます。

ROUNDDOWN（ラウンドダウン）関数を使うと、数値を指定した桁で切り捨てることができます。

● ROUNDDOWN 関数

書　式	ROUNDDOWN(数値 , 桁数)
引　数	**数値**：切り捨てる数値を指定する **桁数**：切り捨てる桁を指定する
戻り値	指定した**桁**で切り捨てた数値を返す

例）セルA1の数値を100の位で切り捨てる

=ROUNDDOWN (A1,–3)

引数「桁数」は、小数点以下で切り捨てる場合は、結果として表示する桁数を正の整数で指定します（たとえば「1」を指定した場合は、小数点以下第2位を切り捨てて小数点以下第1位の値を返します）。小数点以下すべてを切り捨てるには「0」とします。小数点より上の桁で切り捨てる場合は、切り捨てる桁を負の整数で指定します（たとえば「–1」を指定した場合は、1の位を切り捨てた値を返します）。

桁数の指定

数値	**1**	**1**	**1**	**1**	**.**	**1**	**1**
桁数	–4	–3	–2	–1	0	1	2

数値を指定した桁で切り上げる場合はROUNDUP（ラウンドアップ）関数、四捨五入する場合はROUND（ラウンド）関数を使用します。いずれも引数の指定内容は同じです。
なお、数値を指定した桁で切り捨てる場合にはTRUNC（トランク、トランケイト）関数も使用できます。

● TRUNC 関数

書　式	=TRUNC (数値 [, 桁数])
引　数	**数値**：切り捨てる数値を指定する **桁数**：切り捨てた結果の桁を指定する。省略時は小数点以下を切り捨てる
戻り値	指定した**桁**で切り捨てた数値を返す

★ヒント
ROUNDDOWN 関数と
TRUNC 関数の違い
ROUNDDOWN関数とTRUNC関数はまったく同じ結果が求められます。違いはTRUNC関数では小数点以下を切り捨てるときに、引数「桁数」を省略できることです。
「=ROUNDDOWN(3.5,0)」と
「=TRUNC(3.5)」では同じ結果「3」が返されます。

★ヒント
省略可能な引数
書式の [ ]（角かっこ）で囲まれた引数は省略できます。

★ヒント

ROUNDDOWN 関数、
TRUNC 関数と
INT 関数の違い

ROUNDDOWN 関数、TRUNC
関数と INT 関数の違いは、数値
が負の数のときに現れます。たと
えば、数値が「−4.7」だった場合、
「=ROUNDDOWN(−4.7,0)」や
「=TRUNC(−4.7)」（または
「=TRUNC(−4.7,0)」）では単純に
小数部を切り捨てた「−4」が返
されます。「=INT(−4.7)」では
「−4.7」に最も近くてその値を超
えない整数「−5」が返されます。

● INT 関数

書　式	INT(数値)
引　数	**数値**：整数にする実数を指定する
戻り値	指定された**数値**より小さい最大の整数を返す

操作手順

◆ポイント

関数の入力

本書では［数式］タブの［関数
ライブラリ］グループの関数の分
類のボタンから関数を選択し、表
示される［関数の引数］ダイアロ
グボックスを使用して引数を指定
する方法を解説しています。選
択したセルや数式バーに直接数
式（手順の太字部分）を入力し
てもかまいません。記号、英数
字は半角で入力します。関数名と
して小文字で入力した英字は自
動的に大文字に変換されます。

❶ セル E3 をクリックします。

❷ ［数式］タブの ［数学 / 三角］ボタンをクリックします。

❸ 一覧から ［ROUNDDOWN］をクリックします。

④ROUNDDOWN 関数の［関数の引数］ダイアログボックスが表示されるので、［数値］
ボックスにカーソルが表示されていることを確認し、名前ボックスの▼をクリック
します。

⑤一覧から［AVERAGE］をクリックします。

ヒント
名前ボックスの一覧に
［AVERAGE］がない場合
名前ボックスの一覧の［その他
の関数］をクリックし、表示され
る［関数の挿入］ダイアログボッ
クスの［関数の分類］ボックスの
▼をクリックして［統計］または
［すべて表示］をクリックし、［関
数名］ボックスの一覧から
［AVERAGE］をクリックし、［OK］
をクリックします。

⑥AVERAGE 関数の［関数の引数］ダイアログボックスが表示されるので、［数値 1］
ボックスにカーソルが表示されていることを確認し、セル B4 ～ B27 を範囲選択し
ます。

⑦［数値 1］ボックスに「B4:B27」と表示されます。

⑧数式バーの「ROUNDDOWN」をクリックします。

ポイント
引数のセル範囲の指定
引数に連続したセル範囲を指定す
るときは、目的の範囲をドラッグし
て選択します。「B4:B11」のよう
にセル番地が「:」（コロン）で区
切られて表示されます。「B4:B23」
を直接入力することも可能です。
また、範囲の始点のセルをクリッ
クし、**Ctrl** + **Shift** + **↓** キーを
押すと、その列のデータが連続し
て入力されている範囲の最終行ま
でが自動的に範囲指定されます。

⑧ROUNDDOWN 関数の［関数の引数］ダイアログボックスが、［数値］ボックスに
AVERAGE 関数の式が設定された状態で再び表示されるので、［桁数］ボックスを
クリックし、「-3」と入力します。

⑩［数式の結果＝］に「￥3,624,000」が表示されていることを確認します。

⑪［OK］をクリックします。

ヒント
AVERAGE 関数の結果
手順⑨の［数値]ボックスに
「AVERAGE(B4:B11)」と表示され、
右側に数式の結果
「=3624668.708」が表示されま
す。

ヒント
数式の結果の表示形式
セル E3 にはあらかじめ「通貨」
の表示形式が設定されているた
め、［数式の結果＝］にも通貨記
号の「￥」（円記号）と桁区切り
の「,」（カンマ）が表示されます。

⑫ 数式バーに「=ROUNDDOWN(AVERAGE(B4:B27),-3)」と表示されたことを確認します。

⑬ セル E3 に、全営業所の売上金額の平均の千円未満を切り捨てた値「¥3,624,000」が表示されます。

3-1-2　AND 関数、OR 関数、NOT 関数を使って論理演算を行う

練習問題

問題フォルダー
　└ 問題 3-1-2.xlsx

解答フォルダー
　└ 解答 3-1-2.xlsx

IF 関数と AND 関数、OR 関数を使用して、セル範囲 H4:H13 に筆記試験または適性検査が平均点以上で、かつグループワークが 80 点以上の場合は「合格」、それ以外の場合は「不合格」と表示します。

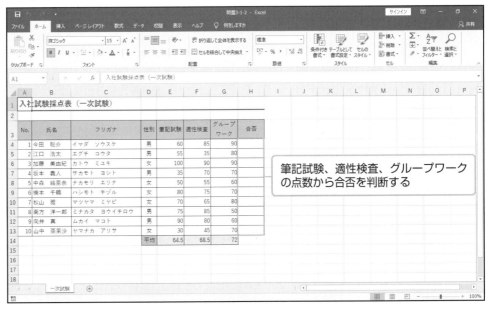

筆記試験、適性検査、グループワークの点数から合否を判断する

重要用語

- AND 関数
- 複数の条件をすべて満たしているかどうかを調べる
- OR 関数
- 複数の条件のいずれかを満たしているかどうかを調べる
- NOT 関数
- 条件を満たしていないことを調べる
- IF 関数
- 条件を満たしているか満たしていないかによって異なる処理をする
- 比較演算子

AND（アンド）関数を使用すると、複数の条件のすべてを満たしているかどうかを調べることができます。その結果、すべてを満たしていれば「真（TRUE）」、そうでなければ「偽（FALSE）」を返します。

複数の条件のいずれかを満たしているかどうかを調べるには、OR（オア）関数を使います。また、条件を満たしていないことを調べる場合は NOT（ノット）関数を使います。NOT 関数は論理式を 1 つしか設定できませんが、AND 関数や OR 関数を組み合わせれば、複数の条件を設定することができます。

● AND 関数

書　式	AND(論理式 1, 論理式 2,…)
引　数	**論理式**：論理値（「TRUE」または「FALSE」）または論理値を取得する値、式を指定する
戻り値	すべての**論理式**を満たす場合は「**TRUE**」を返し、そうでない場合は「**FALSE**」を返す

例）セル E4 の値が 65 以上で、かつセル F4 の値が 70 以上の場合は「TRUE」を返す、どちらかまたはいずれも満たさない場合は「FALSE」を返す

=AND(E4>=65,F4>=70)

● OR 関数

書　式	OR(論理式 1, 論理式 2,…)
引　数	**論理式**：論理値（「TRUE」または「FALSE」）または論理値を取得する値、式を指定する
戻り値	いずれかの**論理式**を満たす場合は「**TRUE**」を返し、そうでない場合は「**FALSE**」を返す

例）セル E4 の値が 65 以上か、またはセル F4 の値が 70 以上の場合は「TRUE」を返す、いずれも満たさない場合は「FALSE」を返す

=OR(E4>=65,F4>=70)

● NOT 関数

書　式	NOT(論理式)
引　数	**論理式**：論理値（「TRUE」または「FALSE」）または論理値を取得する値、式を指定する
戻り値	**論理式**を満たさない場合は「**TRUE**」を返し、満たす場合は「**FALSE**」を返す

例）セル E4 の値が 65 以上でない場合は「TRUE」を返す、65 以上の場合は「FALSE」を返す

=NOT(E4>=65)

● **IF 関数とネストする**

IF（イフ）関数を使用すると、指定した条件を満たしているか満たしていないかによって異なる処理をすることができます。

書　式	IF(論理式 , 値が真の場合 , 値が偽の場合)
引　数	**論　理　式**：真または偽のどちらかに評価できる値または式を指定する **値が真の場合**：論理式の結果が、条件を満たす「真（TRUE）」の場合に返す値を指定する **値が偽の場合**：論理式の結果が、条件を満たさない「偽（FALSE）」の場合に返す値を指定する
戻り値	**論理式**を満たす場合は**値が真の場合**の値を返し、満たさない場合は**値が偽の場合**の値を返す

論理式では、「真（TRUE）」または「偽（FALSE）」のいずれかで評価できる値か条件式を指定する必要があります。条件式には、次のような比較演算子を使用することができます。

比較演算子の使い方

比較演算子	意味	使用例
=	等しい	E4=65
<	〜より小さい（未満）	E4<65
>	〜より大きい	E4>65
<=	〜以下	E4<=65
>=	〜以上	E4>=65
<>	等しくない	E4<>65

IF 関数の論理式として AND 関数を使用すると、「筆記試験が 65 点以上で、適性検査が 70 点以上の場合は、合格とする」など、複数の条件で判断する条件式を作成することができます。

$$=IF(AND(E4>=65,F4>=70),"合格","不合格")$$

　　　　　　　　　　　論理式　　　　　　　　真の場合　偽の場合

関数をネストする方法については、「3-1-1」を参照してください。

ポイント

引数に文字列を設定する

関数の引数に文字列を設定する場合、文字列は「"」（半角のダブルクォーテーション）で囲んで入力します。

ヒント

空白を表示する引数

論理式の結果によって空白を表示したい場合は、引数に「""」（半角のダブルクォーテーション2つ）を入力します。

❶ セル H4 をクリックします。

❷ [数式] タブの [論理] ボタンをクリックします。

❸ 一覧から [IF] をクリックします。

❹ IF 関数の [関数の引数] ダイアログボックスが表示されるので、[論理式] ボックスにカーソルが表示されていることを確認し、名前ボックスの▼をクリックします。

❺ 一覧から [AND] をクリックします。

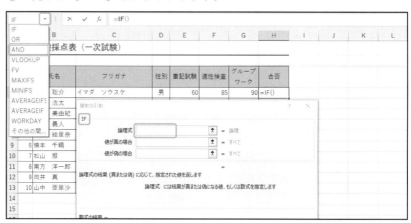

❻ AND 関数の [関数の引数] ダイアログボックスが表示されるので、[論理式1] ボックスにカーソルが表示されていることを確認し、名前ボックスの▼をクリックします。

❼ 一覧から [OR] をクリックします。

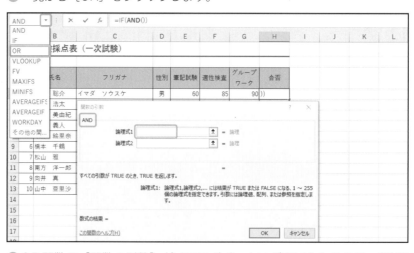

❽ OR 関数の [関数の引数] ダイアログボックスが表示されるので、[論理式 1] ボックスにカーソルがあることを確認し、セル E4 をクリックします。

❾ [論理式 1] ボックスに「E4」と表示されるので、続けて「>=」を入力し、セル E14 をクリックします。

★ ヒント

名前ボックスの一覧に [AND] がない場合

名前ボックスの一覧の [その他の関数] をクリックし、表示される [関数の挿入] ダイアログボックスの [関数の分類] ボックスの▼をクリックして [論理] または [すべて表示] をクリックし、[関数名] ボックスの一覧から [AND] をクリックし、[OK] をクリックします。

★ ヒント

名前ボックスの一覧に [OR] がない場合

名前ボックスの一覧の [その他の関数] をクリックし、表示される [関数の挿入] ダイアログボックスの [関数の分類] ボックスの▼をクリックして [論理] または [すべて表示] をクリックし、[関数名] ボックスの一覧から [OR] をクリックし、[OK] をクリックします。

⑩ ［論理式 1］ボックスに「E14」と表示されるので、**F4** キーを押して、「\$E\$14」にします。

⑪ ［論理式 2］ ボックスをクリックし、セル F4 をクリックします。

⑫ ［論理式 2］ ボックスに 「F4」 と表示されるので、続けて 「>=」 を入力し、セル F14 をクリックします。

⑬ ［論理式 2］ボックスに「F14」と表示されるので、**F4** キーを押して、「\$F\$14」にします。

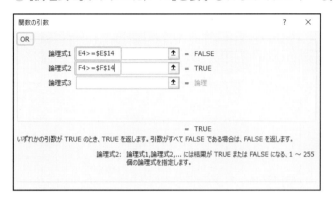

⑭ 数式バーの ［AND］ をクリックします。

⑮ AND 関数の ［関数の引数］ ダイアログボックスが、［論理式 1］ ボックスに OR 関数の式が設定された状態で再び表示されるので、［論理式 2］ ボックスをクリックし、セル G4 をクリックします。

⑯ ［論理式 2］ ボックスに 「G4」 と表示されるので、続けて 「>=80」 を入力します。

⑰ 数式バーの 「IF」 をクリックします。

⑱ IF関数の［関数の引数］ダイアログボックスが、［論理式］ボックスにAND関数とOR関数の式が設定された状態で再び表示されるので、［値が真の場合］ボックスをクリックし、「合格」と入力します。

※ その後、他のボックスをクリックすると、「"合格"」と「"」（ダブルクォーテーション）で囲まれて表示されます。

⑲ ［値が偽の場合］ボックスをクリックし、「不合格」と入力します。

⑳ ［数式の結果＝］に「合格」が表示されていることを確認します。

㉑ ［OK］をクリックします。

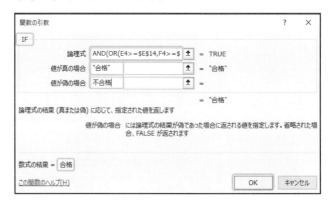

㉒ 数式バーに「=IF(AND(OR(E4>=\$E\$14,F4>=\$F\$14),G4>=80),"合格","不合格")」と表示されたことを確認します。

㉓ セルH4に、「合格」と表示されます。

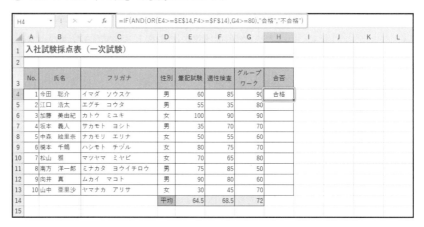

㉔ セルH4の右下のフィルハンドルをポイントし、マウスポインターの形が **＋** に変わったら、ダブルクリックします。

㉕ セルH4の数式がセルH5～H13にコピーされ、各行の筆記試験、適性検査、グループワークの点数に応じて「合格」または「不合格」と表示されます。

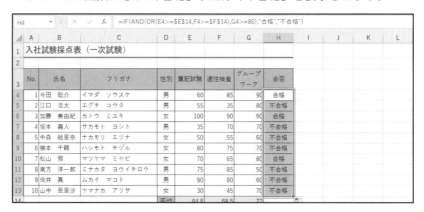

VLOOKUP 関数に IF 関数を組み合わせてエラーを回避する

練習問題

問題フォルダー
└ 問題 3-1-3.xlsx

解答フォルダー
└ 解答 3-1-3.xlsx

【操作 1】セル B4、C4 には、VLOOKUP 関数を使用してセル A4 の商品番号から商品一覧表の商品名、単価を表示する数式が入力されています。エラーを回避するために、IF 関数を組み合わせて、セル A4 の商品番号が未入力の場合は空白を表示するように修正します。

【操作 2】セル E4 には、単価に数量を掛けて金額を求める数式が入力されています。エラーを回避するために、IF 関数を組み合わせて、セル C4 の単価が空白の場合は空白を表示するように修正します。

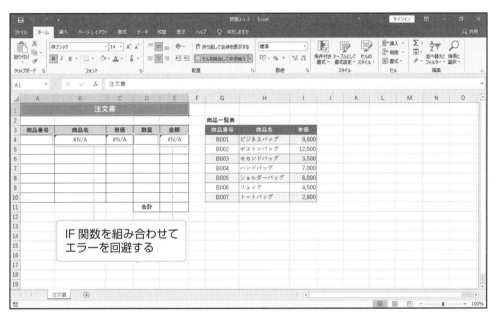

機能の解説

重要用語

- □ VLOOKUP 関数
- □ エラーを回避
- □ IF 関数

ヒント
VLOOKUP 関数
「3-2-1」で詳しく解説しています。

VLOOKUP（ブイルックアップ）関数は、商品番号のような値を基に、別の表で対応する商品名のようなデータを参照する関数です。存在しない商品番号を入力すると、参照する商品一覧表に該当する商品番号が見つからないので、「#N/A」（使用できる値が存在しない）というエラーが表示されます。商品番号が未入力の場合も商品番号が存在しないと判断され、同様のエラーが表示されてしまいます。エラーを回避するには、VLOOKUP 関数に IF（イフ）関数を組み合わせて、「商品番号が空白の場合は空白を表示する」という式を追加します。

ポイント
引数に空白を指定する
関数の引数に空白を指定するときは、「""」（半角のダブルクォーテーション 2 つ）を入力します。

$$\text{=IF(A4="","",VLOOKUP(A4,\$G\$4:\$I\$10,2,FALSE))}$$

> VLOOKUP 関数の検索値のセル（この例では A4）が空白の場合は空白を表示する IF 関数を追加

【操作1】

❶ セル B4 をクリックします。

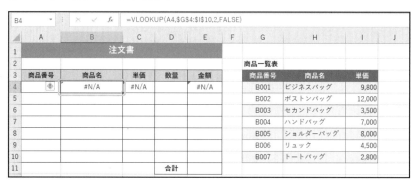

❷ 数式バーの「=」の右側をクリックします。

❸ 数式バーにカーソルが表示されるので、「IF」と入力します。

❹ 「IF」で始まる関数の一覧が表示されるので、[IF] をダブルクリックします。

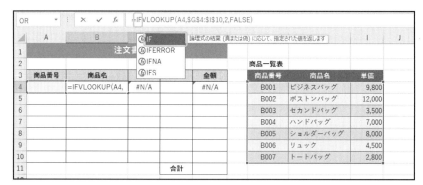

❺ 「IF」に続いて「（」が表示されるので、「A4="","",」と入力します。

❻ 数式の最後をクリックし「）」を入力して「=IF(A4="","",VLOOKUP(A4,$G$4:$I$10,2,FALSE))」となったことを確認し、**Enter** キーを押します。

⑦ セル B4 のエラー表示がなくなり、空白が表示されます。

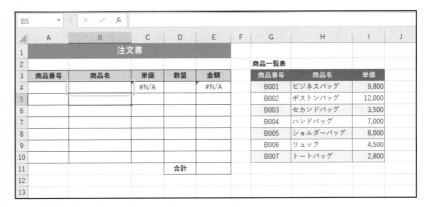

⑧ 同様にセル C4 の数式も「=IF(A4="","",VLOOKUP(A4,$G$4:$I$10,3,FALSE))」
に修正します。

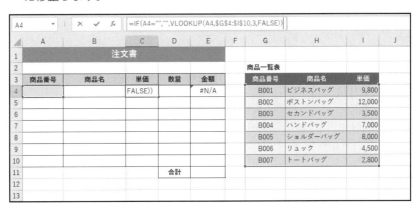

⑨ セル C4 のエラー表示がなくなり、空白が表示されます。

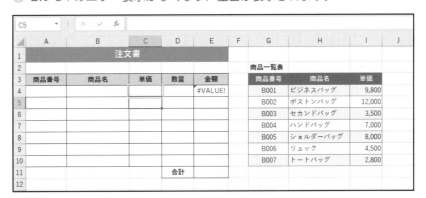

【操作 2】
⑩ セル E4 をクリックします。

⑪ 数式バーの「=」の右側をクリックします。

⑫ 数式バーにカーソルが表示されるので、「IF」と入力します。

⑬ 「IF」で始まる関数の一覧が表示されるので、[IF] をダブルクリックします。

⑭ 「IF」に続いて「(」が表示されるので、「C4="","",」と入力します。

⑮ 数式の最後をクリックし「)」を入力して「=IF(C4="","",C4*D4)」となったこと
を確認し、**Enter** キーを押します。

⑯ セル E4 のエラー表示がなくなり、空白が表示されます。

SUMIF 関数を使って論理演算を行う

練習問題

問題フォルダー
└問題 3-1-4.xlsx

解答フォルダー
└解答 3-1-4.xlsx

【操作 1】SUMIF 関数を使用して、セル範囲 I3:I5 に、時間帯別の受講者数の合計を求めます。

【操作 2】SUMIF 関数を使用して、セル I7 に、コース名に「和食」を含むコースの受講者数の合計を求めます。

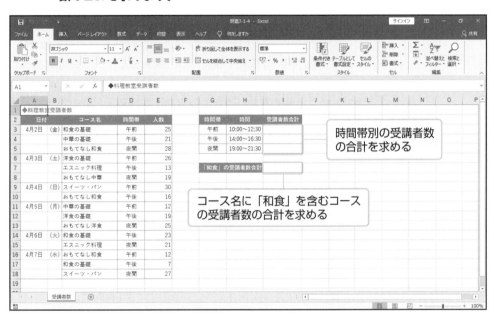

機能の解説

重要用語
□ SUMIF 関数
□ 指定した条件を満たすセルに対応するセルの値の合計を求める
□ 比較演算子
□ ワイルドカード

SUMIF（サムイフ）関数を使用すると、対象のセル範囲の中で、指定した条件を満たすセルに対応するセルの値の合計を求めることができます。

●SUMIF 関数

書　式	SUMIF(範囲 , 検索条件 [,合計範囲])
引　数	**範　囲**：検索対象となるセル範囲を指定する **検索条件**：合計を求めるセルを特定するための条件を数値、セル参照、数式、文字列で指定する **合計範囲**：合計を求めるセル範囲を指定する。省略時は**範囲**内で検索条件を満たすセルの数値の値が合計される
戻り値	指定した**範囲**で、**検索条件**に一致するセルに対応する**合計範囲**のセルの数値の合計を返す

例）セル B2 ～ B8 で「営業部」の文字列を検索し、一致するセルに対応するセル D2 ～ D8 の値の合計を求める

=SUMIF(B2:B8,"営業部",D2:D8)

D10		: × ✓ *fx*	=SUMIF(B2:B8,"営業部",D2:D8)		

▲	A	B	C	D	E	F
1	日付	部署	費目	金額		
2	4月5日	総務部	資材購入費	12,500		
3	4月7日	営業部	交際費	27,800		
4	4月12日	営業部	出張旅費	7,860		
5	4月16日	営業部	交際費	15,600		
6	4月20日	総務部	資材購入費	24,600		
7	4月23日	営業部	出張旅費	23,400		
8	4月28日	企画部	交際費	18,900		
9						
10			「営業部」の合計金額	74,660		
11						
12						

> セルB2～B8で「営業部」を検索し、一致するセルに対応するセルD2～D8の値の合計を求める

なお、引数「検索条件」には、検索したいデータ（数値または文字列など）を直接指定するほか、比較演算子（「3-1-2」参照）およびワイルドカードを使用できます。記号はすべて半角で入力します。数値を比較演算子付きで指定する場合は、全体を「"」（ダブルクォーテーション）で囲みます。

ワイルドカードの使用例

ワイルドカード	意味	使用例
?	任意の1文字	「和食 ???」 「和食」の後に任意の3文字が付く文字列が該当する ○「和食の基礎」、「和食・洋食」 ×「和食」、「和食膳」、「おもてなし和食」
*	任意の文字列 （0文字以上）	「和食 *」 「和食」の後に0文字以上の任意の文字列が付く（「和食」で始まる）文字列が該当する ○「和食の基礎」、「和食・洋食」、「和食」、「和食膳」 ×「おもてなし和食」 「* 和食」 「和食」の前に0文字以上の文字列が付く（「和食」で終わる）文字列が該当する ○「おもてなし和食」、「和食」 ×「和食の基礎」、「和食・洋食」、「和食膳」 「* 和食 *」 「和食」を含む文字列が該当する ○「和食の基礎」、「おもてなし和食」、「和食」 ×「中華の基礎」、「洋食の基礎」

【操作 1】

❶ 時間帯が午前の受講者の合計を表示するセル I3 をクリックします。

❷ ［数式］タブの [数学/三角] ［数学 / 三角］ボタンをクリックします。

❸ 一覧から［SUMIF］をクリックします。

❹ SUMIF 関数の［関数の引数］ダイアログボックスが表示されるので、［範囲］ボックスにカーソルが表示されていることを確認し、セル D3 〜 D18 を範囲選択します。

❺ 絶対参照にするために **F4** キーを押します。

❻ ［範囲］ボックスに「$D$3:$D$18」と表示されたことを確認します。

❼ ［検索条件］ボックスをクリックし、セル G3 をクリックします。

❽ ［合計範囲］ボックスをクリックし、セル E3 〜 E18 を範囲選択します。

❾ 絶対参照にするために **F4** キーを押します。

❿ ［合計範囲］ボックスに「$E$3:$E$18」と表示されたことを確認します。

⓫ ［数式の結果＝］に、「時間帯」が「午前」の「人数」の合計「105」が表示されていることを確認します。

⓬ ［OK］をクリックします。

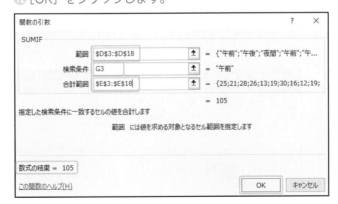

ヒント

絶対参照にする理由

引数「範囲」と「合計範囲」を絶対参照にするのは、このあと数式をセル I4 〜 I5 にコピーするときに参照位置が変わらないようにするためです。

⑬ 数式バーに「=SUMIF($D$3:$D$18,G3,$E$3:$E$18)」と表示されたことを確認します。

⑭ セルI3に「時間帯」が「午前」の「人数」の合計「105」が表示されたことを確認します。

⑮ セルI3の右下のフィルハンドルをポイントします。

⑯ マウスポインターの形が ✚ になったら、ダブルクリックします。

⑰ セルI3の数式がセルI4～I5にコピーされます。

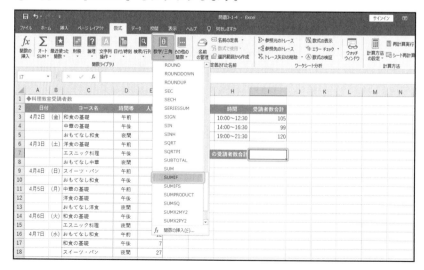

【操作2】

⑱ コース名に「和食」を含むコースの受講者数の合計を表示するセルI7をクリックします。

⑲ [数式] タブの [数学／三角] ボタンをクリックします。

⑳ 一覧から [SUMIF] をクリックします。

㉑ SUMIF 関数の［関数の引数］ダイアログボックスが表示されるので、［範囲］ボックスにカーソルが表示されていることを確認し、セル C3 〜 C18 を範囲選択します。

㉒［範囲］ボックスに「C3:C18」と表示されます。

㉓［検索条件］ボックスをクリックし、「* 和食 *」と入力します。

※ その後、他のボックスをクリックすると、「"* 和食 *"」と「"」（ダブルクォーテーション）で囲まれて表示されます。

㉔［合計範囲］ボックスをクリックし、セル E3 〜 E18 を範囲選択します。

㉕［合計範囲］ボックスに「E3:E18」と入力されます。

㉖［数式の結果＝］に、「コース名」に「和食」を含む「人数」の合計「111」が表示されます。

㉗［OK］をクリックします。

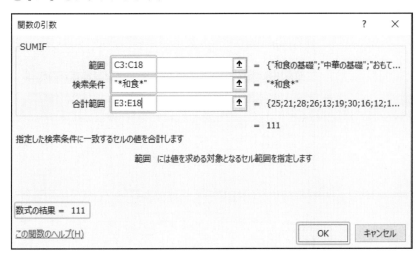

㉘ 数式バーに「=SUMIF(C3:C18,"* 和食 *",E3:E18)」と表示されたことを確認します。

㉙ セル I7 に「コース名」に「和食」を含む「人数」の合計「111」が表示されます。

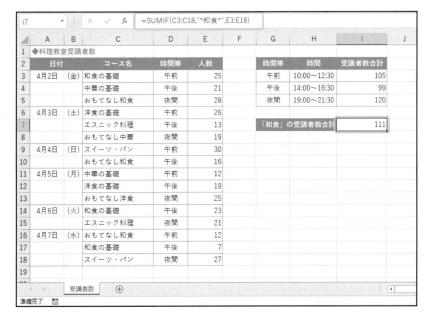

AVERAGEIF 関数を使って論理演算を行う

問題フォルダー
└問題 3-1-5.xlsx

解答フォルダー
└解答 3-1-5.xlsx

【操作 1】セル範囲 A4:I54 の列ごとの範囲に名前を付けて登録します。その際、セル範囲 A3:I3 の項目名を名前として使用します。

【操作 2】関数を使用して、セル L3 に間取が 1R の家賃の平均を求めます。なお、数式には名前付き範囲を使用します。

機能の解説

- AVERAGEIF 関数
- 指定した条件を満たすセルに対応するセルの値の平均値を求める
- 比較演算子
- ワイルドカード
- 名前
- 名前ボックス
- [名前の定義] ボタン
- [新しい名前] ダイアログボックス
- [選択範囲から作成] ボタン
- [数式で使用] ボタン

AVERAGEIF（アベレージイフ）関数を使用すると、対象のセル範囲の中で、指定した条件を満たすセルに対応するセルの値の平均値を求めることができます。

●AVERAGEIF 関数

書　式	AVERAGEIF(範囲 , 条件 [,平均対象範囲])
引　数	**範　　　囲**：検索対象となるセル範囲を指定する **条　　　件**：平均値を求めるセルを特定するための条件を数値、セル参照、数式、文字列で指定する **平均対象範囲**：平均値を求めるセル範囲を指定する。省略時は**範囲**が使用される
戻り値	指定した**範囲**で、**条件**に一致するセルに対応する**平均対象範囲**のセルの数値の平均値を返す

例）セル E4 ～ E54 の範囲から「1R」の文字列を検索し、一致するセルに対応するセル
　　F4 ～ F54 の値の平均値を求める

=AVERAGEIF(E4:E54,"1R",F4:F54)

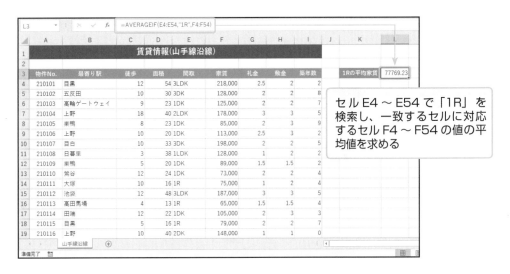

セル E4 ～ E54 で「1R」を
検索し、一致するセルに対応
するセル F4 ～ F54 の値の平
均値を求める

ヒント
名前付き範囲の使用
この問題では、セル範囲 E4:E54
を「間取」、セル範囲 F4:F54 を「家
賃」という名前で登録し、これを
数式に使用して、「=AVERAGEIF(
間取,"1R",家賃)」という数式を
作成します。

AVERAGEIF 関数も SUMIF 関数と同様に引数「条件」には、検索したいデータ（数値
または文字列など）を直接指定するほか、比較演算子（「3-1-2」参照）およびワイルド
カード（「3-1-4」参照）を使用できます。記号はすべて半角で入力します。数値を比較
演算子付きで指定する場合は、全体を「"」（ダブルクォーテーション）で囲みます。

ポイント
名前に使用できない文字
名前の最初の文字には、文字、「_」
（アンダーバー）、「¥」（円記号）
しか使用できません。またスペー
スは名前には使用できません。単
語の区切りには、「_」（アンダー
バー）や「.」（ピリオド）を使用
します。

●名前付き範囲の作成
セルやセル範囲に名前を付けて登録し、数式に使用することができます。名前を登録する
には、目的のセルや範囲を選択し、名前ボックスに直接名前を入力するか、[数式] タブの
[名前の定義] [名前の定義] ボタンをクリックして表示される [新しい名前] ダイアロ
グボックスで指定します。

ヒント
名前の設定
見出しのある表の場合、見出しに
隣接したセル範囲を選択し、[数
式] タブの [名前の定義] [名前の
定義] ボタンをクリックして、[新
しい名前] ダイアログボックスを
表示すると、[名前] ボックスに自
動的に見出し名が表示される場合
もあります。

名前ボックスに名前を入力する

[新しい名前] ダイアログボックスで名前を指定する

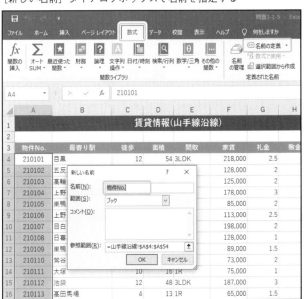

既に作成されている表の見出しを利用すると、複数範囲に一度に名前を付けることができます。見出しも含めて名前を付けるセル範囲を選択し、[数式]タブの [選択範囲から作成] [選択範囲から作成] ボタンをクリックします。表示される [選択範囲から名前を作成] ダイアログボックスで見出しの位置を指定すると、見出しを除いたセル範囲が見出し名と同じ名前で登録されます。

選択範囲から名前を作成

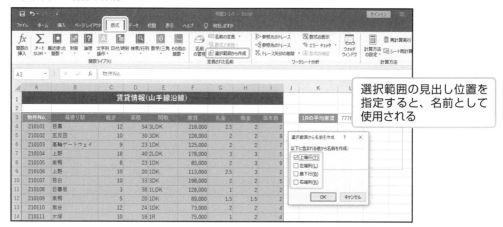

登録した名前は、数式バーの左端の名前ボックスの▼をクリックすると一覧表示され、クリックするとその範囲が選択されます。

[名前ボックス] の▼の一覧

また、名前は、数式に直接入力したり、[数式] タブの [数式で使用] [数式で使用] ボタンをクリックして表示される一覧から選択して挿入し、数式に使用することができます。

[名前ボックス] の▼の一覧

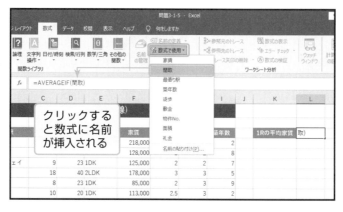

【操作1】

① セル A3 ～ I54 を範囲選択します。

② ［数式］タブの 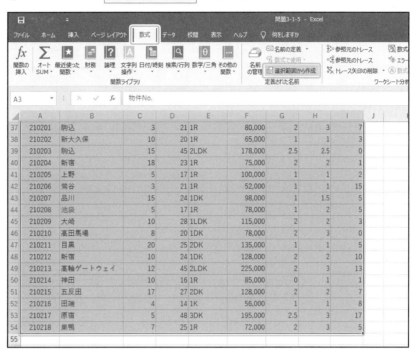 ［選択範囲から作成］ボタンをクリックします。

③ ［選択範囲から名前を作成］ダイアログボックスが表示されるので、［上端行］チェックボックスがオンになっていることを確認します。

④ ［OK］をクリックします。

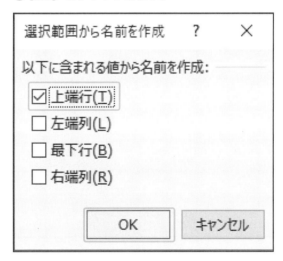

✦ヒント

定義した名前の確認

名前ボックスの▼をクリックすると名前の一覧が表示され、クリックするとその範囲が選択されます。また、［数式］タブの［名前の管理］ボタンをクリックすると、［名前の管理］ダイアログボックスが表示され、登録されている名前と範囲を一覧で確認できます。

［名前の管理］ボタン

【操作2】

⑤ 間取が1Rの家賃の平均を表示するセルL3をクリックします。

⑥ [数式] タブの 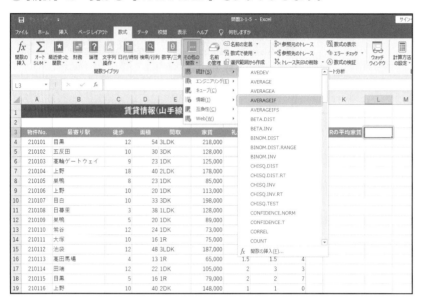[その他の関数] ボタンをクリックします。

⑦ [統計] の一覧から [AVERAGEIF] をクリックします。

⑧ AVERAGEIF関数の [関数の引数] ダイアログボックスが表示されるので、[範囲] ボックスにカーソルが表示されていることを確認し、[数式] タブの [数式で使用 ▾] [数式で使用] ボタンをクリックします。

⑨ 一覧から [間取] をクリックします。

⑩ [範囲] ボックスに「間取」と表示されます。

⑪ [条件] ボックスをクリックし、「1R」と入力します。

※ その後、他のボックスをクリックすると、「"1R"」と「"」(ダブルクォーテーション) で囲まれて表示されます。

⑫ [平均対象範囲] ボックスをクリックし、[数式] タブの [数式で使用 ▾] [数式で使用] ボタンをクリックします。

⑬ 一覧から［家賃］をクリックします。

⑭ ［平均対象範囲］ボックスに「家賃」と表示されます。

⑮ ［結果の数式＝］に、「間取」が「1R」の「家賃」の平均「77769.23077」が表示されていることを確認します。

⑯ ［OK］をクリックします。

⑰ 数式バーに「=AVERAGEIF(間取 ,"1R", 家賃)」と表示されます。

⑱ セル L3 に「間取」が「1R」の「家賃」の平均「77769.23」が表示されます。

COUNTIF 関数を使って
論理演算を行う

問題フォルダー
└問題 3-1-6.xlsx

解答フォルダー
└解答 3-1-6.xlsx

【操作 1】 COUNTIF 関数を使用して、セル C3 に、テーブル「輸入食材」の原産国がフランスの商品の数を求めます。

【操作 2】 COUNTIF 関数を使用して、セル E3 (結合セル) に、テーブル「輸入食材」の単価が 2000 円以上の商品の数を求めます。

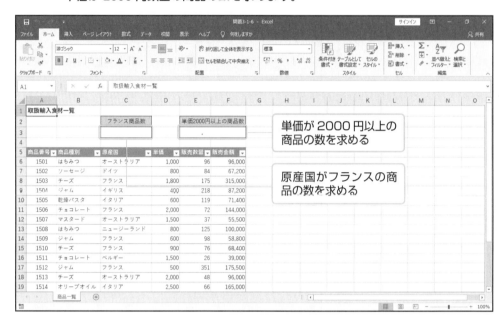

機能の解説

□ COUNTIF 関数
□ 指定した条件を満たす
　セルの個数を求める
□ 比較演算子
□ ワイルドカード
□ テーブル
□ 構造化参照

COUNTIF (カウントイフ) 関数を使用すると、指定した条件を満たすセルの個数を求めることができます。

●COUNTIF 関数

書　式	COUNTIF(範囲 , 検索条件)
引　数	範　囲：検索対象となるセル範囲を指定する 検索条件：数え上げるセルを特定するための条件を数値、セル参照、数式、文字列で指定する
戻り値	指定した範囲から、検索条件と一致するセルの個数を返す

例) セル B2 ～ B8 の範囲から「営業部」の文字列が入力されているセルの個数を求める

=COUNTIF(B2:B8,"営業部")

| D10 | ▼ | : | × | ✓ | fx | =COUNTIF(B2:B8,"営業部") |

	A	B	C	D	E	F	G
1	日付	部署	書目	金額			
2	4月5日	総務部	資材購入費	12,500			
3	4月7日	営業部	交際費	27,800			
4	4月12日	営業部	出張旅費	7,860			
5	4月16日	営業部	交際費	15,600			
6	4月20日	総務部	資材購入費	24,600			
7	4月23日	営業部	出張旅費	23,400			
8	4月28日	企画部	交際費	18,900			
9							
10			「営業部」の申請件数	4			
11							

> セルB2～B8で「営業部」と入力されているセルの個数を求める

COUNTIF関数もSUMIF関数と同様に引数「検索条件」には、検索したいデータ（数値または文字列など）を直接指定するほか、比較演算子（「3-1-2」参照）およびワイルドカード（「3-1-4」参照）を使用できます。記号はすべて半角で入力します。数値を比較演算子付きで指定する場合は、全体を「"」（ダブルクォーテーション）で囲みます。

●テーブルのデータを参照する数式

テーブルのデータを参照する数式は、テーブル名や列見出し名で指定することができます。これを「構造化参照」といいます。構造化参照を使用すると、テーブルの行や列が追加された場合でもセル参照が自動的に調整されるため、数式を書き換える必要がありません。問題3-1-6.xlsxのテーブル「輸入食材」を参照する場合の主な構造化参照の指定は次のようになります。

テーブル内のセル範囲	構造化参照	テーブル「輸入食材」の場合
見出し行を除いたテーブル全体	テーブル名	輸入食材
見出し行も含めたテーブル全体	テーブル名 [# すべて]	輸入食材 [# すべて]
特定の列（フィールド全体）	テーブル名 [列見出し名]	輸入食材 [原産国]
数式入力セルと同じ行の特定の列のセル	[@列見出し名]	[@原産国]
数式入力セルと同じ行の連続する列の範囲	テーブル名 [@ [列見出し名]:[列見出し名]]	輸入食材 [@ [原産国]:[単価]

なお、テーブル内のセルに数式を入力すると、同じ列のセルに自動的に数式が設定されます。オートフィル機能などで数式をコピーする必要はありません。

【操作 1】

❶ 原産国がフランスの商品の数を表示するセル C3 をクリックします。

❷ [数式] タブの [その他の関数] ボタンをクリックします。

❸ [統計] の一覧から [COUNTIF] をクリックします。

❹ COUNTIF 関数の [関数の引数] ダイアログボックスが表示されので、[範囲] ボックスにカーソルが表示されていることを確認し、セル C6 ～ C25 を範囲選択します。

❺ [範囲] ボックスに「輸入食材 [原産国]」と表示されます。

❻ [検索条件] ボックスをクリックし、「フランス」と入力します。

❼ [OK] をクリックします。

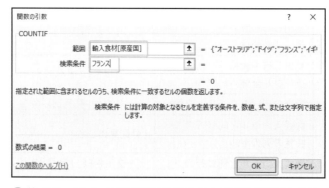

❽ 数式バーに「=COUNTIF(輸入食材 [原産国]," フランス ")」と表示されたことを確認します。

❾ セル H4 に、「原産国」が「フランス」のセルの個数「7」が表示されます。

【操作 2】

⑩ 単価が 2000 円以上の商品の数を表示するセル E3（結合セル）をクリックします。

⑪ ② ～ ③ の手順で COUNTIF 関数の［関数の引数］ダイアログボックスを表示し、［範囲］ボックスにカーソルが表示されていることを確認し、セル D6 ～ D25 を範囲選択します。

⑫ ［範囲］ボックスに「輸入食材［単価］」と表示されます。

⑬ ［検索条件］ボックスをクリックし、「>=2000」と入力します。

⑭ ［OK］をクリックします。

ポイント

比較演算子を含む引数

ここでは「2000 円以上」を検索するため、比較演算子を使用して「">=2000"」と指定します。なお、［関数の引数］ダイアログボックスで引数に比較演算子付きの数値を入力した場合、自動的に「"」（ダブルクォーテーション）で囲まれます。

ヒント

数式の結果の確認

手順 ⑬ の状態では、［関数の引数］ダイアログボックスの［検索条件］ボックスの比較演算子付きの条件が「"」（ダブルクォーテーション）で囲まれていないため計算が行われず、何も表示されません。他のボックス（［範囲］ボックス）をクリックすると自動的に「"」で囲まれ計算が行われて、［数式の結果＝］に「4」が表示されます。

⑮ 数式バーに「=COUNTIF(輸入食材［単価］,">=2000")」と表示されたことを確認します。

⑯ セル E3 に、「単価」が「2000 円以上」のセルの個数「4」が表示されます。

3-1-7 SUMIFS 関数、AVERAGEIFS 関数、COUNTIFS関数を使って論理演算を行う

練習問題

問題フォルダー
└ 問題 3-1-7.xlsx

解答フォルダー
└ 解答 3-1-7.xlsx

【操作 1】COUNTIFS 関数を使用して、セル G5 に、受付担当者が山田一郎以外の日本酒の発送数を求めます。

【操作 2】SUMIFS 関数を使用して、セル G9 に、発送日が 2021 年 1 月 11 日以降のワインの売上金額の合計を求めます。

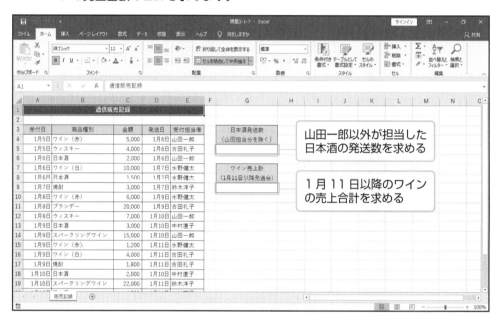

機能の解説

□ SUMIFS 関数
□ 指定した複数の条件をすべて満たすデータに対応するセルの値の合計を求める
□ AVERAGEIFS 関数
□ 指定した複数の条件をすべて満たすデータに対応するセルの値の平均値を求める
□ COUNTIFS 関数
□ 指定した条件をすべて満たすデータの個数を求める
□ 比較演算子
□ ワイルドカード

SUMIFS（サムイフズ）関数を使用すると、対象のセル範囲の中で、指定した複数の条件をすべて満たすデータに対応するセルの値の合計、AVERAGEIFS（アベレージイフズ）関数を使用すると、同様に平均値を求めることができます。また、COUNTIFS（カウントイフズ）関数を使用すると、指定した条件をすべて満たすデータの個数を求めることができます。

● SUMIFS 関数

書　式	=SUMIFS(合計対象範囲 , 条件範囲 1, 条件 1, 条件範囲 2, 条件 2,……)		
引　数	**合計対象範囲**：合計を求めるセル範囲を指定する **条 件 範 囲**：検索対象となるセル範囲を最低 1 つ指定する。複数のセル範囲を指定する場合は、必ず同じサイズ（行数 × 列数）にする必要がある **条　　　　件**：合計を求めるセルを特定するための条件を数値、セル参照、数式、文字列で指定する **条件範囲**を複数指定した場合は、必ずセットで**条件**を指定する必要がある		
戻り値	指定したすべての**条件範囲**で、対応するすべての**条件**を満たすデータに対応する、**合計対象範囲**のセルの数値の合計を返す		

例) セル B2 ～ B8 で「営業部」の文字列、セル C2 ～ C8 で「交際費」の文字列を検索し、この 2 つの条件を満たすデータの、対応するセル D2 ～ D8 の値の合計を求める

=SUMIFS(D2:D8,B2:B8,"営業部",C2:C8,"交際費")

セル B2 ～ B8 で「営業部」、セル C2 ～ C8 で「交際費」を検索し、両方の条件を満たすデータの、対応するセル D2 ～ D8 の値の合計を求める

● AVERAGEIFS 関数

書 式	=AVERAGEIFS(平均対象範囲 , 条件範囲 1, 条件 1, 条件範囲 2, 条件 2,……)
引 数	**平均対象範囲**：平均値を求めるセル範囲を指定する **条 件 範 囲**：検索対象となるセル範囲を最低 1 つ指定する。複数のセル範囲を指定する場合は、必ず同じサイズ（行数 × 列数）にする必要がある **条　　　件**：平均値を求めるセルを特定するための条件を数値、セル参照、数式、文字列で指定する **条件範囲**を複数指定した場合は、必ずセットで**条件**を指定する必要がある
戻り値	指定したすべての**条件範囲**で、対応するすべての**条件**を満たすデータに対応する、**平均対象範囲**のセルの数値の平均値を返す

例) セル B2 ～ B8 で「営業部」の文字列、セル C2 ～ C8 で「交際費」の文字列を検索し、この 2 つの条件を満たすデータの、対応するセル D2 ～ D8 の値の平均値を求める

=AVERAGEIFS(D2:D8,B2:B8,"営業部",C2:C8,"交際費")

セル B2 ～ B8 で「営業部」、セル C2 ～ C8 で「交際費」を検索し、両方の条件を満たすデータの、対応するセル D2 ～ D8 の値の平均値を求める

● COUNTIFS 関数

書　式	=COUNTIFS(検索条件範囲 1, 検索条件 1, 検索条件範囲 2, 検索条件 2,……)
引　数	**検索条件範囲**：検索対象となるセル範囲を最低 1 つ指定する。複数のセル範囲を指定する場合は、必ず同じサイズ（行数 × 列数）にする必要がある **検 索 条 件**：数え上げるセルを特定するための条件を数値、セル参照、数式、文字列で指定する **検索条件範囲**を複数指定した場合は、必ずセットで**検索条件**を指定する必要がある
戻り値	指定したすべての**検索条件範囲**で、対応するすべての**検索条件**を満たすデータの個数を返す

例）セル B2 〜 B8 で「営業部」の文字列、セル C2 〜 C8 で「交際費」の文字列を検索し、この 2 つの条件を満たすデータの個数を求める

=COUNTIFS(B2:B8,"営業部",C2:C8,"交際費")

セル B2 〜 B8 で「営業部」、
セル C2 〜 C8 で「交際費」
を検索し、両方の条件を満
たすデータの個数を求める

なお、COUNTIFS 関数の引数「検索条件」、SUMIFS 関数および AVERAGEIFS 関数の引数「条件」には、いずれも検索したいデータ（数値または文字列など）を直接指定するほか、比較演算子（「3-1-2」参照）およびワイルドカード（「3-1-4」参照）を使用できます。

操作手順

【操作 1】

❶ セル G5 をクリックします。

❷ ［数式］タブの ［その他の関数］ボタンをクリックします。

❸ ［統計］の一覧から［COUNTIFS］をクリックします。

④ COUNTIFS 関数の［関数の引数］ダイアログボックスが表示されるので、［検索条件範囲 1］ボックスにカーソルが表示されていることを確認し、セル B4 ～ B23 を範囲選択します。

⑤［範囲］ボックスに「B4:B23」と表示されます。

⑥［検索条件 1］ボックスをクリックし、「日本酒」と入力します。

※ その後、他のボックスをクリックすると「" 日本酒 "」と「「"」（ダブルクォーテーション）で囲まれて表示されます。

⑦［検索条件範囲 2］ボックスをクリックし、セル E4 ～ E23 を範囲選択します。

⑧［検索条件範囲 2］ボックスに「E4:E23」と表示されます。

⑨［検索条件 2］ボックスをクリックし、「<> 山田一郎」と入力します。

⑩［OK］をクリックします。

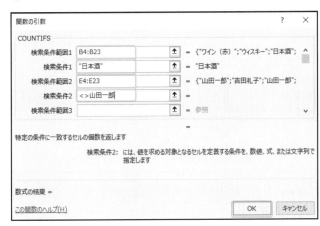

⑪ 数式バーに「=COUNTIFS(B4:B23,"日本酒",E4:E23,"<> 山田一郎")」と表示されたことを確認します。

⑫ セル G5 に、商品種別が「日本酒」で、かつ受付担当者が「山田一郎でない」行の数「5」が表示されます。

【操作 2】

⑬ セル G9 をクリックします。

⑭ ［数式］タブの [🔢 数学/三角] ［数学 / 三角］ボタンをクリックします。

⑮ 一覧から［SUMIFS］をクリックします。

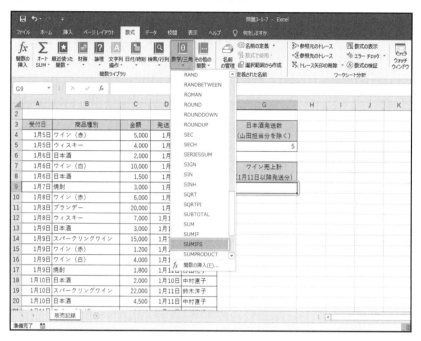

⑯ SUMIFS 関数の［関数の引数］ダイアログボックスが表示されるので、［合計対象範囲］ボックスにカーソルが表示されていることを確認し、セル C4 ～ C23 を範囲選択します。

⑰ ［合計対象範囲］ボックスに「C4:C23」と表示されます。

⑱ ［条件範囲 1］ボックスをクリックし、セル B4 ～ B23 を範囲選択します。

⑲ ［条件範囲 1］ボックスに「B4:B23」と表示されます。

⑳ ［条件 1］ボックスをクリックし、「*ワイン*」と入力します。

※ その後、他のボックスをクリックすると「"* ワイン *"」と「"」（ダブルクォーテーション）で囲まれて表示されます。

㉑ ［条件範囲 2］ボックスをクリックし、セル D4 ～ D23 を範囲選択します。

㉒ ［条件範囲 2］ボックスに「D4:D23」と表示されます。

㉓ ［条件 2］ボックスをクリックし、「>=2021/1/11」と入力します。

㉔ ［OK］をクリックします。

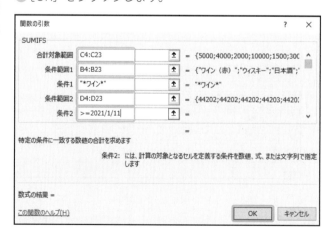

ヒント
ワイルドカードの使用

ここでは「ワイン（赤)」、「ワイン（白)」、「スパークリングワイン」など「ワイン」文字列を含むデータを検索するため、ワイルドカードを使用して「"*ワイン*"」と指定します。なお、［関数の引数］のダイアログボックスでは「"」（ダブルクォーテーション）は自動的に表示されます。

ヒント
数式の結果の確認

手順㉔の状態では、［関数の引数］ダイアログボックスの［条件 2］ボックスの比較演算子付きの条件が「"」（ダブルクォーテーション）で囲まれていないため計算が行われず、［数式の結果＝］に何も表示されません。他のボックスをクリックすると「"」で囲まれ計算が行われて、［数式の結果＝］に「32,700」が表示されます。

表内の日付は「2021/1/11」という日付を「1月11日」という表示形式で表しています。条件として指定するときは「2021/1/11」と入力します。なお、現在が2021年の場合は年を省略して「1/11」と入力しても「2021/1/11」とみなされます。

また、「2021/1/11」のような日付の書式は、通常は除算の計算と見なされるため、数式の中でそのまま指定することはできません。「44207」のようなシリアル値か、「"」（ダブルクォーテーション）で囲んで文字列として指定します。ここでは日付の前に比較演算子を付けています。この指定方法の場合は文字列形式であり、正しく日付のデータと判断されます。なお、[関数の引数] ダイアログボックスを使用した場合、「"」は自動的に表示されます。

㉕ 数式バーに「=SUMIFS(C4:C23,B4:B23,"* ワイン *",D4:D23,">=2021/1/11")」と表示されたことを確認します。

㉘ セルG9に、商品種別に「ワイン」を含み、かつ発送日が「2021/1/11」以降である行の、金額のセルの数値の合計「32,700」が表示されます。

MAXIFS 関数、MINIFS 関数を使って論理演算を行う

練習問題

問題フォルダー
└ 問題 3-1-8.xlsx

解答フォルダー
└ 解答 3-1-8.xlsx

MAXIFS 関数を使って、セル I3 に 30 代会員の最大利用時間を求めます。

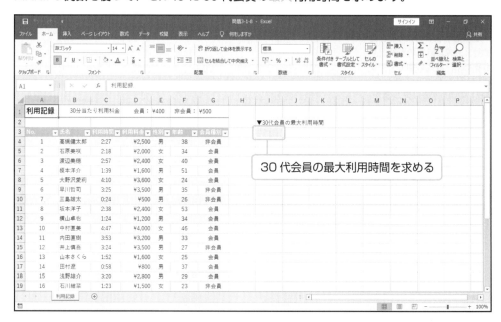

30 代会員の最大利用時間を求める

機能の解説

- MAXIFS 関数
- 指定した複数の条件をすべて満たすデータに対応するセルの値の最大値を求める
- MINIFS 関数
- 指定した複数の条件をすべて満たすデータに対応するセルの値の最小値を求める
- 比較演算子
- ワイルドカード

MAXIFS（マックスイフエス）関数、MINIFS（ミニマムイフエス）関数を使用すると、対象のセル範囲の中で、指定した複数の条件をすべて満たすデータに対応するセルの最大値、最小値を求めることができます。

●MAXIFS 関数

書　式	=MAXIFS(最大範囲 , 条件範囲 1, 条件 1, 条件範囲 2, 条件 2,……)
引　数	**最大範囲**：最大値を求めるセル範囲を指定する **条件範囲**：検索対象となるセル範囲を最低 1 つ指定する。複数のセル範囲を指定する場合は、必ず同じサイズ（行数 × 列数）にする必要がある **条　件**：最大値を求めるセルを特定するための条件を数値、セル参照、数式、文字列で指定する **条件範囲**を複数指定した場合は、必ずセットで条件を指定する必要がある
戻り値	指定したすべての**条件範囲**で、対応するすべての条件を満たすデータに対応する、**最大範囲**のセルの最大値を返す

> ★ヒント
>
> MAXIFS 関数、MINIFS 関数
> Microsoft Office 2019 および Office 365 で使用できるようになった関数です。

例）セル B2 ～ B8 で「営業部」の文字列、セル C2 ～ C8 で「交際費」の文字列を検索し、この 2 つの条件を満たすデータの、対応するセル D2 ～ D8 の最大値を求める

=MAXIFS(D2:D8,B2:B8," 営業部 ",C2:C8," 交際費 ")

セル B2 ～ B8 で「営業部」、セル C2 ～ C8 で「交際費」を検索し、両方の条件を満たすデータの、対応するセル D2 ～ D8 の最大値を求める

●MINIFS 関数

書　式	=MINIFS(最小範囲 , 条件範囲 1，条件 1，条件範囲 2，条件 2,……)
引　数	**最小範囲**：最小値を求めるセル範囲を指定する **条件範囲**：検索対象となるセル範囲を最低 1 つ指定する。複数のセル範囲を指定する場合は、必ず同じサイズ（行数 × 列数）にする必要がある **条　件**：最小値を求めるセルを特定するための条件を数値、セル参照、数式、文字列で指定する 条件範囲を複数指定した場合は、必ずセットで条件を指定する必要がある
戻り値	指定したすべての**条件範囲**で、対応するすべての条件を満たすデータに対応する、**最小範囲**のセルの最小値を返す

例）セル B2 ～ B8 で「営業部」の文字列、セル C2 ～ C8 で「交際費」の文字列を検索し、この 2 つの条件を満たすデータの、対応するセル D2 ～ D8 の最小値を求める

=MINIFS(D2:D8,B2:B8," 営業部 ",C2:C8," 交際費 ")

なお、MAXIFS 関数および MINIFS 関数の引数「条件」には、いずれも検索したいデータ（数値または文字列など）を直接指定するほか、比較演算子（「3-1-2」参照）およびワイルドカード（「3-1-4」参照）を使用できます。

操作手順

【操作 1】

❶ セル I3 をクリックします。

❷ ［数式］タブの ![その他の関数] ボタンをクリックします。

❸ ［統計］の一覧から ［MAXIFS］をクリックします。

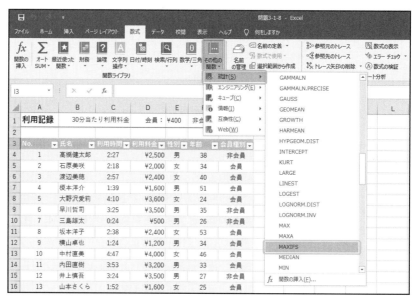

❹ MAXIFS 関数の ［関数の引数］ダイアログボックスが表示されるので、［最大範囲］ボックスにカーソルが表示されていることを確認し、セル C4 〜 C30 を範囲選択します。

❺ ［最大範囲］ボックスに「利用記録 [利用時間]」と表示されます。

❻ ［条件範囲 1］ボックスをクリックし、セル F4 〜 F30 を範囲選択します。

❼ ［条件範囲 1］ボックスに「利用記録 [年齢]」と表示されます。

❽ ［条件 1］ボックスをクリックし、「>=30」と入力します。

※ その後、他のボックスをクリックすると「">=30"」と「"」（ダブルクォーテーション）で囲まれて表示されます。

❾ ［条件範囲 1］ボックスの「利用記録 [年齢]」をドラッグし、**Ctrl** + **C** キーを押します。

❿ ［条件範囲 2］ボックスをクリックし、**Ctrl** + **V** キーを押します。

⓫ ［条件範囲 2］ボックスに「利用記録 [年齢]」と表示されます。

⓬ ［条件 2］ボックスをクリックし、「<=39」と入力します。

※ その後、他のボックスをクリックすると「"<=39"」と「"」（ダブルクォーテーション）で囲まれて表示されます。

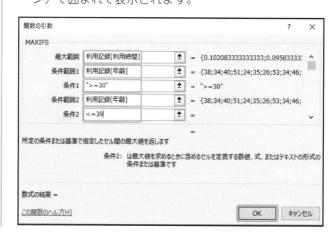

★ヒント
構造化参照

手順❹でテーブル内のセル範囲を選択しているため、手順❺の ［最大範囲］ボックスには構造化参照（「3-1-6」参照）の「利用記録 [利用時間]」が表示されます。これは、テーブル「利用記録」の「利用時間」の列を表しています。

その他の操作方法
条件範囲の指定

作業時間を短縮するため、［条件範囲 2］、［条件範囲 3］ボックスの指定は、［条件範囲 1］ボックスの構造化参照をコピーして使用しています。手順❻と同様に ［条件範囲 2］ボックスはセル F4 〜 F30、［条件範囲 3］ボックスは G4 〜 G30 を範囲選択して指定してもかまいません。

その他の操作方法
条件に年齢を指定する

ここでは、39 才以下を指定するために ［条件 2］ボックスに「<=39」と入力していますが、年齢は整数で入力されているので「<40」としても、39 才以下が検索されます。

⓭ ［条件範囲 3］ボックスをクリックし、**Ctrl** + **V** キーを押します。

※ ［条件範囲 3］ボックスが表示されていない場合は、ダイアログボックス内のスクロールバーを使用して表示します。

⓮ ［条件範囲 3］ボックスに「利用記録 [年齢]」と表示されるので、「利用記録 [会員種別]」に変更します。

⓯ ［条件 3］ボックスをクリックし、「会員」と入力します。

⓰ ［OK］をクリックします。

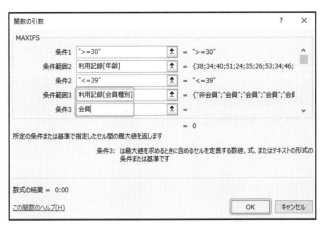

⓱ 数式バーに「=MAXIFS(利用記録 [利用時間], 利用記録 [年齢],">=30", 利用記録 [年齢],"<=39", 利用記録 [会員種別]," 会員 ")」と表示されたことを確認します。

⓲ セル I5 に、年齢が 30 歳以上 39 歳以下で、かつ会員種別が「会員」の利用時間のセルの最大値「3:53」が表示されます。

ヒント

数式の結果の確認

手順 ⓰ の状態では、［関数の引数］ダイアログボックスの［条件 3］ボックスの条件が「"」（ダブルクォーテーション）で囲まれていないため計算が行われず、［数式の結果 =］に「0:00」が表示されています。他のボックスをクリックすると「"」で囲まれ計算が行われて、［数式の結果 =］に「3:42」が表示されます。

ヒント

時間の表示

セル I3 およびセル C4 〜 C30 にはあらかじめユーザ定義の表示形式「h:mm」が設定されているため、数値が「時間 : 分」の形式で表示されます。

練習問題

問題フォルダー
└ 問題3-1-9.xlsx

解答フォルダー
└ 解答3-1-9.xlsx

IFS 関数を使用して、セル範囲 G4:G15 に、合計点が 170 点以上のときは「A」、平均点以上のときは「B」、それ以外は「C」を表示します。

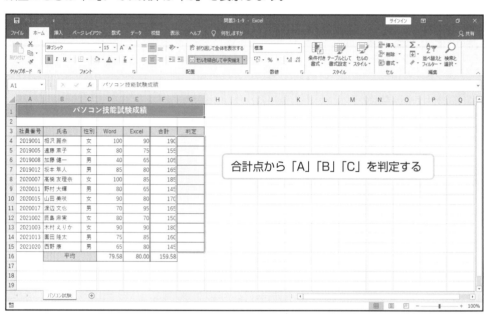

合計点から「A」「B」「C」を判定する

機能の解説

重要用語

☐ IFS 関数
☐ 1つ以上の条件が満たされているかどうかを確認し、最初の真の条件に対応する値を求める
☐ 比較演算子
☐ ワイルドカード

IFS（イフエス）関数を使用すると、1つ以上の条件が満たされているかどうかを確認し、最初の真の条件に対応する値を求めることができます。

● IFS 関数

書　式	=IFS(論理式 1, 値が真の場合 1, 論理式 2, 値が真の場合 2, ……)
引　数	**論理式 1**：論理値（「TRUE」または「FALSE」）を取得する値または式を指定する **値が真の場合 1**：**論理式 1** を満たす（結果が「TRUE」になる）場合に返す値を指定する
戻り値	**論理式 1** を満たす場合は**値が真の場合 1** の値を返し、満たさない場合は**論理式 2** を調べる。以降は、**論理式 2** を満たす場合は**値が真の場合 2** の値を返し、満たさない場合は**論理式 3** を調べる…というように、複数の条件を順に調べた結果に応じて、異なる値を返す

⭐ヒント
IFS 関数
Microsoft Office 2019 および Office 365 で使用できるようになった関数です。

例）予約媒体コードが「W」のときは「Web」、「T」のときは「電話」、それ以外のときは「その他」と表示する

=IFS(D3="W","Web",D3="T"," 電話 ",TRUE," その他 ")

| E3 | ▼ | : | × | ✓ | f_x | =IFS(D3="W","Web",D3="T","電話",TRUE,"その他") |

	A	B	C	D	E	F	G
1	予約媒体コード：W…Web、T…電話、R…前回来店時、I…紹介						
2	予約日	時間	氏名	予約媒体コード	予約媒体		
3	10月1日	11:00	サトウ ミツヨ	W	Web		
4	10月1日	15:00	スギヤマ サナエ	T	電話		
5	10月2日	14:00	ヨコウチ ユウキ	W	Web		
6	10月3日	11:00	ムラカミ アイ	R	その他		
7	10月3日	14:00	イトウ ミキト	W	Web		
8	10月3日	16:00	ササキ ナナミ	I	その他		
9							

> セル D3 が「W」のときは「Web」、「T」のときは「電話」、それ以外のときは「その他」と表示する

なお、IFS 関数の引数「論理式」には、検索したいデータ（数値または文字列など）を直接指定するほか、比較演算子（「3-1-2」参照）およびワイルドカード（「3-1-4」参照）を使用できます。また、既定の結果を指定するときには、最後の論理式に「TRUE」や「1＝1」など常に真となる条件を入力します。既定の結果は必ずしも指定する必要はありませんが、あてはまる条件がない場合はエラー値「#N/A」が返されます。

操作手順

【操作 1】

① セル G4 をクリックします。

② ［数式］タブの ［論理］ボタンをクリックします。

③ 一覧から［IFS］をクリックします。

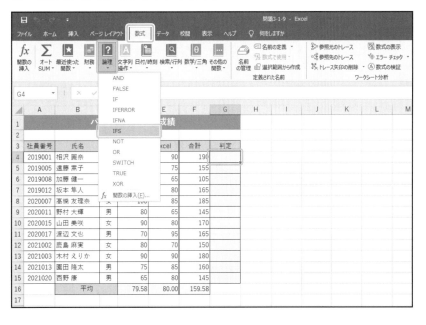

❹ IFS 関数の［関数の引数］ダイアログボックスが表示されるので、［論理式 1］ボックスにカーソルが表示されていることを確認し、セル F4 をクリックします。

❺ ［論理式 1］ボックスに「F4」と表示されるので、続けて「>=170」と入力します。

❻ ［値が真の場合 1］ボックスをクリックし、「A」と入力します。

※ その後、他のボックスをクリックすると「"A"」と「"」（ダブルクォーテーション）で囲まれて表示されます。

❼ ［論理式 2］ボックスをクリックし、セル F4 をクリックします。

❽ ［論理式 2］ボックスに「F4」と表示されるので、続けて「>=」と入力し、F16 をクリックします。

❾ ［論理式 2］ボックスに「F16」と表示されるので、**F4** キーを押して、「$F$16」にします。

❿ ［値が真の場合 2］ボックスをクリックし、「B」と入力します。

※ その後、他のボックスをクリックすると「"B"」と「"」（ダブルクォーテーション）で囲まれて表示されます。

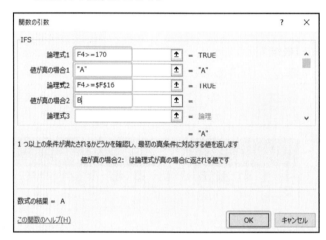

⓫ ［論理式 3］ボックスをクリックし、「TRUE」と入力します。

⓬ ［値が真の場合 3］ボックスをクリックし、「C」と入力します。

※ ［値が真の場合 3］ボックスが表示されていない場合は、ダイアログボックス内のスクロールバーを使用して表示します。

⓭ ［OK］をクリックします。

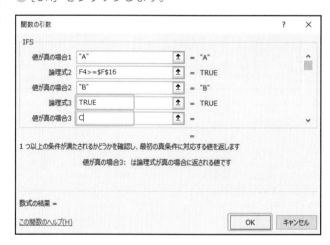

★ヒント
論理式に「TRUE」を入力する理由

最後の論理式を「TRUE」にすることで、直前までの論理式に該当しなかったものすべて、つまり「それ以外」を対象にすることができます。

★ヒント
数式の結果の確認

手順 ⓭ の状態では、［関数の引数］ダイアログボックスの［値が真の場合 3］ボックスの文字列が「"」（ダブルクォーテーション）で囲まれていないため計算が行われず、［数式の結果 =］に何も表示されません。他のボックスをクリックすると「"」で囲まれ計算が行われて、［数式の結果 =］に「A」が表示されます。

⑭ 数式バーに「=IFS(F4>=170,"A",F4>=$F$14,"B",TRUE," C ")」と表示されたことを確認します。

⑮ セル C4 に、「A」が表示されます。

⑯ セル G4 の右下のフィルハンドルをポイントします。

⑰ マウスポインターの形が ✚ になったら、ダブルクリックします。

⑱ セル G4 の数式がセル G5 ～ G15 にコピーされ、各行の合計点に応じて「A」「B」「C」が表示されます。

3-1-10 SWITCH 関数を使って論理演算を行う

問題フォルダー
　└ 問題 3-1-10.xlsx

解答フォルダー
　└ 解答 3-1- 10.xlsx

練習問題

【操作1】SWITCH 関数を使用して、セル C4（結合セル）に、セル B4（結合セル）で選択した種類に応じて、料金システム表を参照して、大人、中高生、子供の入場料を表示します。なお、それ以外の種類を選択した場合は「窓口で確認」と表示します。

【操作2】セル B4 のリストから「団体割引（10 人以上）」を選択し、セル C4 に「窓口で確認」と表示します。

選択した種類に応じて入場料を表示する

「団体割引（10 人以上）」を選択して、「窓口で確認」と表示する

機能の解説

重要用語

☐ SWITCH 関数

☐ 式を値の一覧で順に比較し、最初に一致する値に対応する結果を求める

SWITCH（スイッチ）関数を使用すると、式を値の一覧で順に比較し、最初に一致する値に対応する結果を求めることができます。

●SWITCH 関数

書　式	=SWITCH(式 , 値 1, 結果 1, 既定または値 2, 結果 2,……)			
引　数	**式**　：値 1 と比較される値を計算 **値 1**　：式と比較される値 **結果 1**：式の値が、値 1 と一致する場合に返す値を指定する **既　定**：値に式と一致するものがない場合に返される値を指定する（省略可）			
戻り値	式の計算結果が値 1 と一致する場合は結果 1 の値を返し、一致しない場合は値 2 を調べる。以降は、値 2 と一致する場合は結果 2 の値を返し、満たさない場合は値 3 を調べる…というように、複数の値を調べた結果に応じて、異なる値を返す。値に式と一致するものがない場合は既定の値を返す			

ヒント
SWITCH 関数
Microsoft Office 2019 および Office 365 で使用できるようになった関数です。

例）予約媒体コードが「W」のときは「Web」、「T」のときは「電話」、それ以外のときは「その他」と表示する

=SWITCH(D3,"W","Web","T"," 電話 "," その他 ")

	A	B	C	D	E	F	G
1	予約媒体コード：W…Web、T…電話、R…前回来店時、I…紹介						
2	予約日	時間	氏名	予約媒体コード	予約媒体		
3	10月1日	11:00	サトウ ミツヨ	W	Web		
4	10月1日	15:00	スギヤマ サナエ	T	電話		
5	10月2日	14:00	ヨコウチ ユウキ	W	Web		
6	10月3日	11:00	ムラカミ アイ	R	その他		
7	10月3日	14:00	イトウ ミキト	W	Web		
8	10月3日	16:00	ササキ ナナミ	I	その他		
9							

E3 =SWITCH(D3,"W","Web","T","電話","その他")

> セル D3 が「W」のときは「Web」、「T」のときは「電話」、それ以外のときは「その他」と表示する

既定の結果を指定するときには、引数「既定」を入力します。引数「既定」は必ずしも指定する必要はありませんが、一致する値がない場合はエラー値「#N/A」が返されます。

操作手順

【操作 1】

❶ セル C4（結合セル）をクリックします。

❷ ［数式］タブの ［論理］ボタンをクリックします。

❸ 一覧から［SWITCH］をクリックします。

❹ SWITCH 関数の［関数の引数］ダイアログボックスが表示されるので、［式］ボックスにカーソルが表示されていることを確認し、セル B4（結合セル）をクリックします。

❺ ［式］ボックスに「B4」と表示されます。

❻ ［値 1］ボックスをクリックし、セル E3 をクリックします。

❼ ［値 1］ボックスに「E3」と表示されます。

❽ ［結果 1］ボックスをクリックし、セル F3 をクリックします。

❾ ［結果 1］ボックス「F3」と表示されます。

❿ ［既定または値 2］ボックスをクリックし、セル E4 をクリックします。

⓫ ［既定または値 2］ボックスに「E4」と表示されます。

⓬ ［結果 2］ボックスをクリックし、セル F4 をクリックします。

⑬ [結果 2] ボックス「F4」と表示されます。

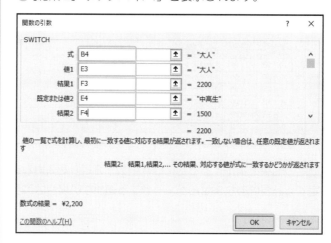

⑭ [既定または値 3] ボックスをクリックし、セル E5 をクリックします。

※ [既定または値 3] ボックスが表示されていない場合は、ダイアログボックス内の
　 スクロールバーを使用して表示します。

⑮ [既定または値 3] ボックスに「E5」と表示されます。

⑯ [結果 3] ボックスをクリックし、セル F5 をクリックします。

⑰ [結果 3] ボックス「F5」と表示されます。

⑱ [既定または値 4] ボックスをクリックし、「窓口で確認」と入力します。

※ その後、他のボックスをクリックすると「" 窓口で確認 "」と「"」(ダブルクォーテー
　 ション) で囲まれて表示されます。

⑲ [数式の結果 =] にセル B4 の「大人」の入場料「¥2,200」が表示されます。

⑳ [OK] をクリックします。

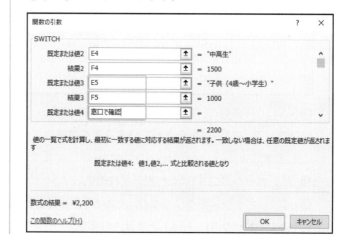

㉑ 数式バーに「**=SWITCH(B4,E3,F3,E4,F4,E5,F5," 窓口で確認 ")**」と表示された
ことを確認します。

㉒ セル C4 に、セル B4 の「大人」の入場料「¥2,200」が表示されます。

【操作 2】

㉓ セル B4 をクリックします。

㉔ セルの右側に▼が表示されるのでクリックします。

㉕ 一覧から［団体割引（10 人以上）］をクリックします。

㉖ セル B4 に「団体割引（10 人以上）」が表示されます。

㉗ セル C4 に「窓口で確認」と表示されます。

3-2 関数を使用してデータを検索する

1列または1行のセル範囲に入力されているデータの中から、関数を使用して指定の値を検索し、該当するデータを取り出すことができます。検索結果のデータそのもののほか、検索結果に対応する別の列（または行）のセルのデータを求めることも可能です。また、関数を使用して、指定の値が範囲内の何番目にあるかを求めたり、指定した行と列の交差するセルのデータを取り出したりすることができます。

3-2-1 VLOOKUP 関数、HLOOKUP 関数を使ってデータを検索する

練習問題

問題フォルダー
└問題 3-2-1.xlsx

解答フォルダー
└解答 3-2-1.xlsx

【操作 1】 VLOOKUP 関数を使用して、セル B3 に、セル A3 に入力した受験番号に応じた教室名が表示されるようにします。

【操作 2】 VLOOKUP 関数を使用して、セル F3 に、セル E3 に入力した特別講習の科目名に応じた料金が表示されるようにします。

【操作 3】 HLOOKUP 関数を使用して、セル B14 に、セル A14 に入力した級に応じた試験時間が表示されるようにします。

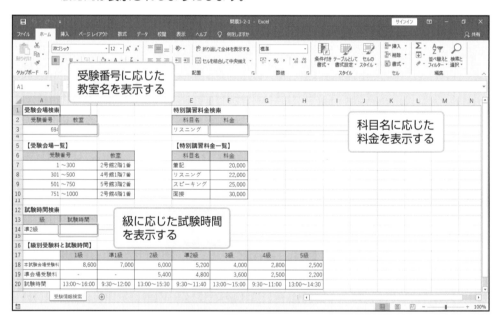

機能の解説

重要用語

☐ VLOOKUP 関数

VLOOKUP（ブイルックアップ）関数を使用すると、指定したセル範囲の左端の列で指定の値を検索し、見つかったセルと同じ行で、指定した列にあるセルのデータを取り出すことができます。

● VLOOKUP 関数

書　式	VLOOKUP (検索値 , 範囲 , 列番号 , 検索方法)
引　数	**検 索 値**：検索する値を指定する **範　　囲**：検索対象となる列が左端で、目的のデータが含まれる表のセル範囲を指定する **列 番 号**：目的のデータが含まれる列を、**範囲**の左端から数えた番号で指定する **検索方法**：論理値「TRUE」または「FALSE」を指定する。省略時は「TRUE」と見なされる
戻り値	**検索値**を**範囲**の左端列で検索し、該当した行の**列番号**で指定された列の値を返す

引数「検索値」には、ワイルドカード「(3-1-4」参照)を使用できます。引数「検索方法」には、「検索値」と完全に一致する値だけを検索する場合は「FALSE」を指定します。

例）セル A1 の検索値をセル範囲 C1 ～ F5 の左端列（C 列）で検索し、該当した行の 3 列目の値を返す

=VLOOKUP(A1,C1:F5,3,FALSE)

VLOOKUP 関数の概念図

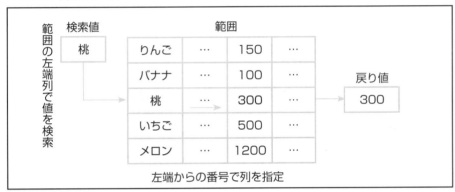

また、引数「範囲」内に引数「検索値」と完全に一致する値がない場合に「検索値」以下の最大値を検索するには、引数「検索方法」に「TRUE」を指定するか、この引数を省略します。この場合、左端の列の昇順で表を並べ替えておく必要があります。

一方、指定したセル範囲の上端の行で指定の値を検索し、見つかったセルと同じ列で、指定した行にあるセルのデータを取り出す場合は、HLOOKUP（エイチルックアップ）関数を利用します。

● HLOOKUP 関数

書　式	HLOOKUP (検索値 , 範囲 , 行番号 , 検索方法)
引　数	**検 索 値**：検索する値を指定する **範　　囲**：検索対象となる行が上端で、目的のデータが含まれる表のセル範囲を指定する **行 番 号**：目的のデータが含まれる行を、**範囲**の上端から数えた番号で指定する **検索方法**：論理値「TRUE」または「FALSE」を指定する。省略時は「TRUE」と見なされる
戻り値	**検索値**を**範囲**の上端行で検索し、該当した列の**行番号**で指定された行の値を返す

引数「検索値」や引数「検索方法」などの指定方法については VLOOKUP 関数と同じです。

例）セル A1 の検索値をセル範囲 C1 ～ F4 の上端行（1 行目）で検索し、該当した列の
3 行目の値を返す

=HLOOKUP(A1,C1:F4,3,FALSE)

HLOOKUP 関数の概念図

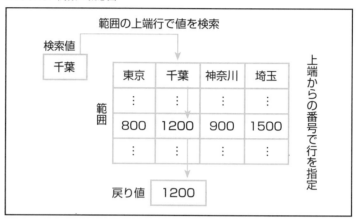

操作手順

【操作 1】

❶ セル B3 をクリックします。

❷ ［数式］タブの ![検索/行列] ［検索 / 行列］ボタンをクリックします。

❸ 一覧から［VLOOKUP］をクリックします。

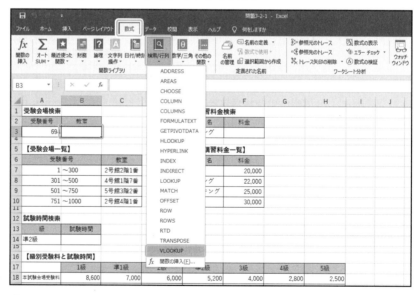

❹ VLOOKUP 関数の［関数の引数］ダイアログボックスが表示されるので、［検索値］
ボックスにカーソルが表示されていることを確認し、セル A3 をクリックします。

❺ ［検索値］ボックスに「A3」と表示されます。

❻ ［範囲］ボックスをクリックし、セル A7 ～ C10 を範囲選択します。

❼ ［範囲］ボックスに「A7:C10」と表示されます。

❽ ［列番号］ボックスをクリックし、「3」と入力します。

❾ ［検索方法］ボックスをクリックし、「TRUE」と入力します。

❿ ［数式の結果 ＝］に、セル A3 の受験番号「694」の受験会場「5 号館 3 番 2 号」が
表示されていることを確認します。

⓫ ［OK］をクリックします。

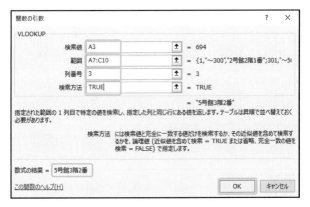

⓬ 数式バーに「=VLOOKUP(A3,A7:C10,3,TRUE)」と表示されたことを確認します。

⓭ セル B3 に、セル A3 の受験番号の受験会場「5 号館 3 階 2 番」が表示されます。

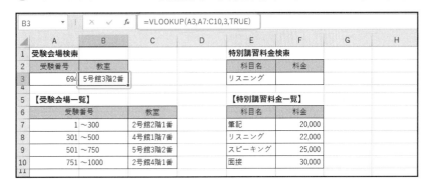

【操作 2】

⓮ セル F3 をクリックします。

⓯ ［数式］タブの 📇 ［検索 / 行列］ボタンをクリックします。

⓰ 一覧から［VLOOKUP］をクリックします。

⓱ VLOOKUP 関数の［関数の引数］ダイアログボックスが表示されるので、［検索値］

ボックスにカーソルが表示されていることを確認し、セル E3 をクリックします。

ポイント

検索の方法

ここでは、【受験会場一覧】の列 A の数値を検索対象として、列 C の教室番号を取り出します。列 A の数値は「1」「301」「501」…と不均等な間隔で並んでいますが、引数「検索方法」に「TRUE」を指定すると、「1 以上 301 未満」「301 以上 501 未満」「501 以上 751 未満」…の数値がそれぞれの行に合致します。最終行は、751 以上のすべての数値に合致します。

その他の操作方法

検索方法の指定

ここでは、VLOOKUP 関数の引数「検索方法」に「TRUE」を指定していますが、この指定は省略してもかまいません。

⑱ [検索値] ボックスに「E3」と表示されます。

⑲ [範囲] ボックスをクリックし、セル E7 ～ F10 を範囲選択します。

⑳ [範囲] ボックスに「E7:F10」と表示されます。

㉑ [列番号] ボックスをクリックし、「2」と入力します。

㉒ [検索方法] ボックスをクリックし、「FALSE」と入力します。

㉓ [数式の結果 =] に、セル F3 の科目名「リスニング」の料金「22,000 円」が表示されていることを確認します。

㉔ [OK] をクリックします。

ポイント

検索の方法

特別講習料金を検索する場合は、引数「検索方法」に「FALSE」を指定することで、指定した科目名に完全に一致するセルだけが検索されます。

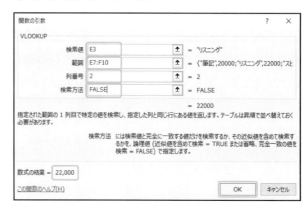

㉕ 数式バーに「=VLOOKUP(E3,E7:F10,2,FALSE)」と表示されたことを確認します。

㉖ セル F3 にセル E3 の「リスニング」に該当する料金の「22,000」が表示されます。

【操作3】

㉗ セル B14 をクリックします。

㉘ ［数式］タブの ⬛［検索 / 行列］ボタンをクリックします。

㉙ 一覧から ［HLOOKUP］をクリックします。

㉚ HLOOKUP 関数の ［関数の引数］ダイアログボックスが表示されるので、［検索値］ボックスにカーソルが表示されていることを確認し、セル A14 をクリックします。

㉛ ［検索値］ボックスに「A14」と表示されます。

㉜ ［範囲］ボックスをクリックし、セル B17 ～ H20 を範囲選択します。

㉝ ［範囲］ボックスに「B17:H20」と表示されます。

㉞ ［行番号］ボックスをクリックし、「4」と入力します。

㉟ ［検索方法］ボックスをクリックし、「FALSE」と入力します。

検索の方法
試験時間を検索する例の場合は、引数「検索方法」に「FALSE」を指定することで、指定した級に完全に一致するセルだけが検索されます。

㊱ ［数式の結果 =］に、セル A14 の「準2級」の試験時間「9:30 ～ 11:40」が表示されていることを確認します。

㊲ ［OK］をクリックします。

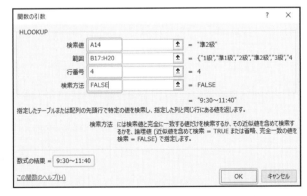

㊳ 数式バーに「=HLOOKUP(A14,B17:H20,4,FALSE)」と表示されたことを確認します。

㊴ セル B14 に、セル A14 の「準 2 級」の試験時間「9:30 ～ 11:40」が表示されます。

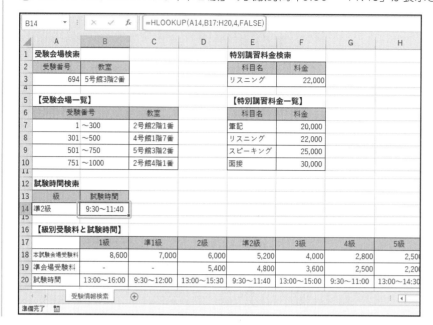

3-2-2 MATCH 関数を使ってデータを検索する

練習問題

問題フォルダー
└ 問題 3-2-2.xlsx

解答フォルダー
└ 解答 3-2-2.xlsx

MATCH 関数を使用して、セル K4（結合セル）に、セル D3 に入力された駅名が、駅名一覧の何駅目にあるかを取得して表示します。

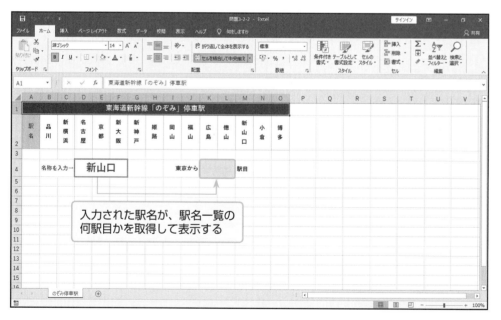

☐ MATCH 関数

☐ 指定された範囲内でデータを検索し、見つかったデータが範囲のどの位置にあるかを求める

MATCH（マッチ）関数を使うと、指定された範囲内でデータを検索し、見つかったデータが範囲のどの位置にあるかを求めることができます。

● MATCH 関数

書　式	=MATCH(検査値 , 検査範囲 ,[照合の範囲])
引　数	**検　査　値**：検索する値を数値、文字列、論理値やセル参照で指定する **検 査 範 囲**：目的のデータが含まれるセル範囲を指定する **照合の範囲**：検索する方法を「1」、「0」、「-1」の数値で指定する
戻り値	**検査値**を**検査範囲**で検索し、値が範囲内の何番目に位置するかを数値で返す

例）セル A1 の値を、セル範囲 C1 〜 C5 で検索し、何番目にあるのかを返す

=MATCH(A1,C1:C5)

MATCH 関数の概念図

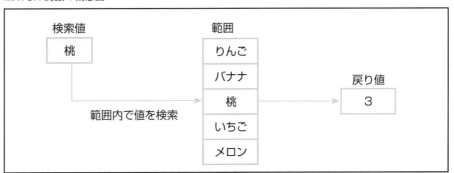

引数「照合の種類」には、一致するものがない場合、引数「検索値」以下の最大の値を検索する「1」または省略、完全に一致する値を検索する「0」、一致するものがない場合、検索値以上の最小の値を検索する「-1」の３種類があります。正しい値を取得するためには、あらかじめ引数「検索範囲」のデータを、照合の種類に「1」を指定する場合は昇順に、「-1」を指定する場合は降順に並べ替えておく必要があります。

操作手順

【操作 1】
① セル K4（結合セル）をクリックします。
② ［数式］タブの ［検索 / 行列］ボタンをクリックします。
③ 一覧から［MATCH］をクリックします。

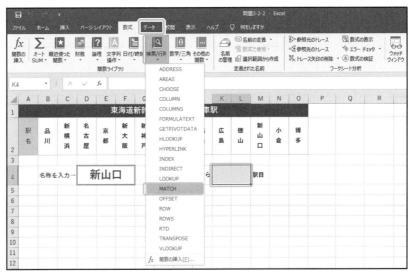

❹MATCH 関数の [関数の引数] ダイアログボックスが表示されるので、[検査値] ボックスにカーソルが表示されていることを確認し、セル D4（結合セル）をクリックします。

❺[検査値] ボックスに「D4」と表示されます。

❻[検査範囲] ボックスをクリックし、セル B2 ～ O2 を範囲選択します。

❼[検査範囲] ボックスに「B2:O2」と表示されます。

❽[照合の種類] ボックスをクリックし、「0」を入力します。

❾[数式の結果 =] に、「12」が表示されていることを確認します。

❿[OK] をクリックします。

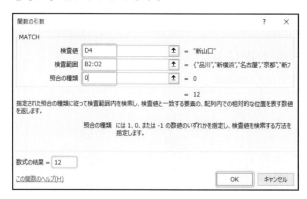

左のポイント欄:

ポイント

照合の種類

引数「照合の種類」に「0」を指定することで、引数「検索値」の値に完全に一致する値が検索されます。

ダイアログ内:

関数の引数　　　　　　　　　　　　　? ×

MATCH

　検査値　D4　　　　　　　　↑ = "新山口"
　検査範囲　B2:O2　　　　　　↑ = {"品川","新横浜","名古屋","京都","新ナ
　照合の種類　0　　　　　　　　↑ = 0

　　　　　　　　　　　　　　　　= 12

指定された照合の種類に従って検査範囲内を検索し、検査値と一致する要素の、配列内での相対的な位置を表す数値を返します。

　　　　照合の種類　には 1、0、または -1 の数値のいずれかを指定し、検査値を検索する方法を指定します。

数式の結果 = 12

この関数のヘルプ(H)　　　　　　　　　　　OK　　キャンセル

⓫数式バーに「=MATCH(D4,B2:O2,0)」と表示されたことを確認します。

⓬セル K4 に、セル D4 の駅名の、セル B2 ～ O2 の左からの位置「12」が表示されます。

INDEX 関数を使ってデータを検索する

練習問題

問題フォルダー
└問題 3-2-3.xlsx

解答フォルダー
└解答 3-2-3.xlsx

INDEX 関数を使用して、セル B13 に、セル B10 に入力したサイズとセル B11 に入力した地域の宅配料金を料金一覧表から取得して表示します。

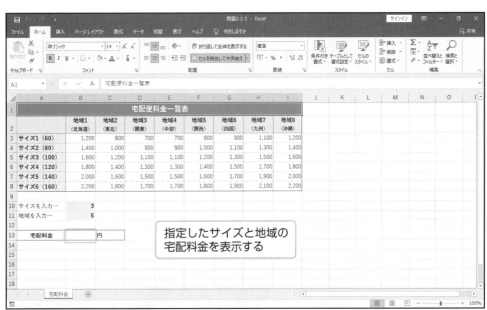

指定したサイズと地域の
宅配料金を表示する

機能の解説

□ INDEX 関数
□ 指定した行と列が交差するセルのデータやセル参照を取り出す

INDEX（インデックス）関数を使用すると、指定した行と列が交差するセルのデータやセル参照を取り出すことができます。

● INDEX 関数（配列形式）

書　式	=INDEX(配列 , 行番号 ,[列番号])
引　数	**配　列**：目的のデータが含まれるセル範囲または配列定数を指定する **行番号**：目的のデータが含まれる行を、**配列**の上端から数えた行数で指定する **列番号**：目的のデータが含まれる列を、**配列**の左端から数えた列数で指定する
戻り値	**配列**内で、指定した**行**と**列**が交差する位置にあるセルの値を返す

ヒント
引数の指定
引数「配列」が 1 行または 1 列の場合は、引数「行番号」または引数「列番号」を省略できます。

● INDEX 関数（セル範囲形式）

書　式	=INDEX(参照 , 行番号 ,[列番号], [領域番号])
引　数	**参　照**：目的のデータが含まれるセル範囲を、1 つまたは複数指定する **行番号**：目的のデータが含まれる行を、**参照**の上端から数えた行数で指定する **列番号**：目的のデータが含まれる列を、**参照**の左端から数えた列数で指定する **領域番号**：複数の**参照**を指定したときに、何番目の**参照**から検索するのかを数値で指定する
戻り値	**配列**内で、指定した**行**と**列**が交差する位置にあるセルの値を返す

例）セル範囲 A1 〜 D3 の 2 行目と 3 列目が交差する位置にあるセルの値を返す

=INDEX(A1:D3,2,3)

INDEX 関数の概念図

【操作 1】

❶ セル B13 をクリックします。

❷ ［数式］タブの 🔍 ［検索 / 行列］ボタンをクリックします。

❸ 一覧から［INDEX］をクリックします。

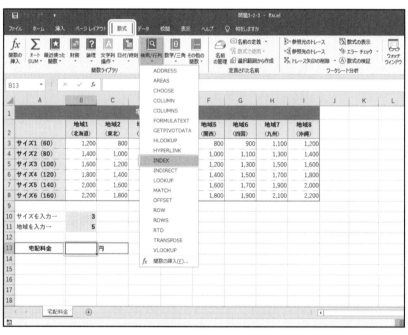

ここでは［配列, 行番号, 列番号］を選択し、INDEX 関数の配列形式として引数を指定しています。ただし、［参照, 行番号, 列番号, 領域番号］を選び、セル範囲形式の［関数の引数］ダイアログボックスで［領域番号］に「1」を指定しても、同じ結果が得られます。

❹ INDEX 関数の［引数の選択］ダイアログボックスが表示されるので、［引数］ボックスの［配列, 行番号, 列番号］が選択されていることを確認します。

❺［OK］をクリックします。

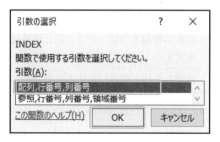

⑥ INDEX 関数の［関数の引数］ダイアログボックスが表示されるので、［配列］ボックスにカーソルが表示されていることを確認し、セル B3 〜 I8 を範囲選択します。

⑦ ［範囲］ボックスに「B3:I8」と表示されます。

⑧ ［行番号］ボックスをクリックし、セル B10 をクリックします。

⑨ ［行番号］ボックスに「B10」と表示されます。

⑩ ［列番号］ボックスをクリックし、セル B11 をクリックします。

⑪ ［列番号］ボックスに「B11」と表示されます。

⑫ ［数式の結果 =］に、セル B10 のサイズ「3」とセル B11 の地域「5」の交差するセル F5 の値「1200」が表示されていることを確認します。

⑬ ［OK］をクリックします。

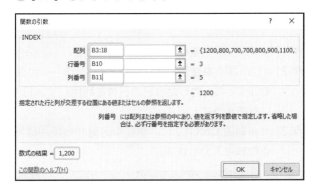

⑭ 数式バーに「=INDEX(B3:I8,B10,B11)」と表示されたことを確認します。

⑮ セル B13 に、セル B10 のサイズ「3」とセル B11 の地域「5」の交差するセル F5 の値「1200」が表示されていることを確認します。

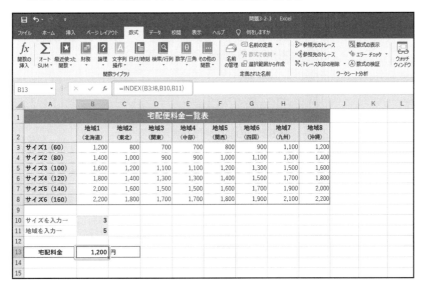

3-3 高度な日付と時刻の関数を使用する

Excelでは、日付や数値のデータも、数値の一種として処理することが可能です。具体的には、特定の日付や時刻を数式によって求めたり、日付同士または時刻同士の間隔を数値として求めたりといった処理です。こうした日付や時刻の計算で利用できる様々な日付/時刻関数が用意されています。

3-3-1 NOW関数、TODAY関数を使って日付や時刻を参照する

練習問題

問題フォルダー
└ 問題3-3-1.xlsx

解答フォルダー
└ 解答3-3-1.xlsx

※ ただし、解答ファイルの日付、時刻は更新されるため、本書の画面とは異なります。

【操作1】TODAY関数を使用して、セルE2に、今日の日付を自動的に表示します。

【操作2】NOW関数を使用して、セルE3に、現在の時刻を自動的に表示します。ただし、セルE2に入力した今日の日付を利用して、日付を含まない、時刻だけのデータになるようにします。

【操作3】セル範囲C6:C10に、現在の時刻から使用開始時刻を引いた使用時間を表示する数式を入力します。

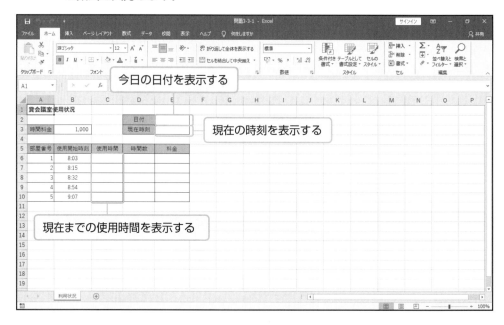

機能の解説

- □ TODAY関数
- □ 今日の日付を表示する
- □ NOW関数
- □ 現在の日時を表示する
- □ シリアル値

TODAY（トゥデイ）関数を使用すると、今日の日付を自動的に表示することができます。この関数には引数は不要で、ブックを開いたときや他のセルへの入力などが行われた際に自動的に更新されます。

NOW（ナウ）関数を使用すると、現在の日時を自動的に表示することができます。この関数にも引数は不要で、TODAY関数同様、自動更新されます。

● **TODAY 関数**

書　式	TODAY()
引　数	なし
戻り値	今日の日付を返す

● **NOW 関数**

書　式	NOW()
引　数	なし
戻り値	現在の日付と時刻を返す

Excel の日付・時刻データは、内部的には、1900 年 1 月 0 日午前 0 時を起点（0）とし、日付を整数、時刻を小数で表す数値データ（シリアル値）として扱われています。「2021/1/1」という日付データを数値で表すと 44197 であり、「6:00」という時刻データを数値で表すと 0.25（1 日の 4 分の 1）になります。日付だけのデータに小数部はなく、時刻だけのデータの整数部は 0 ですが、日付・時刻を両方備えたデータも存在します。NOW 関数の戻り値も、現在の日付・時刻を表すシリアル値になります。日付や時刻のデータは数値なので、そのまま計算に使用することも可能です。

操作手順

【操作 1】

❶ セル E2 をクリックします。

	A	B	C	D	E	F	G	H
1	貸会議室使用状況							
2				日付				
3	時間料金	1,000		現在時刻				
4								
5	部屋番号	使用開始時刻	使用時間	時間数	料金			
6	1	8:03						
7	2	8:15						

❷ ［数式］タブの ［日付 / 時刻］ボタンをクリックします。

❸ 一覧から［TODAY］をクリックします。

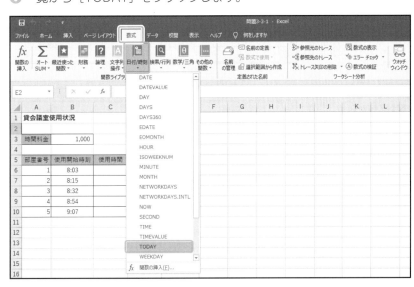

★ヒント

数式の直接入力

ここでは［数式］タブの［日付 /
時刻］ボタンをクリックして［関
数の引数］ダイアログボックスを
表示していますが、TODAY 関数
のように引数を必要としない関数
の場合、選択したセルに数式を
直接入力した方が簡単な場合も
あります。

★ポイント

セルの表示形式

表示形式が「標準」であるセル
に TODAY 関数を入力すると、自
動的に日付の表示形式が設定さ
れます。ただし、この問題では、
あらかじめセル E2 には日付の表
示形式、セル E3 とセル C6 ～
C10 には時刻の表示形式が設定
してあります。

★ヒント

日付、時刻の表示

実習データに操作を加えた時点の
日付、時刻が表示されるため、実
際の画面は誌面とは異なります。

★ポイント

数式の入力

NOW 関数も TODAY 関数同様、
［数式］タブの［日付 / 時刻］ボ
タンをクリックし、一覧から選択
して、［関数の引数］ダイアログ
ボックスを表示して入力すること
が可能です。ただ、この関数も
引数は不要で、さらに続けて
「-E2」という式を入力する必要
があるため、ここではすべてキー
ボードで直接入力しています。

［日付 / 時刻］ボタン

★ポイント

現在の時刻だけを求める

NOW 関数には、時刻だけでなく、
今日の日付を表すデータまで含ま
れています。NOW 関数の値から、
TODAY 関数で求めた今日の日付
（NOW 関数の整数部に相当）を
引くことで、時刻（小数部）だけ
のデータを求めることができます。

★ポイント

現在時刻の表示

セル E3 にはもともと時刻の表示
形式を設定しているため、セル
E2 の日付を引く計算を行わず、
NOW 関数だけでも、現在の時刻
だけが表示されます。日付を引く
計算は、【操作 3】の数式のため
に必要となります。

❹ TODAY 関数の［関数の引数］ダイアログボックスが表示され、「この関数には引数
は必要ありません。」と表示され、るので、［OK］をクリックします。

❺ 数式バーに「**=TODAY()**」と表示されたことを確認します。

❻ セル E2 に、今日の日付が表示されます。

	A	B	C	D	E	F	G	H
1	貸会議室使用状況							
2				日付	2021/4/4			
3	時間料金	1,000		現在時刻				
4								
5	部屋番号	使用開始時刻	使用時間	時間数	料金			
6	1	8:03						
7	2	8:15						
8	3	8:32						

E2 | | × ✓ fx | =TODAY()

【操作 2】

❼ セル E3 をクリックします。

❽「=NOW()-」と入力します。

❾ セル E2 をクリックします。

❿「=NOW()-E2」と表示されたことを確認します。

⓫ **Enter** キーを押します。

	A	B	C	D	E	F	G	H
1	貸会議室使用状況							
2				日付	2021/4/4			
3	時間料金	1,000		現在時刻	=NOW()-E2			
4								
5	部屋番号	使用開始時刻	使用時間	時間数	料金			
6	1	8:03						
7	2	8:15						
8	3	8:32						

E2 | | × ✓ fx | =NOW()-E2

⓬ セル E3 に現在の時刻が表示されます。

	A	B	C	D	E	F	G	H
1	貸会議室使用状況							
2				日付	2021/4/4			
3	時間料金	1,000		現在時刻	11:56			
4								
5	部屋番号	使用開始時刻	使用時間	時間数	料金			
6	1	8:03						
7	2	8:15						
8	3	8:32						

E4 | | × ✓ fx |

【操作 3】

⑬ セル C6 をクリックします。

⑭「=」を入力します。

⑮ セル E3 をクリックし、**F4** キーを 1 回押して「$E$3」にします。

⑯「-」を入力します。

⑰ セル B6 をクリックします。

⑱「=$E$3-B6」と表示されていることを確認します。

⑲ **Enter** キーを押します。

B6		:	×	✓	fx	=$E$3-B6		
	A	B	C	D	E	F	G	H
1	貸会議室使用状況							
2				日付	2021/4/4			
3	時間料金	1,000		現在時刻	11:56			
4								
5	部屋番号	使用開始時刻	使用時間	時間数	料金			
6	1	8:03	=$E$3-B6					
7	2	8:15						
8	3	8:32						
9	4	8:54						
10	5	9:07						
11								

⑳ セル C6 に、現在までの使用時間が表示されます。

㉑ セル C6 をクリックして、セルの右下のフィルハンドルをポイントします。

㉒ マウスポインターの形が **✚** に変わったら、ダブルクリックします。

C6		:	×	✓	fx	=$E$3-B6		
	A	B	C	D	E	F	G	H
1	貸会議室使用状況							
2				日付	2021/4/4			
3	時間料金	1,000		現在時刻	11:56			
4								
5	部屋番号	使用開始時刻	使用時間	時間数	料金			
6	1	8:03	3:53					
7	2	8:15						
8	3	8:32						
9	4	8:54						
10	5	9:07						
11								

㉓ セル C6 の数式がセル C7 ～ C10 にコピーされ、各部屋の使用時間が表示されます。

C6		:	×	✓	fx	=$E$3-B6		
	A	B	C	D	E	F	G	H
1	貸会議室使用状況							
2				日付	2021/4/4			
3	時間料金	1,000		現在時刻	11:56			
4								
5	部屋番号	使用開始時刻	使用時間	時間数	料金			
6	1	8:03	3:53					
7	2	8:15	3:41					
8	3	8:32	3:24					
9	4	8:54	3:02					
10	5	9:07	2:49					
11								
12								

★ヒント

使用時間の表示

操作時の時刻がセル B6 ～ B10 の時刻より前だった場合は、使用時間の計算結果が負の値になるため、セル C6 ～ C10 にはエラー値「#####」が表示されます。

WEEKDAY 関数、NETWORKDAY 関数、WORKDAY関数を使って日にちを計算する

練習問題

問題フォルダー
└ 問題 3-3-2.xlsx

解答フォルダー
└ 解答 3-3-2.xlsx

【操作 1】 WORKDAY 関数を使用して、セル C3 に、セル A3 とセル B3 に入力した契約開始日と平日の契約日数から契約終了日を表示します。

【操作 2】 NETWORKDAYS 関数を使用して、セル G3 に、セル E3 とセル F3 に入力した作業開始日と作業完了予定日の間の平日の日数を表示します。

【操作 3】 WEEKDAY 関数を使用して、セル E6 に、セル E3 に入力した作業開始日の週の開始日以降の平日の日数を表示します。

※ ここでいう「平日」は土日とセル範囲 I2:I4 の祭日を除いたものとします。また、セル A3 と E3 には、必ず平日の日付が入力されるものとします。

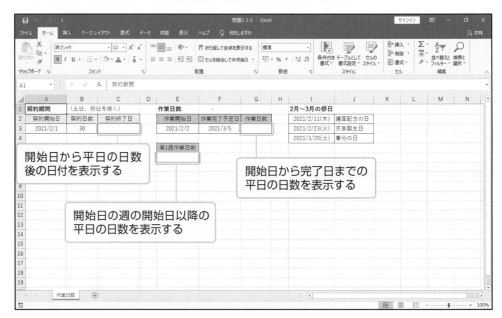

機能の解説

重要用語

□ WORKDAY 関数

□ 土曜日と日曜日、祭日を除いた平日だけの日数が経過した後の日付を求める

□ NETWORKDAYS 関数

□ 土曜日と日曜日、祭日を除いた平日だけの日数を求める

□ WEEKDAY 関数

□ 指定した日付の曜日を表す数値を求める

「〇日後の日付」や、日付と日付の間の日数は、日付＋日数や、日付－日付という数式で求めることができます。すべての日付や日数ではなく、土日と祭日を除いた平日だけの日付や日数を求める場合は関数を使用します。

WORKDAY（ワークデイ）関数を使用すると、土曜日と日曜日、祭日を除いた平日だけの日数が経過した後の日付を求めることができます。

● WORKDAY 関数

書　式	WORKDAY(開始日 , 日数 [,祭日])
引　数	**開始日**：計算を開始する日付を指定する **日　数**：土曜日と日曜日、および祭日を除いた平日の日数を指定する **祭　日**：祭日と見なす日付が入力されたセル範囲を指定する
戻り値	**開始日**から、土曜日と日曜日、および**祭日**を除いた平日の**日数**が経過した後の日付を返す

例）セル A3 の日付からセル B3 の、土曜日と日曜日、セル F3 ～ F6 の祭日を除いた平日の日数後の日付を求める

=WORKDAY(A3,B3,F3:F6)

C3		× ✓ fx	=WORKDAY(A3,B3,F3:F7)				
	A	B	C	D	E	F	G
1					1月～3月の祭日		
2	開始日	日数	終了日		祭日	日付	
3	2021/1/5	30	2021/2/18	←	元旦	2021/1/1	
4					成人の日	2021/1/11	
5					建国記念の日	2021/2/11	祭日
6					天皇誕生日	2021/2/23	
7					春分の日	2021/3/20	
8							

引数「祭日」は、あらかじめ祭日と見なす日付を入力しておいたセル範囲を指定します。「祭日」の指定は省略可で、省略した場合は土曜日と日曜日を除く平日の日数後の日付が求められます。

NETWORKDAYS（ネットワークデイズ）関数を使用すると、開始日と終了日の間の、土曜日と日曜日、祭日を除いた平日だけの日数を求めることができます。日付の引き算では開始日自体は日数に含まれませんが、この関数では、開始日と終了日を含めた両方を含めた日数が求められます。

● NETWORKDAYS 関数

書　式	NETWORKDAYS(開始日 , 終了日 [, 祭日])
引　数	**開始日**：期間の開始の日付を指定する **終了日**：期間の終了の日付を指定する **祭　日**：祭日と見なす日付が入力されたセル範囲を指定する
戻り値	**開始日**から**終了日**までの、土曜日と日曜日、および**祭日**を除いた平日の日数を返す

例）セル A3 の日付から B3 の日付までの、土曜日と日曜日、セル F3 ～ F6 の祭日を除いた平日の日数を求める

=NETWORKDAYS(A3,B3,F3:F6)

C3		× ✓ fx	=NETWORKDAYS(A3,B3,F3:F7)				
	A	B	C	D	E	F	G
1					1月～3月の祭日		
2	開始日	終了日	日数		祭日	日付	
3	2021/1/5	2021/2/17	30	←	元旦	2021/1/1	
4					成人の日	2021/1/11	祭日
5					建国記念の日	2021/2/11	
6					天皇誕生日	2021/2/23	
7					春分の日	2021/3/20	

引数「祭日」の指定は WORKDAY 関数と同じです。

一方、指定の日付から、その週の残りの平日の日数を求めたい場合は、まずその日付が何曜日なのかを求める必要があります。WEEKDAY（ウィークデイ）関数を使用すると、指定した日付の曜日を表す数値を求めることができます。

● WEEKDAY 関数

書　式	WEEKDAY(シリアル値 [, 種類])
引　数	**シリアル値**：日付を表すシリアル値を指定する **種　　類**：戻り値の数値の種類を 1 ～ 3、または 11 ～ 17 の数値で指定する
戻り値	**種類**の指定に基づき、**シリアル値**の曜日を表す数値を返す

例）セル A3 の日付の曜日が何曜日かを表す 1（月曜）～ 7（日曜）の数値を求める

=WEEKDAY(A3,2)

種　類	戻り値	種　類	戻り値
1／省略	1（日曜）～ 7（土曜）	13	1（水曜）～ 7（火曜）
2	1（月曜）～ 7（日曜）	14	1（木曜）～ 7（水曜）
3	0（月曜）～ 6（日曜）	15	1（金曜）～ 7（木曜）
11	1（月曜）～ 7（日曜）	16	1（土曜）～ 7（金曜）
12	1（火曜）～ 7（月曜）	17	1（日曜）～ 7（土曜）

指定の日付について、その週の残りの平日の日数を求めたい場合は、その日付の曜日を 1
（月曜）～ 5（金曜）の数値として求め、それを 6 から引きます。

操作手順

【操作 1】

❶ セル C3 をクリックします。

❷ [数式] タブの [日付 / 時刻] ボタンをクリックします。

❸ 一覧から [WORKDAY] をクリックします。

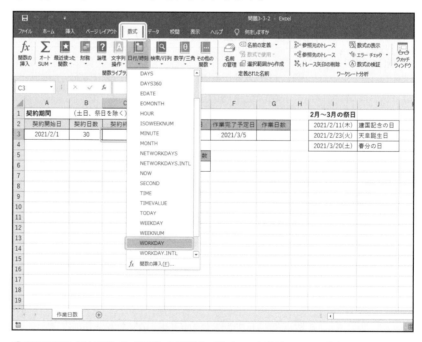

❹ WORKDAY 関数の [関数の引数] ダイアログボックスが表示されるので、[開始日]
　ボックスにカーソルが表示されていることを確認し、セル A3 をクリックします。

❺ [開始日] ボックスに「A3」と表示されます。

❻ [日数] ボックスをクリックし、セル B3 をクリックします。

❼ [日数] ボックスに「B3」と表示されます。

❽ [祭日] をクリックし、セル I2 ～ I4 を範囲選択します。

❾ [祭日] ボックスに「I2:I4」と表示されます。

❿ 数式の結果として、「44272」が表示されていることを確認します。

⓫ [OK] をクリックします。

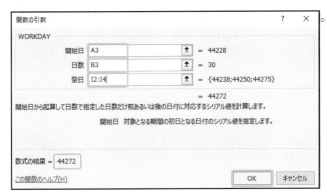

⓬ 数式バーに「**=WORKDAY(A3,B3,I2:I4)**」と表示されたことを確認します。

⓭ セル C3 に「44272」と表示されます。

⓮ セル C3 を選択した状態のまま、[ホーム] タブの [数値の書式] ボックスの▼をクリックします

⓯ 一覧から [短い日付形式] をクリックします。

⓰ セル C3 に「2021/3/17」と表示されます。

【操作 2】

⑰ セル G3 をクリックします。

⑱ [数式] タブの [日付 / 時刻] ボタンをクリックします。

⑲ 一覧から [NETWORKDAYS] をクリックします。

⑳ NETWORKDAYS 関数の [関数の引数] ダイアログボックスが表示されるので、[開始日] ボックスにカーソルが表示されていることを確認し、セル E3 をクリックします。

㉑ [開始日] ボックスに「E3」と表示されます。

㉒ [終了日] ボックスをクリックし、セル F3 をクリックします。

㉓ [終了日] ボックスに「F3」と表示されます。

㉔ [祭日] ボックスをクリックし、セル I2 ～ I4 を範囲選択します。

㉕ [祭日] ボックスに「I2:I4」と表示されます。

㉖ 数式の結果として「22」が表示されていることを確認します。

㉗ [OK] をクリックします。

★★ヒント
引数「祭日」の指定
引数「祭日」にセル範囲「I2:I4」を指定していますが、作業完了予定日までに「3/20」は含まれないので、セル I4 を含まずに、セル範囲「I2:I3」を指定してもかまいません。

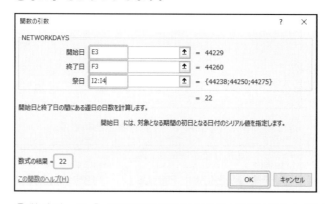

㉘ 数式バーに「=NETWORKDAYS(E3,F3,I2:I4)」と表示されたことを確認します。

㉙ セル G3 に、セル E3 の日付とセル F3 の日付の間の平日の日数である「22」が表示されます。

【操作 3】

㉚ セル E6 をクリックします。

㉛「=6-」と入力します。

㉜［数式］タブの ![日付/時刻]［日付 / 時刻］ボタンをクリックします。

㉝ 一覧から［WEEKDAY］をクリックします。

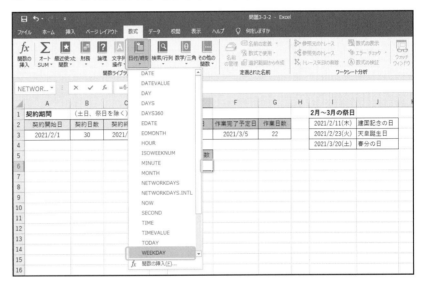

㉝ WEEKDAY 関数の［関数の引数］ダイアログボックスが表示されるので、［シリアル値］ボックスにカーソルが表示されていることを確認し、セル E3 をクリックします。

㉞［シリアル値］ボックスに「E3」と表示されます。

㉟［種類］ボックスをクリックし、「2」と入力します。

㊱ 数式の結果として「2」が表示されていることを確認します。

㊲［OK］をクリックします。

▶▶ その他の操作方法
引数「種類」の指定

ここでは WEEKDAY 関数の引数「種類」に「2」を指定し、戻り値の 1 ～ 5 の数値を 6 から引いていますが、「種類」に「11」を指定しても同じ結果になります。また、「種類」に「3」を指定してその戻り値を 5 から引いたり、「1」または「17」または省略して、その戻り値を 7 から引いたりしても結果は同じです。

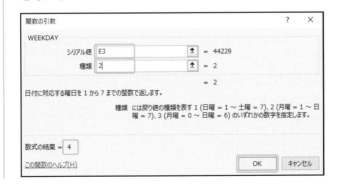

★ヒント
表示形式の自動変更

表示形式が設定されたセルを参照する数式を入力すると、自動的に参照セルと同じ表示形式が、数式のセルに設定される場合があります。ここでは、日付が入力されたセルE3を参照したため、セルE6にも自動的に日付の表示形式が設定されました。求める結果は数値なので、「標準」や「数値」などの表示形式に変更します。

㊳ 数式バーに「=6-WEEKDAY(E3,2)」と表示されたことを確認します。

㊴ セルE6が自動的に日付の表示形式になり、「1900/1/2」と表示されます。

㊵ セルE6を選択した状態のまま、[ホーム] タブの [数値の書式] ボックスの▼をクリックし、[標準] をクリックします。

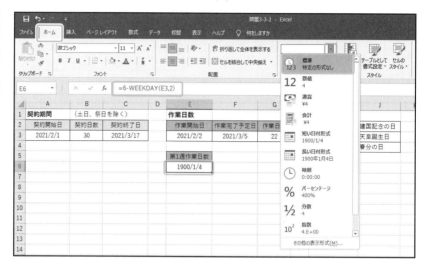

㊶ セルE6に、セルE3で指定された開始日の週の残りの平日の日数である「4」が表示されます。

データ分析を行う

複数のワークシートのデータを統合する機能や、目標値を得るために入力値を逆算する機能などを使うと、複数のブックやワークシートのデータを一元管理して分析することができます。

3-4-1 ［統合］機能を使って複数のセル範囲のデータを集計する

練習問題

問題フォルダー
└問題 3-4-1.xlsx

解答フォルダー
└解答 3-4-1.xlsx

【操作 1】ワークシート「渋谷校」「目黒校」「川崎校」の受講者数のデータを上端行と左端列を基準に統合し、合計をワークシート「集計」のセル A3 以降に表示します。

【操作 2】統合された表に、ワークシート「渋谷校」の受講者数の表の書式をコピーし、A 列の幅を自動調整します。

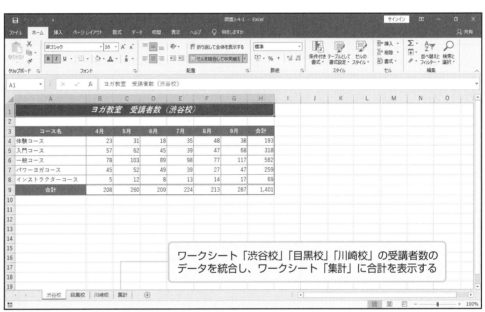

ワークシート「渋谷校」「目黒校」「川崎校」の受講者数のデータを統合し、ワークシート「集計」に合計を表示する

機能の解説

□ 統合
□ ［統合］ボタン
□ ［統合の設定］
　ダイアログボックス
□ 位置による統合
□ 項目による統合

同じブックや異なるブックの複数のワークシートのデータを、1 つのワークシートにまとめて集計するには、統合機能を使います。統合を利用すると、表の位置、項目の数や並び順が異なる表でも集計して、データを分析することができます。

レイアウトが異なる表のデータでも集計できる

女性計

	好き	嫌い	どちらでもない
コーヒー	35	10	8
紅茶	40	12	12
緑茶	22	31	10
計	97	53	30

男性計

	嫌い	どちらでもない	好き
紅茶	37	6	6
緑茶	22	5	41
コーヒー	28	10	25
計	87	21	72

統合先

	好き	嫌い	どちらでもない
コーヒー	60	38	18
紅茶	46	49	18
緑茶	63	53	15
計	169	140	51

データを統合するには、統合した結果を表示するワークシートのセルを選択し、[データ]タブの  [統合] ボタンをクリックします。[統合の設定] ダイアログボックスが表示されるので、集計の方法や統合元のセル範囲、統合の基準などを設定します。

[統合の設定] ダイアログボックス

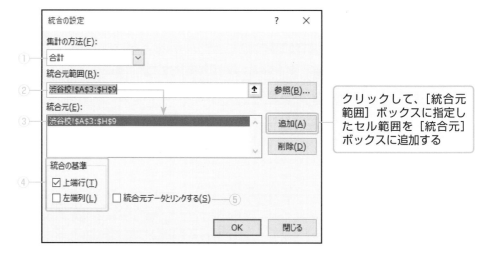

クリックして、[統合元範囲] ボックスに指定したセル範囲を [統合元] ボックスに追加する

①[集計の方法] ボックス：データの集計方法を指定します。合計、データの個数、平均、最大値、最小値など 11 種類が選択できます。

②[統合元範囲] ボックス：統合元のセル範囲を指定します。

③[統合元] ボックス：[追加] をクリックすると、[統合元範囲] ボックスで指定したセル範囲が追加され、ここに一覧表示されます。

④[統合の基準]：統合の基準となる項目名が入力されている位置のチェックボックスをオンにします。

⑤[統合元データとリンクする] チェックボックス：オンにすると、統合元範囲のデータが変更された場合、統合先の集計結果も自動的に更新されます。また、統合先の表にはアウトラインが設定され、詳細データが折りたたまれた状態で表示されます。

★ヒント

別のブックと統合

異なるブックの表も統合することができます。その場合は、統合元のブックをすべて開いておき、ブックを切り替えて範囲を指定します。

★ヒント

統合元の削除

[統合元] に誤った範囲を設定した場合は、[統合元] ボックスの一覧から削除したい範囲を選択し、[削除] をクリックします。

なお、統合の集計方法は、統合元の表のレイアウトによって「位置による統合」と「項目による統合」の2種類があり、[統合の設定] ダイアログボックスの [統合元範囲] と [統合の基準] の指定が異なります。下記の表を参照してください。

統合の種類と [統合の設定] ダイアログボックスの設定

統合の種類	項目名の配置	[統合元範囲]	[統合の基準]
位置による統合	項目名が同じ数、同じ順序で並んでいる	項目名を含まない数値データのセル範囲を指定	[上端行][左端列] チェックボックスともオフ
項目による統合	項目名の数や順序が異なる	項目名を含んだセル範囲を指定	統合の基準となる項目名が入力されている[上端行]か[左端列] チェックボックスまたは両方をオン

操作手順

【操作1】

❶ ワークシート「集計」のシート見出しをクリックします。

❷ セル A3 をクリックします。

❸ [データ] タブの ▦ [統合] ボタンをクリックします。

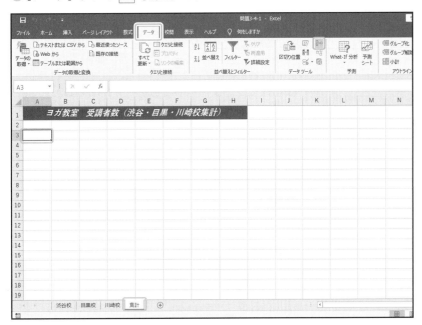

❹ [統合の設定] ダイアログボックスが表示されるので、[集計の方法] ボックスが [合計] になっていることを確認します。

❺ [統合元範囲] ボックスにカーソルが表示されていることを確認し、ワークシート「渋谷校」のシート見出しをクリックします。

❻ セル A3 ～ H9 を範囲選択します。

❼ [統合元範囲] ボックスに「渋谷校!$A$3:$H$9」と表示されていることを確認します。

❽ [追加] をクリックします。

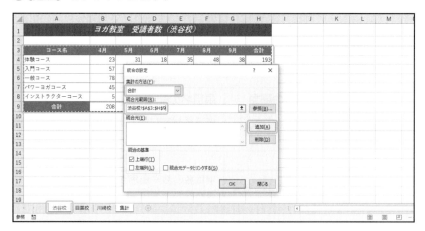

❾ [統合元] ボックスに「渋谷校!$A$3:$H$9」と表示されます。

❿ 同様にワークシート「目黒校」のセル B5 ～ G9、ワークシート「川崎店」のセル
B4 ～ H8 を [統合元] ボックスに追加します。

⓫ [統合元] ボックスに「目黒校!$B$5:$G$9」「川崎校!$B$4:$H$8」と表示されて
いることを確認します。

⓬ [統合の基準] の [上端行] と [左端列] の各チェックボックスをオンにします。

⓭ [OK] をクリックします。

⑭ ワークシート「集計」のセル A3 から始まる範囲に、各ワークシートのデータが統合され、数値の合計が表示されます。

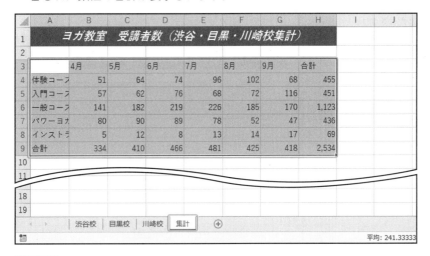

【操作2】

⑮ ワークシート「渋谷校」のシート見出しをクリックします。

⑯ セル A3 〜 H9 を範囲選択します。

⑰ [ホーム] タブの [書式のコピー / 貼り付け] ボタンをクリックします。

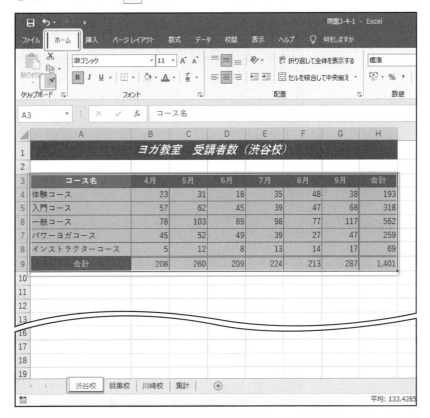

ヒント
書式の貼り付け先のセルの指定
書式の貼り付け先のセルとして、左上端の1つのセルだけをクリックして指定すると、コピー元と同じ行数×列数の範囲に貼り付けられます。コピー元と同じ行数×列数のセル範囲を指定する必要はありません。

㉘ マウスポインターの形が ✙🖌 に変わります。

⑲ ワークシート「集計」のシート見出しをクリックします。

⑳ セルA3をクリックします。

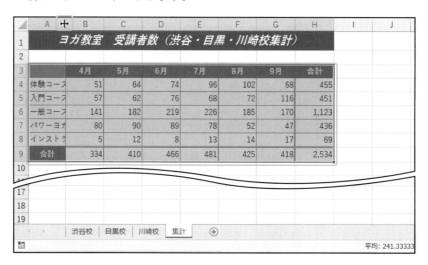

㉑ ワークシート「渋谷校」のセルA3～H9の書式がコピーされます。

㉒ A列とB列の境界線をポイントし、マウスポインターの形が ✛ になったことを確認し、ダブルクリックします。

ヒント
書式コピー
[書式コピー/貼り付け]ボタンを使った書式コピーでは、列の幅や行の高さはコピーされません。必要に応じて調整します。

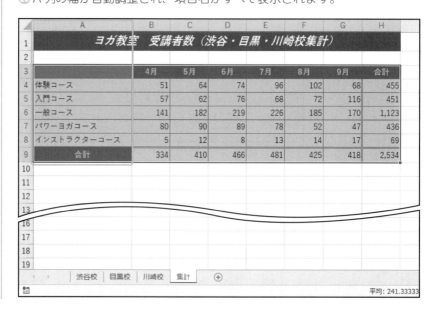

㉓ A列の幅が自動調整され、項目名がすべて表示されます。

ゴールシークを使って What-If 分析を実行する

問題フォルダー
└問題 3-4-2.xlsx

解答フォルダー
└解答 3-4-2.xlsx

ゴールシークを利用して、利益（セル D21）の目標値を「¥100,000」とした場合に必要な入場者数を求めます。

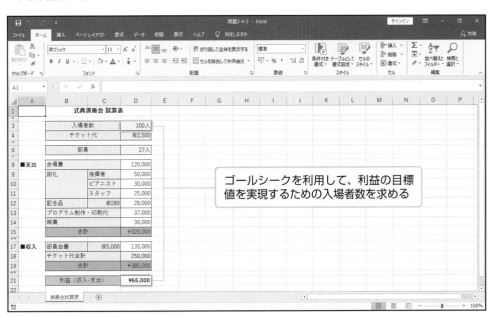

ゴールシークを利用して、利益の目標値を実現するための入場者数を求める

機能の解説

重要用語

- □ What-If 分析
- □ ゴールシーク
- □ [What-If 分析] ボタン
- □ [ゴールシーク]
- □ [ゴールシーク]
  ダイアログボックス

What-If 分析は、セルの値を変えるなどして計算を行い、その結果を元に分析や予測などを行うときに役立つツールです。

What-If 分析のゴールシークは、結果の値を先に指定し、その結果を求めるために必要な入力値（変数）を逆算する機能です。使用するには、[データ] タブの ![What-If 分析] [What-If 分析] ボタンをクリックし、[ゴールシーク] をクリックします。[ゴールシーク] ダイアログボックスが表示されるので、[目標値] ボックスに結果の値、[数式入力セル] ボックスには [目標値] を求める数式のあるセル、[変化させるセル] ボックスには求める入力値のセルを指定します。

[ゴールシーク] ダイアログボックス

数式の入力されているセルを指定する

目標とする結果の値を入力する

目標値を実現するために、変化させるセルを指定する

❶ セル D21 をクリックします。

❷ [データ] タブの [What-If 分析] ボタンをクリックします。

❸ [ゴールシーク] をクリックします。

❹ [ゴールシーク] ダイアログボックスが表示されるので、[数式入力セル] ボックス
に「D21」と表示されていることを確認します。

❺ [目標値] ボックスをクリックし、「100000」と入力します。

❻ [変化させるセル] ボックスをクリックし、セル D3 をクリックします。

❼ [変化させるセル] ボックスに「$D$3」と表示されます。

❽ [OK] をクリックします。

❾ 「セル D21 の収束値を探索しています。解答が見つかりました。」と表示されるので、
[OK] をクリックします。

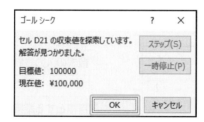

⑩ セル D3 の値が「115.766 人」に変化し、セル D21 の数式の結果が「¥100,000」になったことを確認します。

⑪ 利益を「¥100,000」以上にするためには、入場者数が「116 人」以上必要なことがわかります。

| D21 | | | × ✓ fx | =D19-D15 | | | | | | | | |

	A	B	C	D	E	F	G	H	I	J	K	L	M
1			式典演奏会 試算表										
3		入場者数		115.766人									
4		チケット代		@2,500									
6		部員		27人									
8	■支出	会場費		120,000									
9		謝礼	指揮者	50,000									
10			ピアニスト	30,000									
11			スタッフ	25,000									
12		記念品	@280	32,414									
13		プログラム制作・印刷代		37,000									
14		雑費		30,000									
15		合計		¥324,414									
17	■収入	部員会費	@5,000	135,000									
18		チケット代合計		289,414									
19		合計		¥424,414									
21		利益（収入-支出）		¥100,000									

3-4-3 シナリオの登録と管理を使って What-If 分析を実行する

練習問題

問題フォルダー
└ 問題 3-4-3.xlsx

解答フォルダー
└ 解答 3-4-3.xlsx

【操作 1】男性 45 人、女性 30 人、体験 8 人が参加した場合のシナリオ「最少参加人数」を作成します。

【操作 2】男性 60 人、女性 45 人、体験 15 人が参加した場合のシナリオ「最多参加人数」を作成します。

【操作 3】シナリオ「最多参加人数」を表示します。

参加人数を変化させる 2 つのシナリオを作成し、そのうちの 1 つを表示する

What-If 分析のシナリオは、変化させるセルにわかりやすい名前（シナリオ）を付けておき、一覧から選択するだけでセルに値を設定できる機能です。1 つのシナリオで複数のセルを扱えます。セルの値を変えて結果を見比べたいときに、その都度、セルの値を入力し直す手間を省けます。

シナリオを登録するには、[データ] タブの ![What-If 分析] [What-If 分析] ボタンをクリックし、一覧から [シナリオの登録と管理] をクリックして、[シナリオの登録と管理] ダイアログボックスを表示します。[追加] をクリックすると、[シナリオの追加] ダイアログボックスが表示されるので、変化させるセルを指定してシナリオ名を付けます。[OK] をクリックすると、[シナリオの値] ダイアログボックスが表示されるので、変化させるセルの値を設定します。

[シナリオの追加] ダイアログボックス

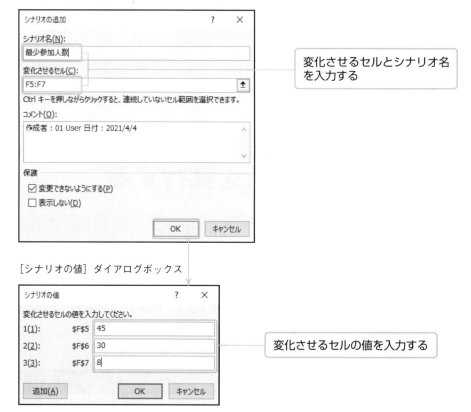

変化させるセルとシナリオ名を入力する

変化させるセルの値を入力する

[シナリオの値] ダイアログボックス

●シナリオを管理する

シナリオを実行するには、再度 [シナリオの登録と管理] ダイアログボックスを表示して、[シナリオ] ボックスの一覧から目的のシナリオ名を選択して [表示] をクリックします。新たにシナリオを追加したり、削除するなどの操作もこのダイアログボックスで行います。

［シナリオの登録と管理］ダイアログボックス

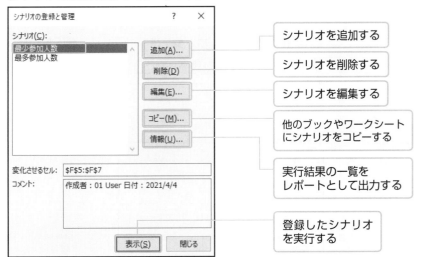

シナリオを追加する

シナリオを削除する

シナリオを編集する

他のブックやワークシートにシナリオをコピーする

実行結果の一覧をレポートとして出力する

登録したシナリオを実行する

操作手順

【操作 1】

❶ セル F5 ～ F7 を範囲選択します。

❷ ［データ］タブの [What-If 分析] ［What-If 分析］ボタンをクリックします。

❸ ［シナリオの登録と管理］をクリックします。

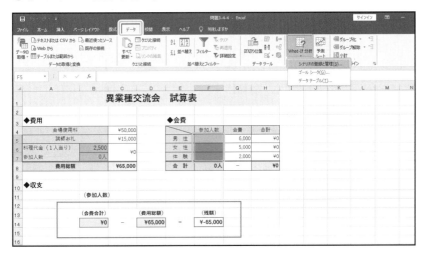

❹ ［シナリオの登録と管理］ダイアログボックスが表示されるので、［追加］をクリックします。

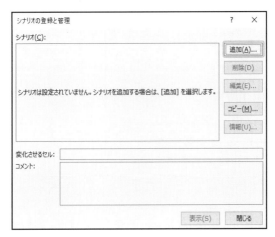

⑤［シナリオの追加］ダイアログボックスが表示されるので、［シナリオ名］ボックス
に「最少参加人数」と入力します。

⑥［変化させるセル］ボックスに「F5:F7」と表示されていることを確認します。

⑦［OK］をクリックします。

⑧［シナリオの値］ダイアログボックスが表示されるので、［変化させるセルの値を入
力してください。］の［$F$5］ボックスに「45」、［$F$6］ボックスに「30」、［$F$7］
ボックスに「8」と入力します。

【操作2】

⑨［追加］をクリックします。

⑩［シナリオの追加］ダイアログボックスが表示されるので、［シナリオ名］ボックス
に「最多参加人数」と入力します。

⑪［変化させるセル］ボックスに「F5:F7」と表示されていることを確認します。

⑫［OK］をクリックします。

ヒント
［変化させるセル］ボックス

［変化させるセル］ボックスには現
在選択されているセル範囲が表示
されます。目的のセル範囲を選択
してから、シナリオの追加操作を
行うと、改めて範囲選択を行う必
要がなく効率的です。セル範囲は
後から変更できます。

ヒント
シナリオの保護

［シナリオの追加］ダイアログボ
ックスの［保護］の［変更できな
いようにする］チェックボックス
は、シートを保護した際にシナリ
オの編集を制限するよう設定す
るものです。

ヒント
数式も入力できる

［シナリオの値］ダイアログボッ
クスのセルのボックスには数式も
入力できます。シナリオを実行す
ると、数式の結果が表示されま
す。

⑬ ［シナリオの値］ダイアログボックスが表示されるので、［変化させるセルの値を入力してください。］の［$F$5］ボックスに「60」、［$F$6］ボックスに「45」、［$F$7］ボックスに「15」と入力します。

⑭ ［OK］をクリックします。

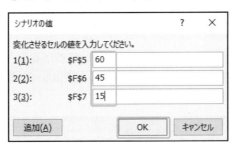

⑮ ［シナリオの登録と管理］ダイアログボックスが表示されるので、［シナリオ］ボックスに、「最少参加人数」と「最多参加人数」の2つのシナリオが登録されたことを確認します。

【操作3】

⑯ ［最多参加人数］をクリックし、［表示］をクリックします。

⑰ セル F5 に「60人」、セル F6 に「45人」、セル F7 に「15人」と［シナリオの値］ダイアログボックスに登録した値が表示されます。

⑱ 参加人数に応じた会費の合計額や収支が求められることを確認します。

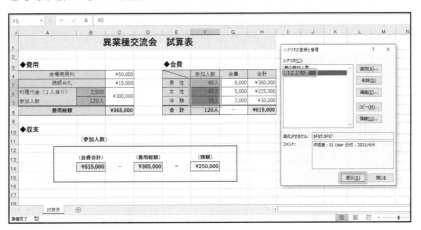

⑲ ［閉じる］をクリックして、［シナリオの登録と管理］ダイアログボックスを閉じます。

⭐ヒント
人数の表示形式
セル範囲 F5:F7 には、ユーザー定義の表示形式が設定されているため、数値の後に「人」が表示されます。

3-4-4 PMT 関数、PV 関数、NPER 関数を使って、財務データを計算する

練習問題

問題フォルダー
└ 問題 3-4-4.xlsx

解答フォルダー
└ 解答 3-4-4.xlsx

PMT 関数を使用して、セル E7 に、ローンにおける借入額、年利、返済年数から、返済月額を計算します。ただし、ボーナス時の返済はなく、毎月 1 回の月初払いで、返済期間中、利率の変動はないものとします。

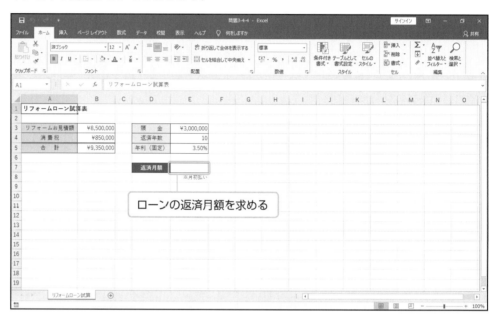

ローンの返済月額を求める

機能の解説

- PMT 関数
- ローンの借入金の返済月額を求める
- PV 関数
- ローンの借入可能額を求める
- NPER 関数
- ローンの返済回数を求める

PMT（ペイメント）関数を使用するとローンなどの借入金の返済月額、PV（プレゼントバリュー）関数を使用すると借入可能額、NPER（ナンバーオブピリオド）関数を使用すると返済回数を求めることができます。いずれの関数も期間中の利率は終始一定で、元利込みで毎月同じ金額を返済（元利均等払い）することが前提条件です。

● PMT 関数

書　式	PMT (利率 , 期間 , 現在価値 , [将来価値] , [支払期日])		
引　数	**利　率**：利率の数値を指定する		
	期　間：返済回数を指定する		
	現在価値：借入金の返済額を計算する場合は、支払いを開始した時点での借入残高（元金）を指定する		
	将来価値：借入金の返済額を計算する場合は、最後の支払いを行った時点での借入残高（元金）を指定する。通常は「0」で、省略時も「0」が指定される		
	支払期日：支払いを行う時期が期末の場合は省略または「0」を指定し、期首の場合は「1」を指定する		
戻り値	ローンの定期的な返済の毎回の支払額を返す		

例）セル B4 の年利でセル C4 の返済月額、セル A4 の借入額の場合の返済月額を求める。ボーナス時の返済はなく、毎月 1 回の月末払い、利率の変動はなし。

=PMT(B4/12,C4*12,A4)

| E4 | ▼ | : | × | ✓ | fx | =PMT(B4/12,C4*12,A4) |

	A	B	C	D	E	F
1	ローンの返済試算					
2						
3	借入額	年利	返済年数		返済月額	
4	¥20,000,000	1.5%	20		¥-96,509	
5		※固定			※月末払い	

> セル B4 の年利、セル C4 の年数、セル A4 の借入額の場合の返済月額を求める

引数「利率」、引数「期間」の時間の単位は支払頻度にそろえます。たとえば、月単位の支払額を求める場合、「利率」は月利（年利÷12）にし、「期間」は月数（年数×12）にします。

● PV 関数

書　式	PV (利率 , 期間 , 定期支払額 , [将来価値] , [支払期日])
引　数	**利　　　率**：利率の数値を指定する **期　　　間**：返済回数を指定する **定期支払額**：毎回の支払額を指定する **将 来 価 値**：最後の支払いを行った時点での借入残高（元金）を指定する。「通常は「0」で、省略時も「0」が指定される **支 払 期 日**：支払を行う時期が期末の場合は省略または「0」を指定し、期首の場合は「1」を指定する
戻り値	ローンの借り入れ可能額（現在価値）を返す

例）セル C4 の年利で、セル B4 の年数、セル A4 の返済月額の場合の借入可能額を求める。ボーナス時の返済はなく、毎月 1 回の月末払い、利率の変動はなし。

=PV(C4/12,B4*12,A4)

| E4 | ▼ | : | × | ✓ | fx | =PV(C4/12,B4*12,A4) |

	A	B	C	D	E	F
1	ローンの借入可能額					
2						
3	返済月額	返済年数	年利		借入可能額	
4	¥-100,000	20	1.5%		¥20,723,438	
5	※月末払い		※固定			

> セル C4 の年利、セル B4 の年数、セル A4 の返済月額の場合の借入可能額を求める

引数「定期支払額」は、返済の場合は出金なので「-」を付けて負の数にします。

● NPER 関数

書　式	NPER (利率 , 定期支払額 , 現在価値 , [将来価値] , [支払期日])
引　数	**利　　　率**：利率の数値を指定する **定期支払額**：毎回の支払額を指定する **現 在 価 値**：借入金の返済回数を計算する場合は、支払いを開始した時点での借入残高（元金）を指定する **将 来 価 値**：最後の支払いを行った時点での借入残高を指定する。通常は「0」で、省略時も「0」が指定される **支 払 期 日**：支払を行う時期が期末の場合は省略または「0」を指定し、期首の場合は「1」を指定する
戻り値	ローンの定期的な返済の支払回数を返す

第3章　高度な機能を使用した数式およびマクロの作成

例）セル B4 の年利でセル C4 の返済月額、セル A4 の借入額の場合の返済回数を求める。ボーナス時の返済はなく、毎月 1 回の月末払い、利率の変動はなし。

=NPER(B4/12,C4,A4)

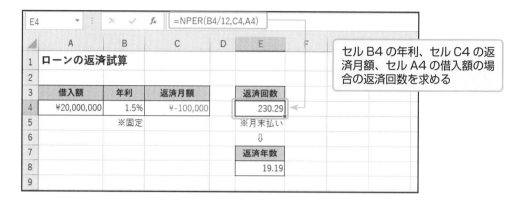

引数「定期支払額」は、返済の場合は出金なので「-」を付けて負の数にします。
その他、ローンや投資で使用可能な財務関数として、次のようなものがあります。

関数名	概要
FV（フューチャーバリュー）関数	一定の利率で定額を支払い続けた場合の将来価値を返す
RATE（レート）関数	返済や積立などの投資の利率を返す
IRR（アイ・アール・アール）関数	一連の定期的なキャッシュフローに対する内部利益率を返す

操作手順

❶ セル E7 をクリックします。

❷ ［数式］タブの ![財務] ［財務］ボタンをクリックします。

❸ 一覧から［PMT］をクリックします。

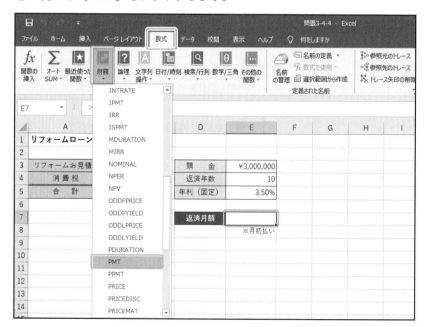

④ PMT関数の［関数の引数］ダイアログボックスが表示されるので、［利率］ボックスにカーソルが表示されていることを確認し、セルE5をクリックします。

⑤ ［利率］ボックスに「E5」と表示されるので、月単位の利率にするため、続けて「/12」と入力します。

⑥ ［期間］ボックスをクリックし、セルE4をクリックします。

⑦ ［期間］ボックスに「E4」と表示されるので、月単位の期間にするため、続けて「*12」と入力します。

⑧ ［現在価値］ボックスをクリックし、セルB5をクリックします。

⑨ ［現在価値］ボックスに「B5」と表示されるので、頭金を引くため、続けて「-」を入力し、セルE3をクリックします。

⑩ ［現在価値］ボックスに「B5-E3」と表示されます。

⑪ ［将来価値］ボックスには何も入力せず、［支払期日］ボックスをクリックし、「1」を入力します。

⑫ ［数式の結果＝］に「-62609.91359」が表示されます。

⑬ ［OK］をクリックします。

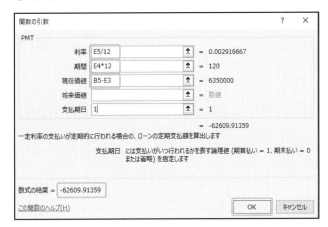

関数の引数

PMT

利率	E5/12	↑	= 0.002916667
期間	E4*12	↑	= 120
現在価値	B5-E3	↑	= 6350000
将来価値		↑	= 数値
支払期日	1	↑	= 1

= -62609.91359

一定利率の支払いが定期的に行われる場合の、ローンの定期支払額を算出します

支払期日 には支払いがいつ行われるかを表す論理値 (期首払い = 1、期末払い = 0 または省略) を指定します

数式の結果 = -62609.91359

この関数のヘルプ(H)   OK   キャンセル

⑭ 数式バーに「**=PMT(E5/12,E4*12,B5-E3,,1)**」と表示されたことを確認します。

⑮ セルE7に返済月額「**¥-62,610**」が表示されます。

ヒント

財務関数の表示形式

数式を入力する前のセルE7の表示形式は「標準」でしたが、PMT関数を入力したことにより、自動的に「通貨」の表示形式に変更されています。PMT関数以外にも、PV関数やFV関数などいくつかの財務関数では、同様に表示形式が自動的に「通貨」に変更されます。

なお、返済月額は出金のため負の数となります。

E7   ×   ✓   fx   =PMT(E5/12,E4*12,B5-E3,,1)

	A	B	C	D	E	F	G	H	I
1	リフォームローン試算表								
2									
3	リフォームお見積額	¥8,500,000		頭　　金	¥3,000,000				
4	消　費　税	¥850,000		返済年数	10				
5	合　　計	¥9,350,000		年利（固定）	3.50%				
6									
7				返済月額	¥-62,610				
8					※月初払い				
9									
10									
11									
12									
13									
14									
15									
16									
17									
18									
19									

リフォームローン試算   ⊕

準備完了

3-5 数式のトラブルシューティングを行う

数式は、他のセルの値を参照して自動的に計算を行ってくれる便利な機能ですが、式の記述や参照関係に問題があると、正しい結果が求められなかったり、エラー値が表示されてしまったりします。解決するには、数式の構成や参照関係を検証したり、エラー値を修正するための機能を使用します。

3-5-1 参照元をトレースする

練習問題

問題フォルダー
└ 問題 3-5-1.xlsx

解答フォルダー
└ 解答ファイルなし

【操作 1】セル D4 に入力された数式が直接参照しているセルを示す矢印を表示します。

【操作 2】その参照元のセルがさらに参照しているセルを、最初の参照元まですべて矢印で示します。

【操作 3】他のワークシートを参照している場合は、その範囲にジャンプします。

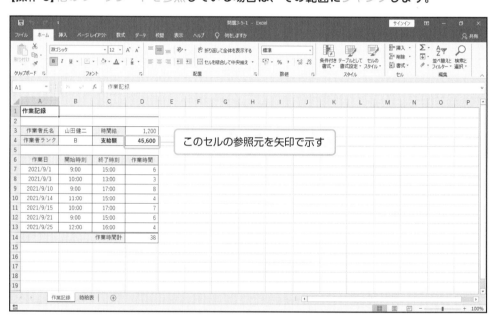

機能の解説

重要用語

□ 参照
□ 参照元
□ 参照先
□ 参照元のトレース
□ トレース矢印
□ ［参照元のトレース］ボタン

Excel の数式では、他のセルの値を計算に使用することができます。たとえばセル C2 に「=A1+10」という数式を入力すると、セル A1 の値に 10 を加えた計算の結果がセル C2 に表示されます。この場合、セル C2 がセル A1 を参照しているといい、セル C2 から見たセル A1 を参照元、セル A1 から見たセル C2 を参照先と呼びます。

「=A1+10」のような簡単な数式なら参照元は一目瞭然ですが、複数の参照を組み合わせた複雑な数式になると、どのセルの値を計算で使っているのかがわかりにくくなります。また、参照元のセルにも数式が入力されており、そこからさらに別のセルの値を参照している場合もあります。

このような場合に、参照元のトレース機能を利用すると、セル同士の参照関係を表す矢印（トレース矢印）によって、すべての参照元をひと目で確認することができます。

参照元をトレースするには、目的のセルを選択し、［数式］タブの ［参照元のトレース］ボタンをクリックします。アクティブセルが参照しているすべてのセルを示すトレース矢印が表示されます。この状態でもう一度 ［参照元のトレース］ボタンをクリックすると、参照元のさらに参照元が表示されます。同様に、何段階もさかのぼって参照元のセルを確認することが可能です。

【操作1】

❶ セル D4 をクリックします。

❷ ［数式］タブの ⚹参照元のトレース ［参照元のトレース］ボタンをクリックします。

❸ セル D4 が参照しているすべてのセルを示すトレース矢印が表示されます。

【操作2】

❹ もう一度、［数式］タブの ⚹参照元のトレース ［参照元のトレース］ボタンをクリックします。

❺ 参照元の各セルが参照しているすべてのセルを示すトレース矢印が表示されます。

★ヒント

参照元のトレースの終了

ここまで ［参照元のトレース］ボタンを計3回クリックすることで、すべての矢印が表示されます。4回目のクリックでは矢印に変化はありません。

★ヒント

解答操作の確認

この問題に解答ファイルはありません。右の図と同じ状態になっていれば正解です。

❻ 同様に、トレース矢印が新たに表示されなくなるまで、繰り返し［数式］タブの ［参照元のトレース］ボタンをクリックします。

【操作3】

❼ からセルD3に向かう点線のトレース矢印をダブルクリックします。

★ヒント

他のワークシートを参照している場合

セルが他のワークシートを参照している場合は、トレース矢印が点線で表示され、参照元の位置にシートを表すアイコン が表示されます。点線のトレース矢印をダブルクリックすると、［ジャンプ］ダイアログボックスが表示され、参照元の範囲にジャンプできます。

❽ ［ジャンプ］ダイアログボックスが表示されるので、［移動先］ボックスの［' ［問題 3-5-1.xlsx］時給表 '!$A$4:$B$8］をクリックします。

❾ ［参照先］ボックスに「' ［問題 3-5-1.xlsx］時給表 '!$A$4:$B$8」と表示されます。

❿ ［OK］をクリックします。

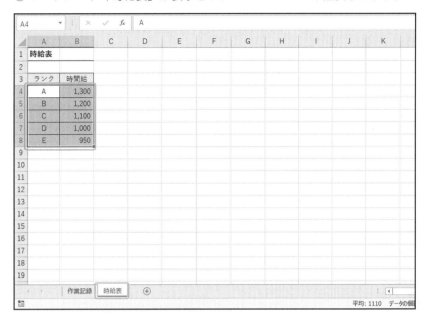

⑪ ワークシート「時給表」が表示され、セル A4 ～ B8 が選択されます。

3-5-2 参照先をトレースする

練習問題

問題フォルダー
└ 問題 3-5-2.xlsx

解答フォルダー
└ 解答ファイルなし

【操作 1】セル C7 に入力された値を参照している数式のセルを示す矢印を表示します。

【操作 2】その参照先のセルをさらに参照しているセルを、最後の参照先まですべて矢印で示します。

□ 参照先のトレース
□ トレース矢印
□ [参照先のトレース]
　ボタン

参照元のセルについては数式を見るだけでもある程度わかりますが、特定のセルの値を、他のどのセルが参照しているかを調べたい場合はそう簡単ではありません。

この場合は、参照先のトレース機能を利用すると、セル同士の参照関係を表す矢印（トレース矢印）によって、すべての参照先をひと目で確認することができます。

参照先をトレースするには、目的のセルを選択し、[数式] タブの 参照先のトレース [参照先のトレース] ボタンをクリックします。アクティブセルを参照しているすべてのセルを示すトレース矢印が表示されます。この状態でもう一度 参照先のトレース [参照先のトレース] ボタンをクリックすると参照先のさらに参照先が表示され、同様に参照先のセルを何段階にもわたって追跡することが可能です。

操作手順

【操作 1】

① セル C7 をクリックします。

② [数式] タブの 参照先のトレース [参照先のトレース] ボタンをクリックします。

③ セル C7 を参照しているすべてのセルを示すトレース矢印が表示されます。

★ヒント
解答操作の確認
この問題に解答ファイルはありません。右の図と同じ状態になっていれば正解です。

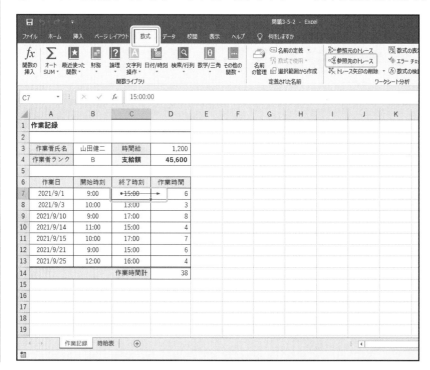

【操作2】

❹ もう一度、［数式］タブの ［参照先のトレース］ボタンをクリックします。

❺ 参照先のセルを参照しているすべてのセルを示すトレース矢印が表示されます。

❽ 同様に、トレース矢印が新たに表示されなくなるまで、繰り返し［数式］タブの ［参照先のトレース］ボタンをクリックします。

練習問題

問題フォルダー
└ 問題3-5-3.xlsx

解答フォルダー
└ 解答3-5-3.xlsx

※ ただし、解答ファイルにウォッチウィンドウは自動的には表示されません。表示する操作を行ってください。

【操作1】 ウォッチウィンドウに、ワークシート「注文書」のセル範囲 G8:G10 とセル G16 の値を表示します。

【操作2】 ワークシート「割引率」のセル B6 の値を「15%」、セル B7 の値を「25%」に変更し、ウォッチウィンドウで指定したワークシート「注文書」のセルの値を確認します。

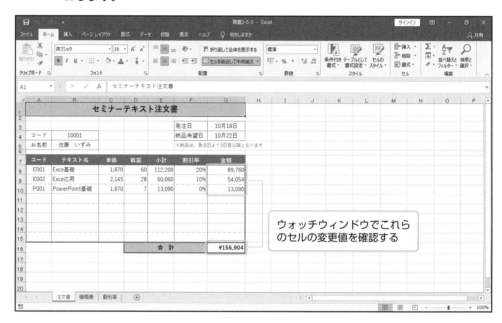

ウォッチウィンドウでこれらのセルの変更値を確認する

機能の解説

重要用語

- □ ウォッチウィンドウ
- □ [ウォッチウィンドウ] ボタン
- □ [ウォッチ式の追加]
- □ [ウォッチ式の追加] ダイアログボックス

ウォッチウィンドウを使用すると、作業中の画面に表示されていないセルや別のワークシートのセルの数式や値を、監視しながら作業を行うことができます。

ウォッチウィンドウを表示するには、ウィンドウに追加したいセル範囲を選択してから、[数式] タブの [ウォッチウィンドウ] ボタンをクリックします。[ウォッチウィンドウ] の [ウォッチ式の追加] をクリックすると、[ウォッチ式の追加] ダイアログボックスに選択したセル範囲が表示されるので、[OK] をクリックします。ウォッチウィンドウに指定したセルの値と数式が追加されます。

ウォッチウィンドウは、表示する範囲やワークシートを切り替えても常に表示されるので、指定したセルの参照元の値を変更した際の計算結果を、リアルタイムで確認できます。

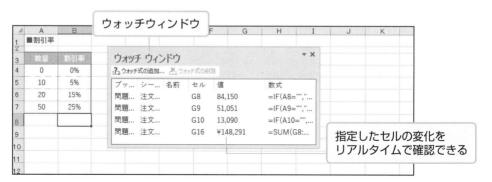

指定したセルの変化をリアルタイムで確認できる

【操作 1】

① ワークシート「注文書」が表示されていることを確認します。

② セル G8 ～ G10 を範囲選択します。

③ **Ctrl** キーを押しながら、セル G16 をクリックします。

④ [数式] タブの [ウォッチウィンドウ] ボタンをクリックします。

⑤ [ウォッチウィンドウ] が表示されるので、[ウォッチ式の追加...] をクリックします。

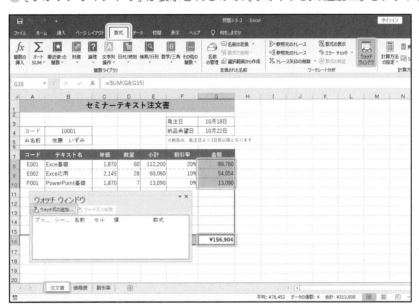

⑥ [ウォッチ式の追加] ダイアログボックスが表示されるので、[値をウォッチするセル範囲を選択してください] ボックスに「=注文書!$G$8:$G$10,注文書!$G$16」と表示されていることを確認します。

⑦ [追加] をクリックします。

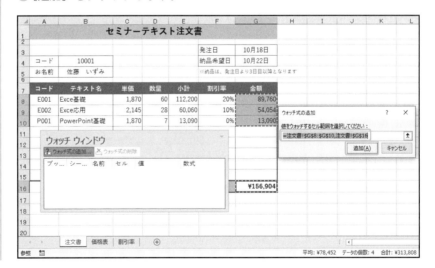

❽ ［ウォッチウィンドウ］にワークシート「注文書」のセル G8 ～ G10、セル G18 が追加され、値と数式が表示されます。

❾ ウォッチウィンドウのサイズを調整し、セル G8 ～ G16 の値と数式がすべて見えるようにします。

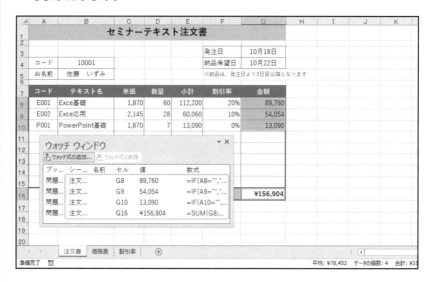

【操作 2】

❿ ワークシート「割引率」のシート見出しをクリックします。

⓫ セル B6 を「15」、セル B7 を「25」に変更します。

⓬ ［ウォッチウィンドウ］のワークシート「注文書」のセル G8 とセル G9、セル G16 の値が変更されたことを確認します。

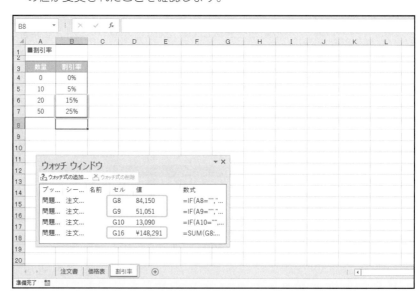

※ 操作終了後、［ウォッチウィンドウ］は閉じておきます。

ヒント
ウォッチウィンドウのサイズ変更

ウォッチウィンドウの下辺をポイントし、マウスポインターの形が ↕ になったら下方向にドラッグします。

ヒント
ウォッチ式の削除

ウォッチウィンドウに追加したウォッチ式を削除するには、ウィンドウ内のウォッチ式を選択し、［ウォッチ式の削除］をクリックします。

ヒント
［ウォッチウィンドウ］を閉じる

［ウォッチウィンドウ］は別のブックを開いた時も引き続き表示されます。閉じるには ✖ 閉じるボタンをクリックするか、［数式］タブの［ウォッチウィンドウ］ボタンをクリックしてオフにします。

［ウォッチウィンドウ］ボタン

ヒント
解答操作の確認

解答ファイルでは前ページの手順 ❹ のみを実行し、［ウォッチウィンドウ］の内容を確認してください。

3-5-4 エラーチェックルールを使って数式をチェックする

練習問題

問題フォルダー
└問題3-5-4.xlsx

解答フォルダー
└解答3-5-4.xlsx

エラーチェック機能を使用して、ワークシート「注文7月」の数式のエラーを修正します。

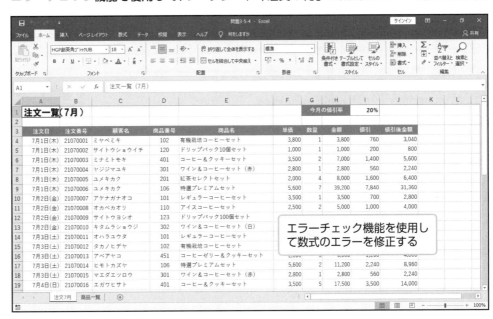

エラーチェック機能を使用して数式のエラーを修正する

機能の解説

重要用語

- エラーチェック
- 数式のエラーを修正
- エラーインジケーター
- [エラーチェックオプション] ボタン
- [エラーチェック]ボタン
- [エラーチェック] ダイアログボックス
- [Excel のオプション] ダイアログボックスの [数式]
- [エラーチェックルール]

Excel では、セルの数式がバックグラウンドで常にチェックされていて、「問題あり」と判断されたセルには、自動的にセルの左上にエラーインジケーター（緑色の ◤ ）が表示されます。

エラーインジケーターの表示されているセルをクリックすると、⚠ [エラーチェックオプション] ボタンが表示され、ポイントするとその問題点についての説明が表示されます。またこのボタンをクリックすると関連する操作が一覧表示され、エラーを修正するための操作が選択できます。

[エラーチェックオプション] ボタンをポイントした状態

H	I	J	K	L
5,000	1,000	4,000		
112,000	22,400	89,600		
50,000	10,000	40,000		
80,500	16,100	64,400		
2,000	400	1,600		
3,500	700	2,800		
6⚠ ▾	15,000	45,000		
5,600	1,120	4,480		
22,400	4,480	17,920		

このセルにある数式が、セルの周辺の数式と異なっています。

エラーについての説明

[エラーチェックオプション] ボタンをクリックして表示される一覧

H	I	J	K	L
5,000	1,000	4,000		
112,000	22,400	89,600		
50,000	10,000	40,000		
80,500	16,100	64,400		
2,000	400	1,600		
3,500	700	2,800		
6⚠ ▾	15,000	45,000		
2				

矛盾した数式
数式を上からコピーする(A)
このエラーに関するヘルプ
エラーを無視する
数式バーで編集(F)
エラー チェック オプション(O)...

エラーを修正するための操作の一覧

★ヒント

エラーを無視する

⚠ [エラーチェックオプション] ボタンをクリックし、一覧から [エラーを無視する] をクリックすると、エラーインジケーターを一時的に非表示にすることができます。
なおエラーインジケーターは、表示された状態でも印刷はされません。

ワークシート内のエラーが発生しているセルを調べるには、[数式] タブの 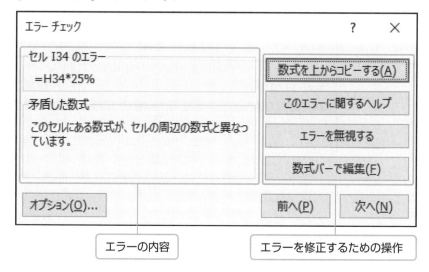 ［エラーチェック］ボタンをクリックします。アクティブセルがエラーインジケーター（▮）が表示されているセルに移動し、［エラーチェック］ダイアログボックスが表示されて、エラーの内容を確認して、修正することができます。［次へ］をクリックすると、次のエラーが発生している箇所がアクティブセルになります。

［エラーチェック］ダイアログボックス

その他の操作方法

[Excel のオプション]ダイアログボックスの［数式］の表示
▮ ［エラーチェックオプション］ボタンをクリックし、一覧から ［エラーチェックオプション］をクリックしても、[Excel のオプション] ダイアログボックスの［数式］を表示することができます。

エラーと判断される項目は、[Excel のオプション] ダイアログボックスの［数式］の［エラーチェックルール］で指定されています。各項目のチェックボックスをオンにすると有効になり、オフにすると無効になります。[Excel のオプション]ダイアログボックスは[ファイル] タブをクリックし、［その他］をクリックして ［オプション］をクリックすると表示されます。

[Excel のオプション] ダイアログボックスの［数式］

❶ [ワークシート「注文 7 月」が表示されていることを確認します。

❷ [数式] タブの [エラーチェック] ボタンをクリックします。

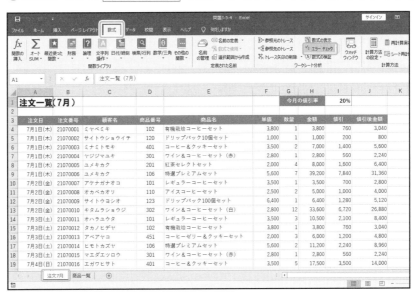

❸ アクティブセルがセル I34 に移動し、[エラーチェック] ダイアログボックスが表示されます。

❹ [セル I34 のエラー]「=H34*25%」、[矛盾した数式]「このセルにある数式が、セルの周辺の数式と異なっています。」と表示されるので、[数式を上からコピーする] をクリックします。

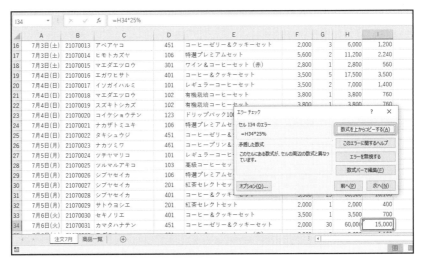

❺ 「シート全体のエラーチェックを完了しました。」というメッセージが表示されるので、[OK] をクリックします。

❻ セルI34の数式が「＝H34*$I$1」に変更され、セルI4に「12,000」と表示され、
エラーインジケーターが消えます。

数式を検証する

問題フォルダー
└ 問題 3-5-5.xlsx

解答フォルダー
└ 解答 3-5-5.xlsx

エラー値「#REF!」の発生しているセル B4 のエラーの原因を数式の検証機能を使用して分析し、エラーを修正します。

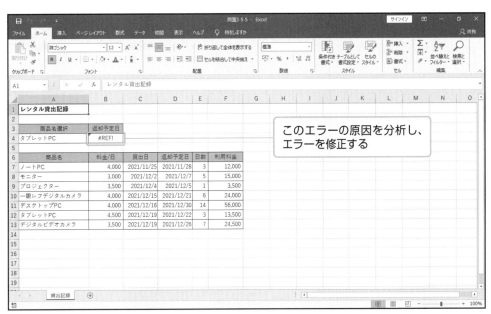

機能の解説

□ エラー値
□ 数式の検証
□ [数式の検証]
　ダイアログボックス
□ [数式の検証] ボタン
□ [エラーチェック
　オプション] ボタン
□ [計算の過程を表示]

Excel では、セルの数式の計算で何らかの問題が発生した場合、その問題の内容に応じて次のようなエラー値が表示されます。このエラー値から発生している問題の種類を推定し、適宜、数式や関連するセルのデータなどを修正します。

エラー値	問題の内容
#VALUE!	データの種類が不適切
#DIV/0!	0 による除算
#NUM!	数値の範囲が不適切
#NAME?	不適切な名前
#N/A	使用できる値が存在しない
#REF!	セル参照が無効
#NULL!	セル参照が存在しない

簡単な数式であればエラーの原因も比較的わかりやすいですが、複数の関数を組み合わせた複雑な数式の場合、どの部分がエラーの原因なのか、数式を読むだけではすぐにはわからないこともあります。

数式の検証機能を利用すると、[数式の検証] ダイアログボックスで数式の計算過程を 1 ステップずつ確認していくことができ、エラーがどの段階で発生したのかを突き止められます。

［数式の検証］ダイアログボックスを表示するには、通常の数式では［数式］タブの
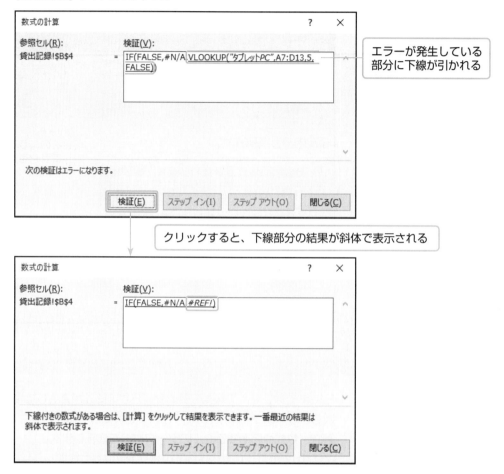［数式の検証］ボタンをクリックします。エラー値が発生しているセルの場
合は、セルを選択して表示される ![!] ［エラーチェックオプション］ボタンから［計算の
過程を表示］をクリックして表示することもできます。この方法で［数式の検証］ダイア
ログボックスを表示すると、エラーが発生する直前の段階から数式の検証が始まります。

［数式の検証］ダイアログボックス

数式の検証機能によってエラーの原因が判明したら、数式バーで数式を修正します。

❶ セル B4 をクリックします。

❷ 🔳 [エラーチェックオプション] ボタンをクリックします。

❸ 一覧から [計算の過程を表示] をクリックします。

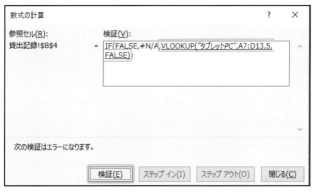

❹ [数式の検証] ダイアログボックスが表示されます。

❺ [検証] ボックスに「IF(FALSE,#N/A,VLOOKUP(" タブレット PC",A7:D13,5,FALSE))」
と表示され、エラーの原因となっている式の部分に下線が引かれます。

❻ [検証] をクリックします。

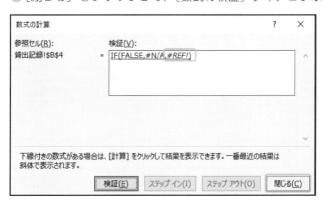

❼ エラー値「#REF!」が発生したことを確認します。

❽ [閉じる] をクリックして、[数式の検証] ダイアログボックスを閉じます。

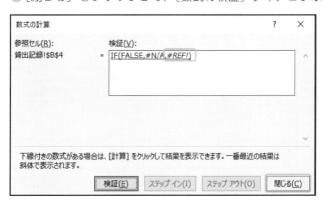

その他の操作方法

数式の検証

[数式] タブの [エラー チェック ▾] [エラーチェック] ボタンをクリックし、[エラーチェック] ダイアログボックスに該当のエラーが表示されている状態で [計算の過程を表示] をクリックしても、エラーの原因の段階から数式の検証が開始されます。なお、[数式] タブの [数式の検証] [数式の検証] ボタンをクリックすると、アクティブセルの数式全体を、最初から検証していくことができます。

ポイント

エラーの原因

この検証によって、VLOOKUP 関数の部分でエラーが発生していることがわかります。この関数式をよく確かめると、VLOOKUP 関数の第 2 引数「範囲」で指定したセル範囲が 4 列分しかないのに、第 3 引数「列番号」で「5」を指定していることが確認できます。VLOOKUP 関数については「3-2-1」を参照してください。

❾ 数式バーをクリックします。

❿ 数式の参照しているセルがカラーリファレンスによって確認できます。

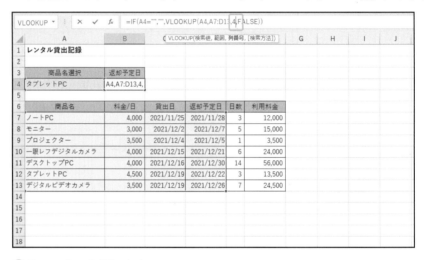

⓫ 返却予定日のセルは第2引数「範囲」のセルA7～D13の4列目なので、「5」を「4」
に修正して、「=IF(A4="","",VLOOKUP(A4,A7:D13,4,FALSE))」にします。

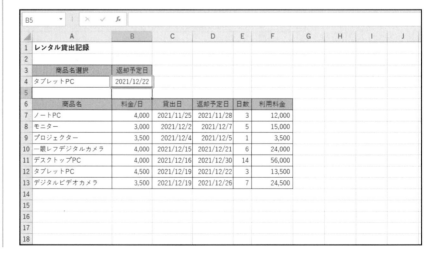

⓬ **Enter** キーを押します。

⓭ セルB4に「2021/12/22」と表示され、エラーインジケーターが消えます。

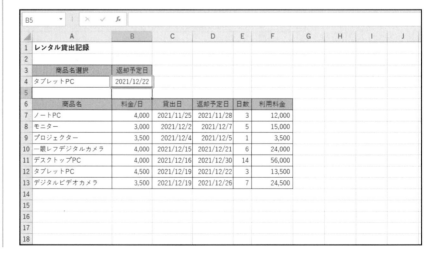

簡単なマクロを作成する、変更する

繰り返し行う操作や複雑な操作はマクロに登録すると、簡単に実行できるようになります。Excel では、ワークシート上で実行した操作をそのままマクロとして記録することが可能です。

3-6-1 簡単なマクロを作成する、実行する

練習問題

問題フォルダー
└ 問題 3-6-1.xlsm

解答フォルダー
└ 解答 3-6-1.xlsm

【操作 1】Excel マクロ有効ブック「問題 3-6-1」をマクロを有効にして開き、「都道府県」が「東京」の会員のデータを抽出するマクロ「東京」を作成し、ショートカットキー **Ctrl** + **t** キーを割り当てます。

【操作 2】マクロ「抽出解除」を実行して抽出を解除し、マクロ「東京」を実行します。

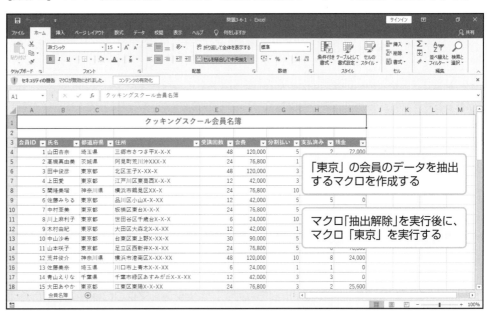

> 「東京」の会員のデータを抽出するマクロを作成する

> マクロ「抽出解除」を実行後に、マクロ「東京」を実行する

機能の解説

重要用語

□ マクロ
□ マクロとして記録
□ VBA
□ マクロの作成
□ [マクロ] ボタン
□ [マクロの記録]
□ [マクロの記録]
　ダイアログボックス
□ [マクロの終了]
□ マクロ有効ブック

マクロとは、アプリケーションにおける操作を登録し、必要なときに自動的に実行できる機能です。マクロを使用すれば、手作業では面倒な処理や時間がかかる処理を自動化して、作業時間を短縮し、繰り返し実行することができます。

Excel では、ワークシート上で実行した操作をそのままマクロとして記録することができます。記録した操作は自動的に VBA（Visual Basic for Applications）プログラムに変換されるため、VBA の知識がなくても簡単にマクロを作成することができます。

マクロを作成する一般的な手順は、次のとおりです。

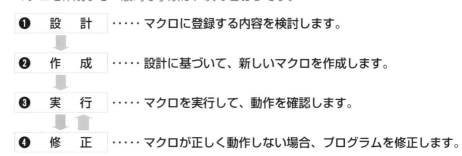

❶　設　計　・・・・・ マクロに登録する内容を検討します。

❷　作　成　・・・・・ 設計に基づいて、新しいマクロを作成します。

❸　実　行　・・・・・ マクロを実行して、動作を確認します。

❹　修　正　・・・・・ マクロが正しく動作しない場合、プログラムを修正します。

●マクロの作成

操作を記録してマクロを作成するには、［表示］タブの［マクロ］ボタンの▼をクリックし、［マクロの記録］をクリックします。［マクロの記録］ダイアログボックスが表示されるので、マクロ名を入力して、［OK］をクリックするとマクロの記録が開始されます。

［マクロの記録］ダイアログボックス

① ［マクロ名］ボックス：再利用しやすいようにマクロ名を入力します。
② ［ショートカットキー］ボックス：マクロにショートカットキーを割り当てる場合に指定します。
③ ［マクロの保存先］ボックス：マクロの保存先を次の 3 種類から指定します。
　・作業中のブック：現在作業しているブックに保存します。作成したマクロはブックと一緒に保存され、そのブックが開いているときのみマクロを実行できます。
　・個人用マクロブック：Excel を起動すると自動的に読み込まれるブックで、Excelのすべてのブックでマクロを実行できます。
　・新しいブック：新規にブックを作成し、そこにマクロを保存します。作成したブックが開いているときのみマクロを実行できます。
④ ［説明］ボックス：作成するマクロに関する説明を入力します。

／ポイント

VBA

マクロに登録した操作は Visual Basic for Applications（VBA）というプログラミング言語で記録されます。

／ポイント

マクロ名

マクロの名前には次のような規則があります。
・半角換算で 255 文字以内の文字、数字を使用する。
・記号は「＿」（アンダーバー）のみ使用できる。
・先頭は必ず文字を使用する。
・関数名など、VBA ですでに定義されている単語は使えない。

★ヒント

ショートカットキー

ショートカットキーには半角の英字を使用します。

[ファイル] タブをクリックし、[エクスポート]をクリックします。[エクスポート] 画面の [ファイルの種類の変更] をクリックし、[ファイルの種類の変更] の [マクロ有効ブック] をクリックし、[名前を付けて保存] をクリックします。[名前を付けて保存] ダイアログボックスが表示されるので、[ファイルの種類] ボックスに [Excel マクロ有効ブック] と表示されていることを確認して保存します（「1-1-2」参照）。

マクロに登録する操作を実行し、終了したら、[表示] タブの [マクロ] ボタンの▼をクリックし、[マクロの終了] をクリックします。

マクロは Excel のブック内に保存されます。ただし、通常の Excel ブックの形式では、作成したマクロを保存することができません。マクロを含めてブックを保存するには、マクロ有効ブックとして保存する必要があります。

●マクロの実行

マクロを実行するには、[表示] タブの [マクロ] ボタンをクリックします。[マクロ] ダイアログボックスが表示されるので、[マクロ名] ボックスの一覧から実行したいマクロを選択し、[実行] をクリックします。なお、マクロにショートカットキーが割り当てられている場合は、[マクロ] ボタンをクリックする必要はなく、そのショートカットキーを押せば即座に実行されます。

[マクロ] ダイアログボックス

操作手順

【操作 1】
❶ [問題] フォルダーの Excel マクロ有効ブック「問題 3-6-1」を開きます。
❷ [セキュリティの警告] メッセージバーの [コンテンツの有効化] をクリックします。

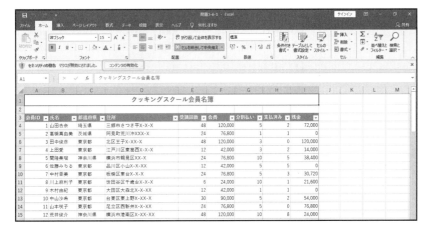

❸ [セキュリティの警告] メッセージバーがなくなり、ブックのマクロが有効になります。

④ [表示] タブの [マクロ] ボタンの▼をクリックします。

⑤ [マクロの記録] をクリックします。

⑥ [マクロの記録] ダイアログボックスが表示されるので、[マクロ名] ボックスに「東京」と入力します。

⑦ [ショートカットキー] ボックスに「t」と入力します。

⑧ [マクロの保存先] ボックスが [作業中のブック] になっていることを確認します。

⑨ [OK] をクリックします。

ヒント

ショートカットキーの入力

[ショートカットキー] ボックスには半角の英字を入力します。大文字と小文字は区別されませんが、**Shift** キーを押しながら文字を入力すると「Shift+」が表示され、**Ctrl** キーと **Shift** キーを合わせて押して実行します。入力した英字が別のコマンドのショートカットキーとして既に割り当てられている場合は、自動的に **Shift** キーを組み合わせたショートカットキーになります。

⑩ セル C3 (「都道府県」の列見出しのセル) の▼をクリックします。

⑪ 一覧の [(すべて選択)] チェックボックスをオフにします。

⑫ [東京都] チェックボックスをオンにします。

⑬ [OK] をクリックします。

⑭「都道府県」が「東京都」の会員の行だけが表示されます。

	A	B	C	D	E	F	G	H
1				クッキングスクール会員名簿				
2								
3	会員ID	氏名	都道府県	住所	受講回数	会費	分割払い	支払済み	残金
6	3	田中俊彦	東京都	北区王子X-XX-X	48	120,000	3	0	1
7	4	上田愛	東京都	江戸川区東葛西X-X-X	12	42,000	3	2	
9	6	佐藤みちる	東京都	品川区小山X-X-XX	12	42,000	5	5	
10	7	中村亜美	東京都	板橋区東台X-X-X	24	76,800	5	3	
11	8	川上麻利子	東京都	世田谷区千歳台X-X-X	6	24,000	10	1	
12	9	木村由紀	東京都	大田区大森北X-X-XX	12	42,000	1	1	
13	10	中山沙希	東京都	台東区東上野X-XX-X	30	90,000	5	2	
14	11	山本咲子	東京都	足立区西新井X-X-XX	24	76,800	5	0	
18	15	大田あやか	東京都	江東区東陽X-X-XX	24	76,800	3	2	
19	16	本多七瀬	東京都	世田谷区駒沢X-X-X	6	24,000	1	0	
20	17	森本隆弘	東京都	田無市南町X-XX-XX	48	120,000	5	1	
24	21	山下奈々	東京都	墨田区立川X-XX-XX	48	120,000	3	1	
27	24	白井博美	東京都	江東区木場X-X-X	6	24,000	1	0	
28	25	斉藤陽菜	東京都	新宿区横寺町X-X-X	24	76,800	3	1	
29	26	吉田和博	東京都	板橋区坂下X-X-XX	48	120,000	10	5	
34	31	石田美咲	東京都	足立区千住大川X-X-X	48	120,000	5	2	

会員名簿 ⊕

60 レコード中 31 個が見つかりました ■

⑮［表示］タブの [マクロ] ボタンの▼をクリックします。

⑯［記録終了］をクリックします。

⑰ 操作した手順がマクロ「東京」に記録されます。

【操作 2】

⑱［表示］タブの [マクロ] ボタンをクリックします。

⑲ ［マクロ］ダイアログボックスが表示されるので、［マクロ名］ボックスから［抽出解除］をクリックします。

⑳ ［実行］をクリックします。

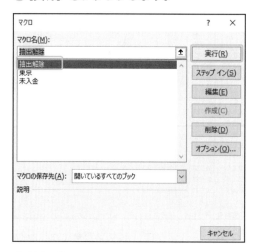

㉑ 抽出が解除され、すべての行が表示されます。

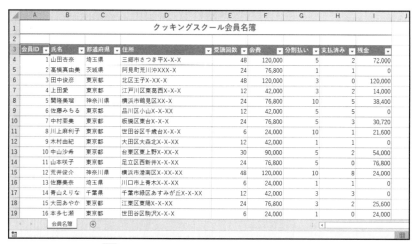

《その他の操作方法》
マクロ「東京」の実行

手順⑥で割り当てた **Ctrl＋t** キーを押しても、マクロ「東京」を実行できます。

㉒ ［表示］タブの［マクロ］ボタンをクリックします。

㉓ [マクロ] ダイアログボックスが表示されるので、[マクロ名] ボックスから [東京] をクリックします。

㉔ [実行] をクリックします。

㉕ 「都道府県」が「東京都」の会員の行だけが表示されます。

簡単なマクロを変更する

練習問題

【操作 1】Excel マクロ有効ブック「問題 3-6-2」をマクロを有効にして開き、マクロ「未入金」を実行して「残金」が「0」のデータが抽出されてしまうことを確認します。

【操作 2】マクロ「未入金」を変更し、正しく「支払い済み」の列で抽出が行われるようにします。

【操作 3】マクロ「抽出解除」を実行して抽出を解除した後、マクロ「未入金」を実行します。

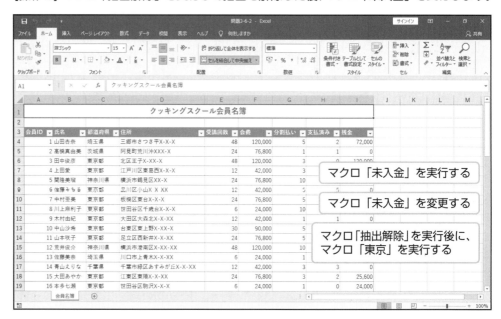

機能の解説

- □ マクロの変更
- □ VBE
- □ [マクロ] ボタン
- □ [マクロ] ダイアログボックス
- □ [編集]

登録したマクロの内容を変更するには、VBE（Visual Basic Editor）を使用します。VBE を起動するには、[表示] タブの [マクロ] ボタンをクリックします。[マクロ] ダイアログボックスが表示されるので、[マクロ名] ボックスから変更したいマクロを選択し、[編集] をクリックします。VBE（Visual Basic Editor）のコードウィンドウが表示されるので、コードを編集し、終了したら、VBE のコードウィンドウを閉じると編集が反映されます。

VBE のコードウィンドウ

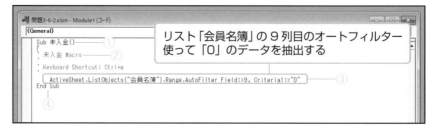

① 1 行目はマクロの開始として「Sub マクロ名 ()」と記述してあります。

②行頭に「'」（シングルクォーテーション）が付いている行はコメント行でコードの説明などを記述してあります。コメント行はマクロの動作に影響しません。

③マクロの動作が記述されています。必要に応じてここを書き換えます。

④最終行はマクロの終了として「End Sub」と記述してあります。

【操作1】

❶「問題」フォルダーの Excel マクロ有効ブック「問題3-6-2」を開きます。

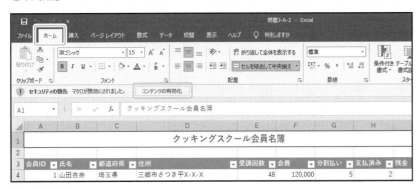

❷[セキュリティの警告] メッセージバーの [コンテンツの有効化] をクリックします。

❸[セキュリティの警告] メッセージバーがなくなり、ブックのマクロが有効になります。

❹[表示] タブの [マクロ] ボタンをクリックします。

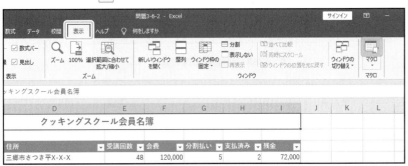

❺[マクロ]ダイアログボックスが表示されるので、[マクロ名]ボックスの一覧から [未入金] をクリックします。

❻[実行] をクリックします。

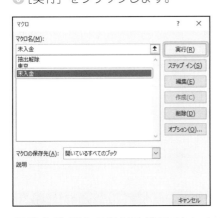

❼残金が「0」の行だけが表示されます。

3-6　簡単なマクロを作成する、変更する | **227**

その他の操作方法

[マクロ]ダイアログボックスの表示

[開発] タブが表示されている場合は、その [マクロ] ボタンをクリックしても [マクロ] ダイアログボックスが表示されます。

[マクロ] ボタン

その他の操作方法

ショートカットキー

Alt + **F8** キー

([マクロ] ダイアログボックスの表示)

【操作2】

⓼ [表示] タブの [マクロ] ボタンをクリックします。

⓽ [マクロ] ダイアログボックスが表示されるので、[マクロ名] ボックスの一覧から [未入金] をクリックします。

⓾ [編集] をクリックします。

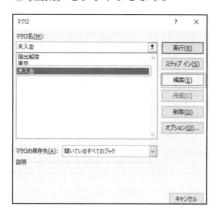

⑪ VBE（Visual Basic Editor）が起動します。

抽出列の変更

問題 3-6-2.xlsm にあらかじめ登録されている「未入金」マクロでは、「AutoFilter Field:=9」すなわち 9 列目の「残金」の列で「0」のデータが抽出されており、これは誤りです。このため「AutoFilter Field:=8」すなわち 8 列目の「支払済み」の列で抽出が行われるようにコードを変更します。

⑫ コードウィンドウの「未入金 Macro」の「AutoFilter Field:=9」を「AutoFilter Field:=8」に変更します。

⑬ [閉じる] ボタンをクリックして、VBE を閉じます。

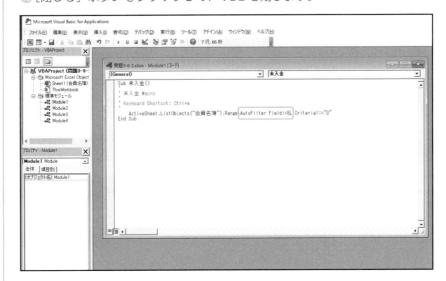

【操作 3】

⑭ [表示] タブの [マクロ] ボタンをクリックします。

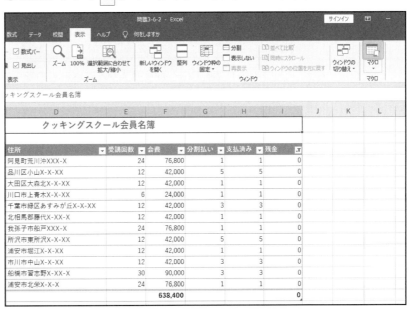

⑮ [マクロ] ダイアログボックスが表示されるので、[マクロ名] ボックスの一覧から [抽出解除] をクリックします。

⑯ [実行] をクリックします。

⓱ 抽出が解除され、すべての行が表示されます。

⓲ [表示] タブの [マクロ] ボタンをクリックします。

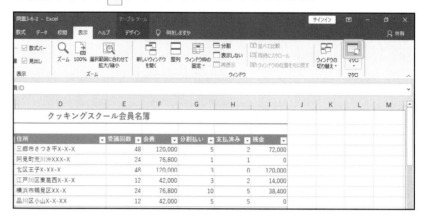

⓳ [マクロ] ダイアログボックスが表示されるので、[マクロ名] ボックスから [未入金] をクリックします。

⓴ [実行] をクリックします。

㉑「支払済み」が「0」の行だけが表示されます。

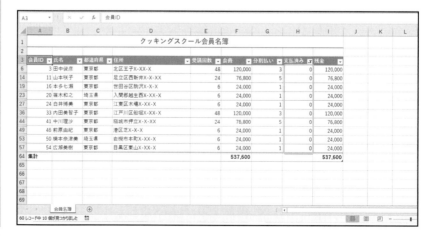

4

高度な機能を使用した
グラフやテーブルの管理

本章で学習する項目

☐ 高度な機能を使用したグラフを
　　作成する、変更する

☐ ピボットテーブルを作成する、変更する

☐ ピボットグラフを作成する、変更する

高度な機能を使用した
グラフを作成する、変更する

複合グラフを使用すると異なるデータの比較をすることができます。また、Excel には標準的なグラフの他にもさまざまなグラフが用意されていて、目的の応じて使い分けることによって多様な分析が可能になります。

4-1-1 2軸グラフを作成する、変更する

練習問題

問題フォルダー
└問題 4-1-1.xlsx

解答フォルダー
└解答 4-1-1.xlsx

【操作 1】解決と未解決の件数を積み上げ縦棒、解決率を面、第 2 軸で表すグラフを作成し、表の右に移動します。

【操作 2】グラフのタイトルを「問合せ件数と解決率」とし、主軸の最大値を「120」、第 2 軸の最小値を「50.0％」最大値を「100.0％」にします。

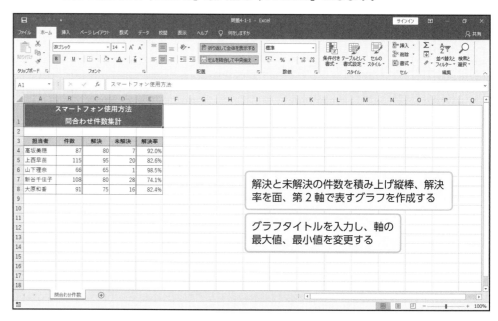

機能の解説

重要用語

□ 複合グラフ

□ 第 2 軸

□ 2 軸グラフ

□ [おすすめグラフ]
ボタン

□ [グラフの挿入] ダイア
ログボックスの [すべ
てのグラフ] タブの [組
み合わせ]

□ [グラフの種類の変更]
ボタン

1 つのグラフに異なる種類のグラフを組み合わせたものを複合グラフといいます。「件数と解決率」や「売上高と利益」のように異なる意味を持つデータは、種類の違うグラフで表示した方がとらえやすくなります。

異なる意味を持つデータは単位が異なることが多く、1 つの縦軸では正しく表すことができません。また単位が同じでも数値差が非常に大きいと、小さい数値のデータが読み取りにくくなってしまいます。このような場合は、プロットエリアの右に第 2 軸という 2 番目の縦軸を表示した 2 軸グラフにして、データを読み取りやすいグラフにします。

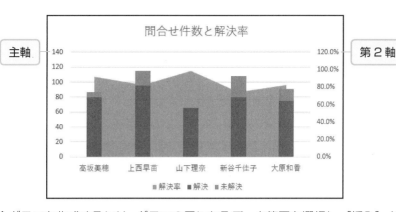

［挿入］タブの［複合グラフの作成］ボタンを使用しても、複合グラフを作成できます。

ボタンをクリックすると、［組み合わせ］の一覧に［集合縦棒 - 折れ線］、［集合縦棒 - 第2軸の折れ線］、［積み上げ面 - 集合縦棒］があり、選択してグラフを作成できます。他の種類のグラフの組み合わせを設定する場合は、［ユーザー設定の複合グラフを作成する］をクリックすると、［グラフの挿入］ダイアログボックスの［すべてのグラフ］タブの［組み合わせ］が表示されます。

［複合グラフの作成］ボタン

複合グラフを作成するには、グラフの元になるデータ範囲を選択し、［挿入］タブの ![おすすめグラフ] ［おすすめグラフ］ボタンをクリックします。［グラフの挿入］ダイアログボックスが表示されるので、［すべてのグラフ］タブの［組み合わせ］をクリックします。［データ系列に使用するグラフの種類と軸を選択してください］で系列ごとの［グラフの種類］を選択し、第2軸を使う場合はその系列のチェックボックスをオンにします。グラフのプレビューで出来上がりイメージを確認し、［OK］をクリックします。

［グラフの挿入］ダイアログボックスの［すべてのグラフ］タブで［組み合わせ］を選択した状態

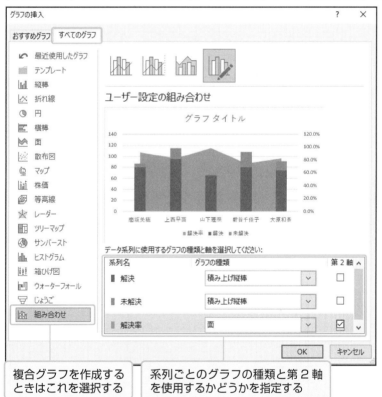

既存のグラフにデータ系列を追加し、グラフの種類を変更したり、第2軸を使用したりすることも可能です。その場合は、追加するデータのセル範囲を見出しを含んで選択してコピーし、グラフエリア内に貼り付けます。追加した系列は既存のグラフと同じ種類になるので、［グラフツール］の［デザイン］タブの ![グラフの種類の変更] ［グラフの種類の変更］ボタンをクリックして［グラフの種類の変更］ダイアログボックスを表示します。［グラフの種類の変更］ダイアログボックスは前述の複合グラフを最初から作るときに使用する［グラフの挿入］ダイアログボックスと内容が同じなので、同様に［すべてのグラフ］タブの［組み合わせ］をクリックし、系列ごとの［グラフの種類］を選択し、第2軸を使う場合はその系列のチェックボックスをオンにします。

【操作1】

① セル A3 ～ A8 を範囲選択します。

② **Ctrl** キーを押しながらセル C3 ～ E8 を範囲選択します。

③ [挿入] タブの [おすすめグラフ] ボタンをクリックします。

④ [グラフの挿入] ダイアログボックスが表示されるので、[すべてのグラフ] タブの
左側の一覧から [組み合わせ] をクリックします。

⑤ [データ系列に使用するグラフの種類と軸を選択してください] の [解決] の系列の
[グラフの種類] ボックスの▼をクリックし、[縦棒] の一覧から [積み上げ縦棒]
をクリックします。

⑥ [未解決] の系列の [グラフの種類] ボックスも [積み上げ縦棒] に変わったことを
確認します。

⑦ [解決率] の系列の [グラフの種類] ボックスの▼をクリックし、[面] の一覧から [面]
をクリックします。

⑧ [解決率] の系列の [第2軸] のチェックボックスをオンにします。

⑨ グラフのプレビューで、横（項目）軸が担当者名、解決と未解決が積み上げ縦棒、
解決率が面で第2軸を使用して表示されていることを確認します。

⑩ [OK] をクリックします。

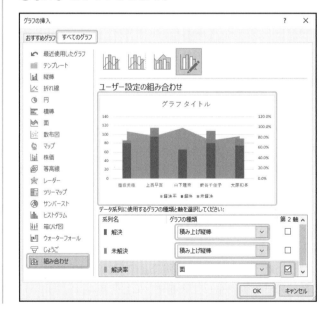

ヒント

第2軸の削除

第2軸が設定されている系列を
クリックして **Delete** キーを押し
て削除すると、第2軸もなくなり
ます。

系列は残して第2軸のみを削除
する場合は、第2軸の設定され
ている系列をダブルクリックし、
表示される［データ系列の書式
設定］作業ウィンドウの［系列の
オプション］の［使用する軸］の
［主軸（下 / 左側)］をクリックし
ます。

⑪ 横（項目）軸が担当者名、解決と未解決が積み上げ縦棒、解決率が面で第2軸のグラフが表示されます。

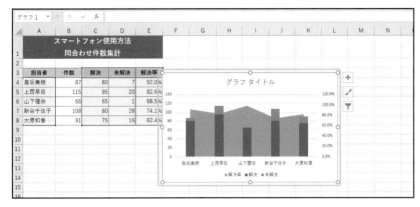

⑫ グラフ内の［グラフエリア］と表示される部分をポイントし、表の右にドラッグして移動します。

【操作2】

⑬ ［グラフタイトル］をクリックします。

⑭ 「グラフタイトル」の文字列をドラッグします。

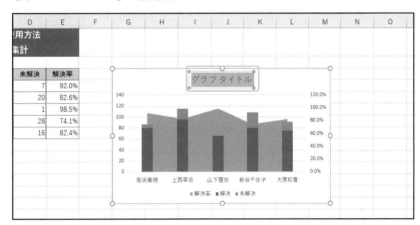

⑮ 「問合せ件数と解決率」と上書き入力します。

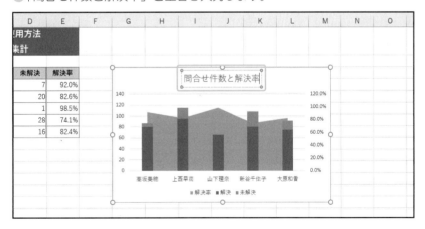

⑯ グラフの [縦（値）軸] をダブルクリックします。

⑰ [軸の書式設定] 作業ウィンドウが表示されるので、[軸のオプション] の [境界値]
の [最大値] ボックスをクリックして「120」と入力し、**Enter** キーを押します。

⑱ グラフの [縦（値）軸] の最大値が「120」になります。

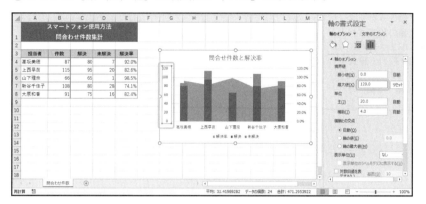

⑲ グラフの [第2軸 縦（値）軸] をクリックします。

⑳ [軸の書式設定] 作業ウィンドウが第2軸の内容に変わるので、[境界値] の [最小値]
ボックスをクリックして「0.5」と入力します。

㉑ [最大値] ボックスをクリックして「1」と入力し、**Enter** キーを押します。

㉒ グラフの [第2軸 縦（値）軸] の最小値が「50.0％」、最大値が「100.0％」にな
ります。

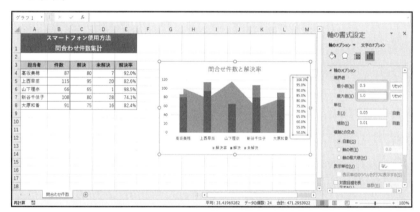

㉓ [軸の書式設定] 作業ウィンドウを閉じるために、[✕] 閉じるボタンをクリックしま
す。

高度なグラフを作成する

練習問題

問題フォルダー
└問題 4-1-2.xlsx

解答フォルダー
└解答 4-1-2.xlsx

【操作 1】月別の平均在社時間を表すじょうごグラフを作成し、表の右に移動します。

【操作 2】グラフのタイトルを「在社時間の推移」とし、スタイルを「スタイル 3」、色を「モノクロパレット 2」に変更します。

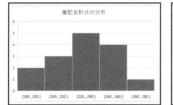

機能の解説

重要用語

- ☐ ヒストグラム
- ☐ パレート図
- ☐ 箱ひげ図
- ☐ じょうご
- ☐ ツリーマップ
- ☐ サンバースト
- ☐ ウォーターフォール
- ☐ マップ
- ☐ [おすすめグラフ] ボタン
- ☐ [グラフの挿入] ダイアログボックスの [すべてのグラフ] タブ
- ☐ [挿入] タブの [グラフ] グループのグラフの種類のボタン

Excel には、縦棒、横棒、折れ線、円などの標準的なグラフの他に、ヒストグラム、パレート図、箱ひげ図、じょうご、ツリーマップ、サンバースト、ウォーターフォール、マップなどの高度なグラフが用意されています。

ヒストグラム / パレート図
データの分布状況を見る

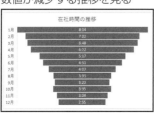

箱ひげ図
データのばらつきを見る

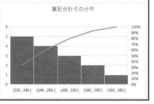

じょうご
数値が減少する推移を見る

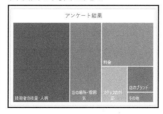

ツリーマップ / サンバースト
各項目の割合を見る

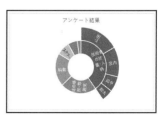

ウォーターフォール
増減や構成を見る

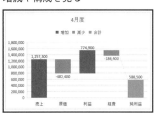

マップ
地図上に色分けされたデータを見る

これらのグラフも標準的なグラフと同様に、［挿入］タブの ［おすすめグラフ］ ボタンをクリックして表示される［グラフの挿入］ダイアログボックスの［すべてのグラフ］タブ、または［挿入］タブの［グラフ］グループのグラフの種類のボタンを使用して作成できます。

［グラフの挿入］ダイアログボックスの［すべてのグラフ］タブで［じょうご］を選択した状態

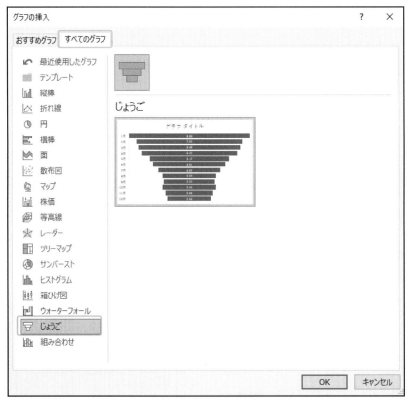

［挿入］タブの［グラフ］グループのグラフの種類のボタン

その他の操作方法

じょうごグラフの作成

[挿入] タブの [ウォーターフォール図、じょうごグラフ、株価チャート、等高線グラフ、レーダーチャートの挿入] ボタンをクリックし、[じょうご] の [じょうご] をクリックしてもじょうごグラフを作成できます。

[ウォーターフォール図、じょうごグラフ、株価チャート、等高線グラフ、レーダーチャートの挿入] ボタン

【操作 1】

❶ セル A3 ～ A15 を範囲選択します。

❷ **Ctrl** キーを押しながら、セル D3 ～ D15 を範囲選択します。

❸ [挿入] タブの [おすすめグラフ] ボタンをクリックします。

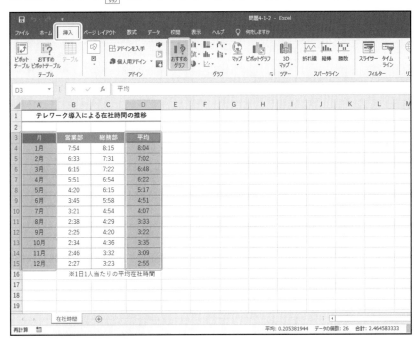

❹ [グラフの挿入] ダイアログボックスが表示されるので、[すべてのグラフ] タブの左側の一覧から [じょうご] をクリックします。

❺ グラフのプレビューで、じょうごグラフが表示されていることを確認します。

❻ [OK] をクリックします。

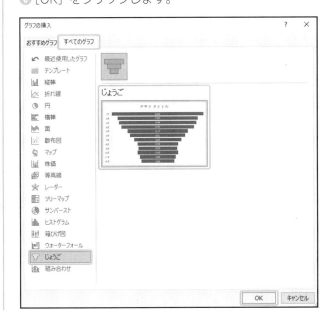

❼ 月別の平均在社時間を表すじょうごグラフが表示されます。

❽ グラフ内の ［グラフエリア］ と表示される部分をポイントし、表の右に移動します。

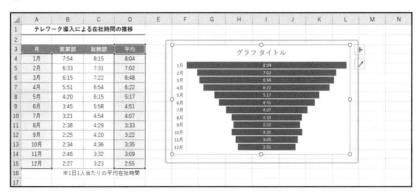

【操作2】

❾ ［グラフタイトル］ をクリックします。

❿ 「グラフタイトル」 の文字列をドラッグします。

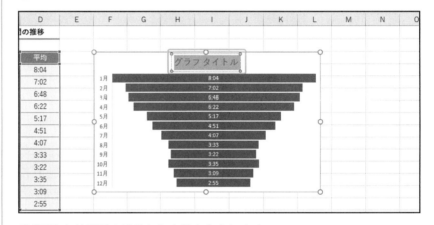

⓫ 「平均在社時間の推移」 と上書き入力します。

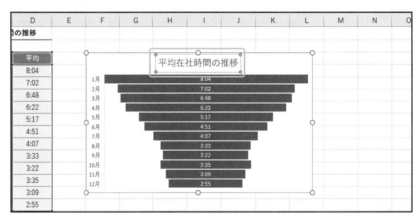

⓬ グラフ内のグラフタイトル以外の場所をクリックして、グラフタイトルの選択を解除します。

⑬ グラフの右上の ✎ ［グラフスタイル］ボタンをクリックします。

⑭ ［スタイル］タブの［スタイル］の一覧の［スタイル3］をクリックします。

⑮ グラフのスタイルが変更されます。

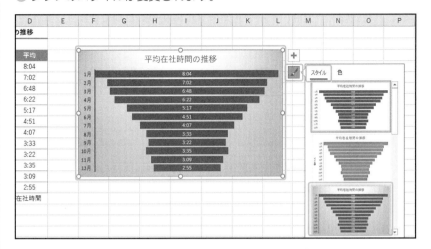

⑯ ［色］タブの［モノクロ］の一覧の［モノクロパレット3］をクリックします。

⑰ グラフの色が変更されます。

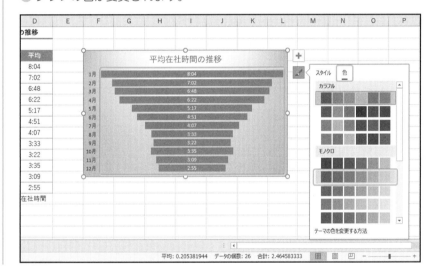

4-2 ピボットテーブルを作成する、変更する

特定の条件で作成された表のデータは、ピボットテーブルにすることができます。ピボットテーブルでは縦項目、横項目、値欄を自由に入れ替えられるので、データの分析や再利用を柔軟に行うことが可能です。

4-2-1 ピボットテーブルを作成する

練習問題

問題フォルダー
└ 問題 4-2-1.xlsx

解答フォルダー
└ 解答 4-2-1.xlsx

【操作 1】セル範囲 A3:H116 を元にピボットテーブルを新規ワークシートに作成します。

【操作 2】行ラベルに「販売先」、列ラベルに「分類」、値に「売上金額」、フィルターに「売上日」を設定し、売上日が「9月10日」のデータを集計します。

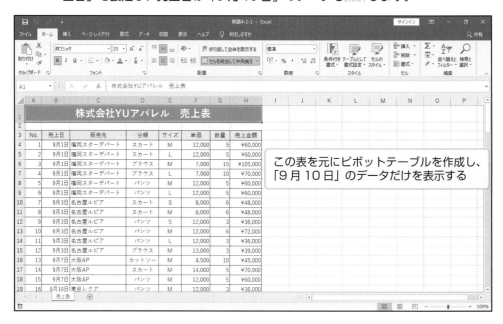

この表を元にピボットテーブルを作成し、「9月10日」のデータだけを表示する

機能の解説

□ ピボットテーブル

□ データベース

□ フィールド

□ [ピボットテーブル] ボタン

□ [ピボットテーブルの作成] ダイアログボックス

□ ピボットテーブルレポート

□ [ピボットテーブルのフィールド] 作業ウィンドウ

□ 行ラベル

□ 列ラベル

ピボットテーブルは、データベースから特定のフィールド（項目）を、行と列に配置して、値を集計する機能です。作成後でも、フィールドや集計方法を簡単に変更でき、さまざまな角度からデータを分析することができます。

□ 値
□ フィルター
□ 特定のデータだけを
　絞り込んで集計

▶ポイント
データベース
特定のルールで整理されたデータの集まりがデータベースです。同じ種類の項目が入力された列（フィールド）と1件分のデータが入力された行（レコード）で構成され、列見出しをフィールド名（項目）といいます。

▶ポイント
データの選択
データベース内の任意のセルをクリックして、[ピボットテーブルの作成] ダイアログボックスを表示すると、データベースのセル範囲が自動認識されて [テーブルまたは範囲を選択] の [テーブル / 範囲] ボックスに表示されます。Excel 以外のデータ（たとえばAccess など）の形式で保存されているデータを元にする場合は [外部データソースを使用] を選択し、[接続の選択] をクリックしてファイルを指定します。

▶その他の操作方法
レイアウトの設定
ピボットテーブルのレイアウトは、[ピボットテーブルのフィールド] 作業ウィンドウの [レポートに追加するフィールドを選択してください]の一覧のフィールド名を右クリックし、ショートカットメニューの [レポートフィルターに追加]、[列ラベルに追加]、[行ラベルに追加]、[値に追加] のいずれかをクリックしても指定できます。また、フィールド名の先頭にあるチェックボックスをオンにしても、各ボックスにフィールドを追加することができます（既定では、数値以外のフィールドは[行ラベル] ボックス、数値フィールドは [値] ボックスに追加されます）。

★ヒント
[ピボットテーブルのフィールド]
作業ウィンドウの表示/非表示
[ピボットテーブルのフィールド] 作業ウィンドウは、[×] [閉じる] ボタンをクリックすると閉じます。再び表示するときは、[ピボットテーブルツール] の [分析] タブの [フィールドリスト] [フィールドリスト] ボタンをクリックします。

ピボットテーブルを作成するには、データベース内の任意のセルをクリックして、[挿入] タブの [ピボットテーブル] ボタンをクリックします。[ピボットテーブルの作成] ダイアログボックスが表示されるので、テーブルやセル範囲を確認し、ピボットテーブルを配置するワークシートを指定します。

[ピボットテーブルの作成] ダイアログボックス

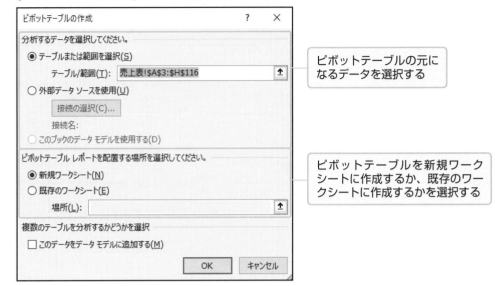

ピボットテーブルの元になるデータを選択する

ピボットテーブルを新規ワークシートに作成するか、既存のワークシートに作成するかを選択する

ピボットテーブルを作成すると、空白のピボットテーブルレポートが作成され、[ピボットテーブルのフィールド] 作業ウィンドウが表示されます。ピボットテーブルのレイアウトを設定するには、[ピボットテーブルのフィールド] 作業ウィンドウの [レポートに追加するフィールドを選択してください] の一覧からフィールドを、[フィルター] ボックス、[列] ボックス、[行] ボックス、[値] ボックスのいずれかにドラッグします。
[ピボットテーブルのフィールド] 作業ウィンドウでレイアウトしたフィールドは、ワークシート上のピボットテーブルの各要素として表示されます。

ピボットテーブルの構成要素

④ フィルターフィールド　　②列ラベルフィールド　　[ピボットテーブルのフィールド] 作業ウィンドウ

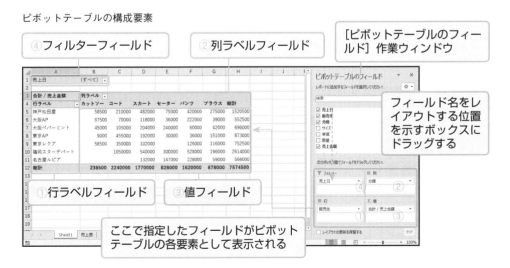

フィールド名をレイアウトする位置を示すボックスにドラッグする

①行ラベルフィールド　　③値フィールド

ここで指定したフィールドがピボットテーブルの各要素として表示される

① 行：行ラベル（縦項目）として表示したいデータのフィールドを指定します。
② 列：列ラベル（横項目）として表示したいデータのフィールドを指定します。
③ 値：集計結果を表示したいフィールドを指定します。
④ フィルター：フィールド内の特定の値だけを集計する場合に指定します。アイテムを選択すると、ピボットテーブルのデータが抽出され集計されます。

第 **4** 章

高度な機能を使用したグラフやテーブルの管理

●特定のデータだけを絞り込んで集計する

ピボットテーブルでは、行ラベルや列ラベル、フィルターのフィールドで特定のデータ（アイテム）を抽出して集計、表示することができます。

目的のラベルやフィールドの右側の▼をクリックして一覧を表示し、アイテムを指定して[OK]をクリックします。

★ヒント

個々のアイテムを選択

[(すべて選択)]チェックボックスをオフにすると、すべてのアイテムのチェックボックスがオフになります。その後で、目的のアイテムのチェックボックスをオンにすると、集計対象のアイテム数が少ない場合に効率よく選択できます。

列ラベルのフィールドでアイテムを絞り込む

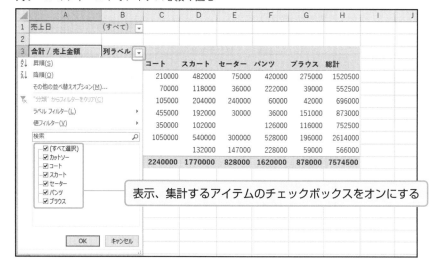

★ヒント

複数のアイテムを選択

フィルターの一覧から複数のアイテムを選択する場合は、[複数のアイテムを選択]チェックボックスをオンにします。各アイテムにチェックボックスが表示され、オンにして選択することができます。

フィルターのフィールドでアイテムを絞り込む

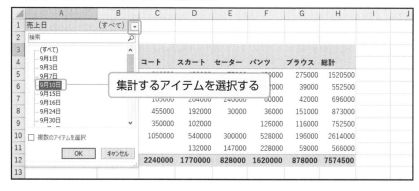

操作手順

【操作1】

❶ ワークシート「売上表」のセルA3～H116の範囲内の任意のセルをクリックします。

❷ [挿入]タブの 📊 [ピボットテーブル]ボタンをクリックします。

◇その他の操作方法◇

ピボットテーブルの作成

[挿入]タブの[おすすめピボットテーブル]ボタンをクリックすると、[おすすめピボットテーブル]ダイアログボックスが表示され、列ラベル、行ラベル、値にデータベース内のフィールドが設定された状態のおすすめのピボットテーブルの一覧が表示されます。目的のレイアウトがある場合は選択し、[OK]をクリックすると、そのピボットテーブルが作成されます。

📊[おすすめピボットテーブル]ボタン

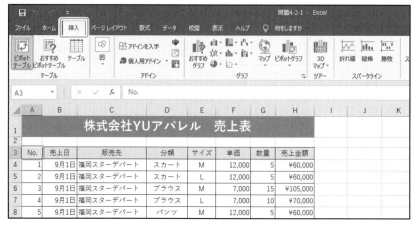

❸ [ピボットテーブルの作成] ダイアログボックスが表示されるので [分析するデータを選択してください。] の [テーブルまたは範囲を選択] が選択されていて、[テーブル／範囲] ボックスに「売上表!$A$3:$H$116」と表示されていることを確認します。

❹ [ピボットテーブルレポートを配置する場所を選択してください。] の [新規ワークシート] が選択されていることを確認します。

❺ [OK] をクリックします。

❻ 新規ワークシートに空白のピボットテーブルレポートが作成され、[ピボットテーブルのフィールド] 作業ウィンドウが表示されます。

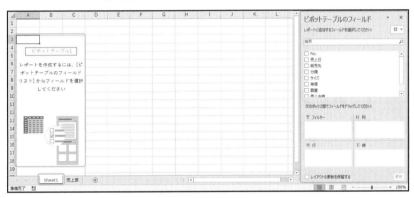

【操作2】

❼ [ピボットテーブルのフィールド] 作業ウィンドウの [レポートに追加するフィールドを選択してください] の一覧の [販売先] を [行] ボックスにドラッグします。

❽ [分類] を [列] ボックスにドラッグします。

❾ [売上金額] を [値] ボックスにドラッグします。

❿ [売上日] を [フィルター] ボックスにドラッグします。

⓫ ピボットテーブルの行ラベルに「販売先」、列ラベルに「分類」、値に「合計／売上金額」、フィルターに「売上日」が表示されます。

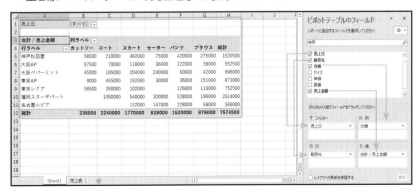

左側の余白：

ヒント
自動認識された表の範囲

[ピボットテーブルの作成] ダイアログボックスの [テーブルまたは範囲を選択] の [テーブル／範囲] ボックスに自動認識された表の範囲は点線で囲まれた表示になります。

ポイント
ピボットテーブルにレイアウトされたフィールド

[ピボットテーブルのフィールド] 作業ウィンドウの [レポートに追加するフィールドを選択してください] の一覧のフィールド名は、ピボットテーブルにレイアウトされるとチェックボックスがオンになります。クリックしてオフにするとピボットテーブルから削除されます。

⑫ セル B1（［売上日］の「（すべて）」と表示されているフィルター）の▼をクリックし、一覧から［9月10日］をクリックします。

⑬ ［OK］をクリックします。

 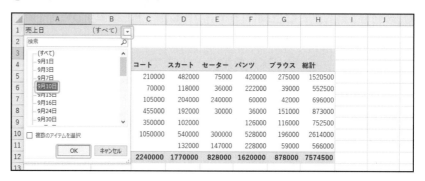
⑭ 売上日が 9 月 10 日のデータが集計されます。

	A	B	C	D	E	F	G
1	売上日	9月10日					
3	合計 / 売上金額	列ラベル					
4	行ラベル	カットソー	コート	スカート	パンツ	ブラウス	総計
5	大阪ペパーミント	45000	105000		36000	42000	228000
6	東京レクア	22500		42000	36000		100500
7	総計	67500	105000	42000	72000	42000	328500

4-2-2 ピボットテーブルのレイアウトを変更する、データをグループ化する

練習問題

問題フォルダー
└問題 4-2-2.xlsx

解答フォルダー
└解答 4-2-2.xlsx

【操作 1】 ワークシート「集計」のピボットテーブルのフィルターの「売上日」と列ラベルの「分類」を入れ替えます。

【操作 2】 列ラベルの日付をグループ化して、月単位で表示します。

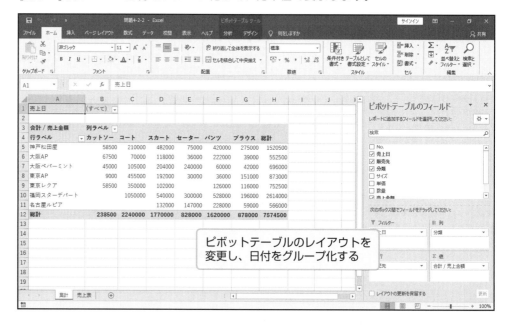

ピボットテーブルのレイアウトを変更し、日付をグループ化する

☐ レイアウトの変更
☐ グループ化
☐ ［フィールドのグループ化］ボタン
☐ ［グループ化］ダイアログボックス

ピボットテーブルを作成した後で、フィールドの追加や移動、削除などのレイアウトの変更を行うことができます。
また、フィールドのデータの種類に応じてグループ化し、データの概要を把握することができます。

●レイアウトを変更する

ピボットテーブルのレイアウト変更は、［ピボットテーブルのフィールド］作業ウィンドウ下部のエリアセクションで行います。フィールドの追加は、レイアウトの設定と同様の手順で行えます（「4-2-1」参照）。フィールドのレイアウトを変更する場合は、フィールドを［フィルター］、［列］、［行］、［値］の目的の位置のボックスにドラッグします。フィールドを削除する場合は、ボックス内のフィールドを作業ウィンドウの外側にドラッグします。［レポートに追加するフィールドを選択してください］の一覧でチェックボックスをオフにしても削除できます。

フィールドのレイアウトの変更

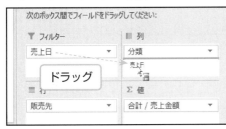

フィールドの削除

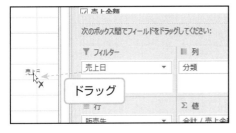

マウスポインターの形
フィールドを各ボックスにドラッグする際に、移動先によってマウスポインターの形状が変わります。

行ラベルや列ラベルのアイテムの表示順を変更する場合は、アイテム名のセルを選択し、枠線上をポイントしてマウスポインターの形が ✥ になったら、目的の位置までドラッグします（移動先には、行ラベルの場合はH型、列ラベルの場合はI型の太線が表示されます）。この操作によってアイテムの値のデータも移動します。

●フィールドをグループ化する

フィールドのデータの種類に応じてグループ化することができます。たとえば、日付データが含まれるフィールドでは、月単位や年単位などにまとめることが可能です。

グループ化するには、対象となるフィールドのセルをクリックし、［ピボットテーブルツール］の［分析］タブの
![フィールドのグループ化]［フィールドのグループ化］ボタンをクリックします。［グループ化］ダイアログボックスが表示されるので、［単位］ボックスの一覧からグループ化する単位を指定します。

フィールドのアイテムの表示順の変更

3	合計 / 売上金額	列ラベル			
4	行ラベル	カットソー	コート	スカート	セーター
5	神戸松田屋	58500	212000	482000	7500
6	大阪AP			118000	3600
7	大阪ペパーミント	45000	105000	204000	24000
8	東京AP	9000	455000	192000	3000
9	東京レクア	58500	350000	102000	
10	福岡スターデパート		1050000	540000	30000
11	名古屋ルビア			132000	14700
12	総計	238500	2240000	1770000	82800
13					

日付データの［グループ化］ダイアログボックス

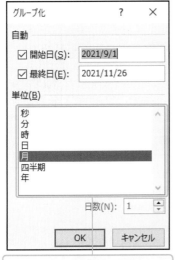

グループ化する単位を選択する

なお、日付のフィールドは、［ピボットテーブルのフィールド］作業ウィンドウの［レポートに追加するフィールドを選択してください］の一覧から［行］ボックスや［列］ボックスにドラッグすると、自動的にグループ化されて、［月］と［売上日］のような階層構造で集計されます。行ラベルや列ラベルの ＋ をクリックすると、詳細データが表示されます。

［売上日］のフィールドを［列］ボックスにドラッグして自動的にグループ化された状態

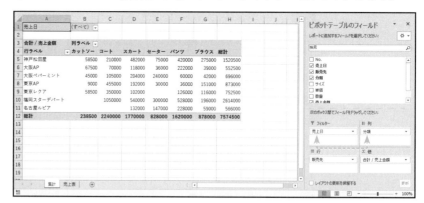

操作手順

【操作 1】

❶ ワークシートの「集計」の［ピボットテーブルのフィールド］作業ウィンドウの［フィルター］ボックスの［売上日］を［列］ボックスにドラッグします。

❷ ［列］ボックスの［分類］を［フィルター］ボックスにドラッグします。

❸ ピボットテーブルのフィルターに「分類」が、列ラベルに「売上日」の日付が表示されます。

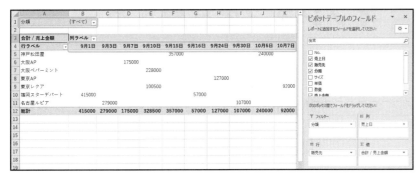

【操作2】

❹ 列ラベルの任意の日付のセルをクリックします。

❺ ［分析］タブの ┌7 フィールドのグループ化 ［フィールドのグループ化］ボタンをクリックします。

❻ ［グループ化］ダイアログボックスが表示されるので、［単位］ボックスの［月］が選択されていることを確認します。

❼ ［OK］をクリックします。

その他の操作方法
フィールドのグループ化
［分析］タブの ┃→ グループの選択 ［グループの選択］ボタンをクリックしても、［グループ化］ダイアログボックスが表示され、フィールドをグループ化することができます。

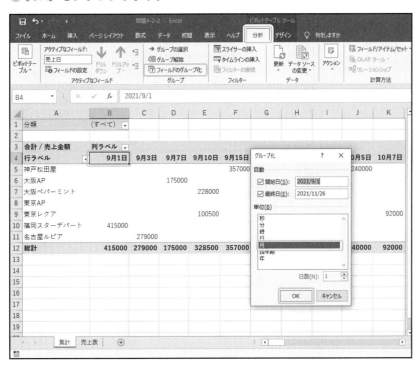

❽ 列ラベルの日付がグループ化され、月単位で集計されます。

ヒント
グループの解除
フィールドのグループ化を解除するには、グループ化されているフィールドのいずれかのセルをクリックし、［分析］タブの ┃ グループ解除 ［グループ解除］ボタンをクリックします。

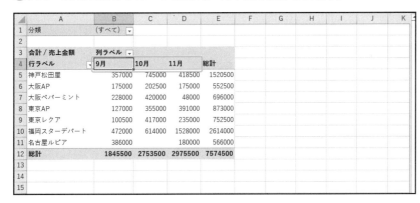

4-2-3 フィールドの選択項目とオプションを変更する

練習問題

問題フォルダー
└問題 4-2-3.xlsx

解答フォルダー
└解答 4-2-3.xlsx

【操作 1】 ワークシート「集計」のピボットテーブルの行ラベルの「福岡スターデパート」の内訳として「分類」の詳細データを表示します。

【操作 2】 ワークシート「集計」のピボットテーブルの空白セルに「0」が表示され、ファイルを開いたときにデータが更新される設定にします。

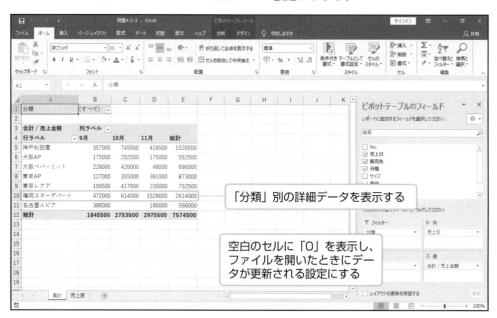

「分類」別の詳細データを表示する

空白のセルに「0」を表示し、ファイルを開いたときにデータが更新される設定にする

機能の解説

重要用語

☐ 詳細データを表示

☐ エラー値や空白セルに表示する値を指定

☐ ファイルを開くときにデータを更新する

☐ [詳細データの表示] ダイアログボックス

☐ [ピボットテーブル] ボタン

☐ [オプション] ボタン

☐ [ピボットテーブルオプション] ダイアログボックス

ピボットテーブルでは、行ラベルや列ラベルのフィールドに内訳のフィールドを追加し、詳細データを表示して分析することができます。また、オプションを変更して、エラー値や空白セルに表示する値を指定したり、ファイルを開くときにデータを更新する設定に変更したりすることができます。

●詳細データを表示する

現在表示されているフィールドに、内訳として表示したいフィールドを追加するには、行
ラベルまたは列ラベルの任意のアイテムをダブルクリックします。[詳細データの表示]
ダイアログボックスが表示されるので、詳細データを表示するフィールドを選択します。

[詳細データの表示]ダイアログボックスで内訳のフィールドを追加する

ポイント
ドリルダウン

概要データから詳細データへと
対象を掘り下げていくことを「ド
リルダウン」といいます。

その他の操作方法
内訳の追加

内訳として表示したいフィールド
を[ピボットテーブルのフィール
ド]作業ウィンドウの[レポート
に追加するフィールドを選択して
ください]の一覧から[行]や[列]
ボックスの現在のフィールドの下
にドラッグしても内訳が追加され
ます。この方法で追加したフィー
ルドはすべてのアイテムが展開さ
れます。
なお、[詳細データの表示]ダイ
アログボックスで選択する方法で
行った場合も、[行]や[列]ボッ
クスにフィールドが追加されま
す。

ヒント
明細データを別の
ワークシートに表示

ピボットテーブルの値をダブルク
リックすると、新しいワークシー
トが作成され、集計元のデータ
の一覧が表示されます。

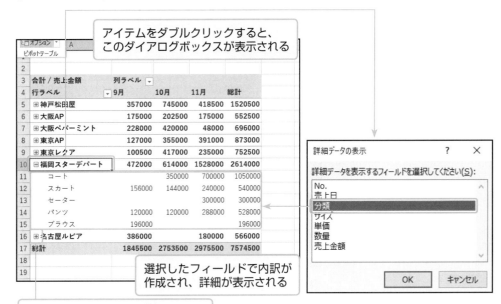

行ラベルまたは列ラベルにフィールドが追加されると、アイテムの左側に ⊞ 展開ボタン
と ⊟ 折りたたみボタンが表示され、クリックすると、詳細データの表示 / 非表示を切り
替えることができます。

●ピボットテーブルのオプションを変更する

ピボットテーブルのオプションを変更するには、[ピボットテーブルツール]の[分析]
タブの [ピボットテーブル]ボタンをクリックし、 オプション ▾ [オプション]ボタン
をクリックして表示される[ピボットテーブルオプション]ダイアログボックスを使用し
ます。

[ピボットテーブルのオプション]ダイアログボックスの
[レイアウトと書式]タブ　　　　　　　　　　　　　　　　[データ]タブ

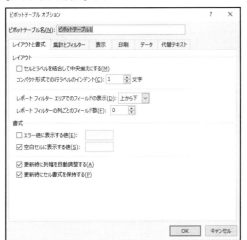

【操作1】

❶ ワークシート「集計」のピボットテーブルの行ラベルの「福岡スターデパート」の
セル（セルA10）をダブルクリックします。

❷ ［詳細データの表示］ダイアログボックスが表示されるので、［詳細データを表示す
るフィールドを選択してください］ボックスの一覧から［分類］をクリックします。

❸ ［OK］をクリックします。

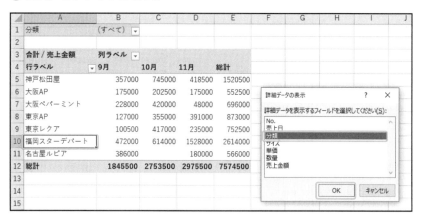

❹ 「福岡スターデーパート」の売上金額が「分類」別に表示されます。

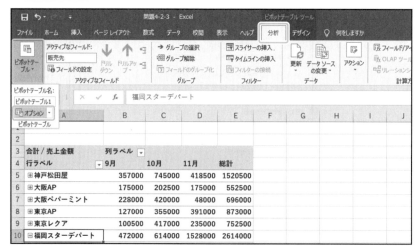

【操作2】

❺ ［分析］タブの [ピボットテーブル] ボタンをクリックします。

❻ オプション ▼ ［オプション］をクリックします。

★ヒント

［ピボットテーブル］ボタン
環境によっては、［ピボットテー
ブル］ボタンは［ピボットテーブ
ル］グループとして表示される場
合があります。

❼ ［ピボットテーブルオプション］ダイアログボックスが表示されるので、［レイアウトと書式］タブの［書式］の［空白セルに表示する値］ボックスにチェックが付いていることを確認し、右側のボックスに「0」を入力します。

❽ ［データ］タブの［ファイルを開くときにデータを更新する］チェックボックスをオンにします。

❾ ［OK］をクリックします。

ポイント

ピボットテーブルの更新

ピボットテーブルの基になっているデータが更新されても、ピボットテーブルのデータは自動的には更新されません。手順 ❽ の操作で、［ファイルを開くときにデータを更新する］チェックボックスをオンにしておくと、次回ファイルを開いたときに更新されます。なお、ファイルを開いている状態で、すぐに更新する場合は、［分析］タブの［更新］ボタンをクリックします。

［更新］ボタン

⑩ ピボットテーブルの空白だった値（セル B11、B13、C13、C15、D15、C17）に「0」が表示されます。

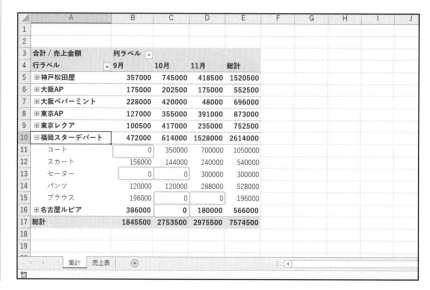

4-2-4 データを書式設定する

練習問題

問題フォルダー
└ 問題 4-2-4.xlsx

解答フォルダー
└ 解答 4-2-4.xlsx

【操作 1】ワークシート「集計」のピボットテーブルを表形式で表示します。
【操作 2】ワークシート「集計」のピボットテーブルの各アイテムの後ろに空白行を入れます。
【操作 3】ワークシート「集計」のピボットテーブルの各列のみに総計を表示します。

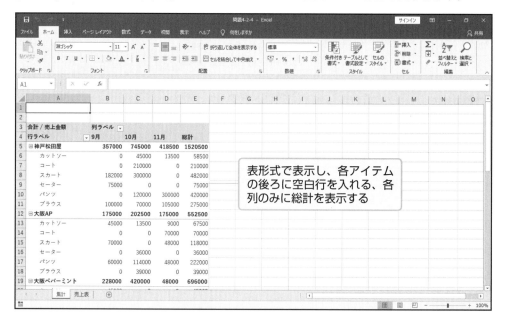

表形式で表示し、各アイテムの後ろに空白行を入れる、各列のみに総計を表示する

ピボットテーブルの任意のセルを選択して表示される [ピボットテーブルツール] の [デザイン] タブのボタンを使うと、ピボットテーブルの集計フィールドの表示 / 非表示、表の形式、スタイルなどの書式設定をすることができます。

[ピボットテーブルツール] の [デザイン] タブ

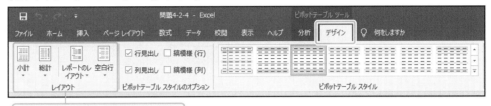

集計フィールドの表示 / 非表示や表の形式を変更できる

●集計フィールドの表示 / 非表示

[デザイン] タブの [小計] ボタン、[総計] ボタンをクリックすると、小計、総計の表示 / 非表示を切り替えられます。

●表の形式の変更

[デザイン] タブの [レポートのレイアウト] ボタンをクリックすると、ピボットテーブルの表の形式を変更することができます。ピボットテーブルの形式は下記の 3 種類です。

・コンパクト形式

ピボットテーブルの既定の形式です。異なる行領域フィールドのアイテムを 1 つの列に表示し、異なるフィールドのアイテムを区別するためにインデントが設定されます。行ラベルで使用するスペースが小さいため、コンパクトな表になります。小計はグループの先頭に表示されます。

・アウトライン形式

1 つのフィールドを 1 つの列に表示し、フィールドの見出しが表示されます。小計はグループの先頭に表示されます。

・表形式

アウトライン形式と同様に、1 つのフィールドを 1 つの列に表示し、フィールドの見出しが表示されます。セルの枠線が表示され、小計はグループの末尾に表示されます。

各アイテムの後ろに空白行を入れたり、削除したりするには、[ピボットテーブルツール] の [レイアウト] タブの [空白行] ボタンを使用します。

●スタイルの変更

[デザイン] タブの [ピボットテーブルスタイル] グループの [▼] [その他] ボタンをクリックすると、スタイルの一覧が表示され、選択して一括でスタイルを変更できます。設定されたスタイルの見出しと縞模様は、[ピボットテーブルスタイルのオプション] グループの各チェックボックスでオン / オフを切り替えられます。

[ピボットテーブルツール] の [デザイン] タブ

見出しの書式や縞模様を付けるか付けないかを設定できる

ここをクリックすると、スタイルの一覧が表示される

操作手順

【操作 1】

① ワークシートの「集計」のピボットテーブル内の任意のセルをクリックします。

② [デザイン] タブの [レポートのレイアウト] ボタンをクリックします。

③ [表形式で表示] をクリックします。

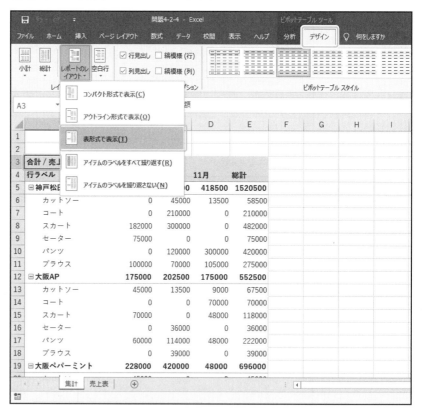

❹ フィールド名「販売先」「分類」「売上日」が表示され、ピボットテーブル内の各セルに枠線が表示されます。

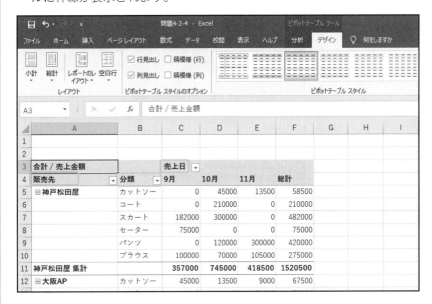

【操作2】

❺ ［デザイン］タブの ［空白行］ボタンをクリックします。

❻ ［各アイテムの後ろに空行を入れる］をクリックします。

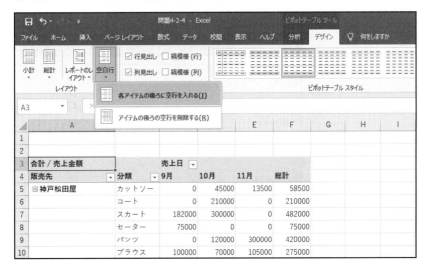

❼ 販売先の区切りに空白行が挿入されます。

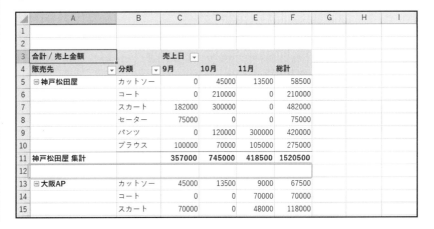

【操作3】

⑧ ［デザイン］タブの ![] ［総計］ボタンをクリックします。

⑨ ［列のみ集計を行う］をクリックします。

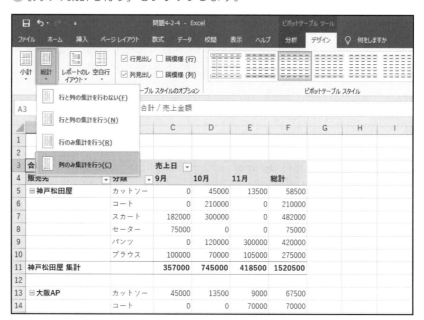

⑩ 「列にあった総計フィールドがなくなります。

⑪ 下方向にスクロールして、57 行目に各列の総計が表示されていることを確認します。

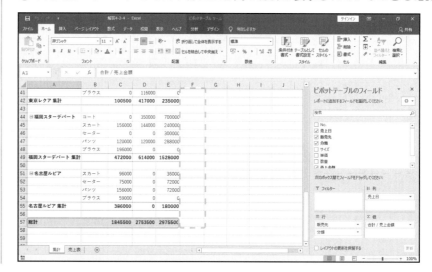

集計方法や表示形式を変更する

練習問題

ワークシート「集計」の売上金額の計算を変更し、各月の販売先ごとの売上金額の比率を計算します。なお、比率は小数点以第 1 位までのパーセントスタイルで表示します。

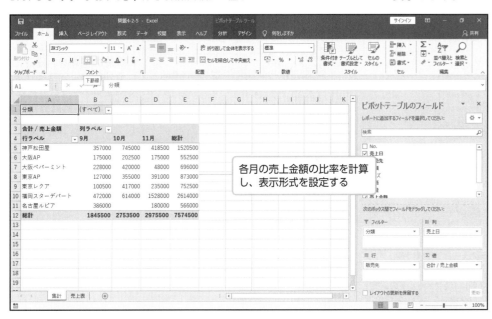

各月の売上金額の比率を計算し、表示形式を設定する

機能の解説

- 集計方法
- [アクティブなフィールド] ボックス
- [フィールドの設定] ボタン
- [値フィールドの設定] ダイアログボックス
- [集計方法] タブ
- [計算の種類] タブ
- [表示形式]
- [セルの書式設定] ダイアログボックスの [表示形式] タブ

ピボットテーブルの値に指定したフィールドの集計方法は、自由に変更できます。
合計を平均にするなど集計方法を変更する場合は、値の任意のセルまたは値のフィールド名のセルをクリックし、[ピボットテーブルツール] の [分析] タブの [アクティブなフィールド] ボックスにそのフィールド名が表示されていることを確認し、 ⊞ フィールドの設定 [フィールドの設定] ボタンをクリックします。[値フィールドの設定] ダイアログボックスが表示されるので、[集計方法] タブの [値フィールドの集計] の [選択したフィールドのデータ] ボックスから集計方法を選択します。

[フィールドの選択] ボタンをクリックして [値フィールドの設定] ダイアログボックスを開き
[集計方法] タブを表示した状態

集計方法は、合計の他、データの個数、平均、最大値、最小値などに変更できる

合計金額を売上比率にするなど計算の種類を変更する場合は、同様に［値フィールドの設定］ダイアログボックスを表示し、［計算の種類］タブの［計算の種類］ボックスの▼をクリックし、一覧から計算方法を選択します。

◇その他の操作方法◇
［値フィールドの設定］
ダイアログボックスの表示

［値フィールドの設定］ダイアログボックスは、［ピボットテーブルのフィールド］作業ウィンドウの［値］ボックスのフィールドをクリックし、［値フィールドの設定］をクリックしても表示できます。

★ヒント
値フィールドの名前

値フィールドには「合計 / 売上金額」のように「(集計方法) / (フィールド名)」が表示されます。この名前は［値フィールドの設定］ダイアログボックスの［名前の指定］ボックスで変更できます。
また、他のフィールドの名前も同様に、［ピボットテーブルのフィールド］作業ウィンドウ下部の各エリアセクションのボックスのフィールドをクリックし、［フィールドの設定］をクリックして表示される［フィールドの設定］ダイアログボックスで変更できます。

◇その他の操作方法◇
集計方法の変更

値のフィールドの任意のセルを右クリックし、ショートカットメニューの［値の集計方法］または［計算の種類］をポイントすると、集計方法または計算の種類の一覧が表示され、クリックすると集計方法を変更することができます。

［値フィールドの設定］ダイアログボックスの［計算の種類］タブ

計算の種類を、総計に対する比率や列集計に対する比率、行集計に対する比率などに変更できる

ここをクリックすると、［セルの書式設定］ダイアログボックスが表示される

また、［値フィールドの設定］ダイアログボックスの［表示形式］をクリックすると、［セルの書式設定］ダイアログボックスの［表示形式］タブが表示され、値の表示形式を一括で設定することができます。

［セルの書式設定］ダイアログボックスの［表示形式］タブ

ピボットテーブル内の値の表示形式を一括で設定できる

❶ セル A3 の［合計／売上金額］をクリックします。

❷［分析］タブの［アクティブなフィールド］の［アクティブなフィールド］ボックス
に「合計／売上金額」と表示されていることを確認し、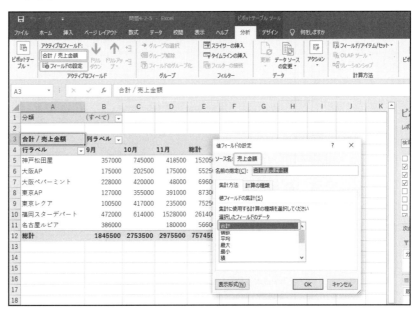［フィールド
の設定］ボタンをクリックします。

❸［値フィールドの設定］ダイアログボックスが表示されるので、［ソース名］が「売
上金額」になっていることを確認し、［集計方法］タブの［値フィールドの集計］の
［選択したフィールドのデータ］ボックスの［合計］が選択されていることを確認し
ます。

❹［計算の種類］タブの［計算の種類］ボックスの▼をクリックし、一覧から［列集計
に対する比率］をクリックします。

❺［表示形式］をクリックします。

❻ ［セルの書式設定］ダイアログボックスが表示されるので、［表示形式］タブの［分類］
　　ボックスの一覧の［パーセンテージ］が選択されていることを確認し、［小数点以下
　　の桁数］ボックスを「1」にします。

❼ ［OK］をクリックします。

❽ ［値フィールドの設定］ダイアログボックスの［OK］をクリックします。

❾ 各月の販売先ごとの売上金額の比率が小数点以下第1位までのパーセントスタイル
　　で表示されます。

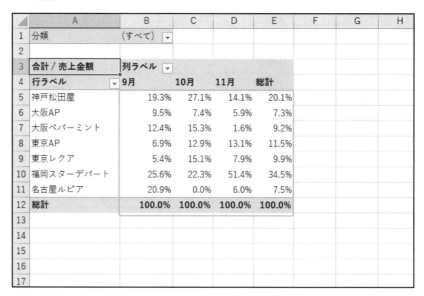

	A	B	C	D	E	F	G	H
1	分類	(すべて)						
2								
3	合計 / 売上金額	列ラベル						
4	行ラベル	9月	10月	11月	総計			
5	神戸松田屋	19.3%	27.1%	14.1%	20.1%			
6	大阪AP	9.5%	7.4%	5.9%	7.3%			
7	大阪ペパーミント	12.4%	15.3%	1.6%	9.2%			
8	東京AP	6.9%	12.9%	13.1%	11.5%			
9	東京レクア	5.4%	15.1%	7.9%	9.9%			
10	福岡スターデパート	25.6%	22.3%	51.4%	34.5%			
11	名古屋ルピア	20.9%	0.0%	6.0%	7.5%			
12	総計	100.0%	100.0%	100.0%	100.0%			
13								
14								
15								
16								
17								

4-2-6 スライサーやタイムラインを使ってデータを抽出する

練習問題

問題フォルダー
└ 問題 4-2-6.xlsx

解答フォルダー
└ 解答 4-2-6.xlsx

【操作 1】 スライサーを使用して、分類が「カットソー」「セーター」「ブラウス」の売上金額を集計します。

【操作 2】 タイムラインを使用して、10 月の売上データを抽出、集計します。

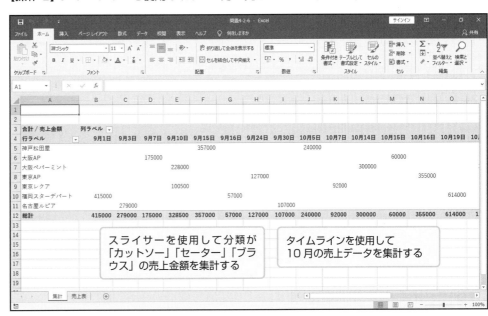

スライサーを使用して分類が「カットソー」「セーター」「ブラウス」の売上金額を集計する

タイムラインを使用して 10 月の売上データを集計する

機能の解説

□ スライサー
□ タイムライン
□ [スライサーの挿入] ボタン
□ [スライサーの挿入] ダイアログボックス
□ [タイムラインの挿入] ボタン
□ [タイムラインの挿入] ダイアログボックス

スライサーやタイムラインを使用すると、アイテムや期間をクリックまたはドラッグするだけで、ピボットテーブルのデータを抽出して集計することができます。抽出は、各フィールドの▼をクリックして表示される一覧でも行えますが、抽出後に条件を確認するには、再び一覧を開く必要があります。スライサーやタイムラインを使用した場合は、抽出されているアイテムや期間の色を変えて表示されるので、抽出条件がひと目で確認できます。また、ピボットテーブルに表示されていないフィールドでもスライサーやタイムラインを表示して抽出、集計することが可能です。

●スライサーの使用

スライサーを表示するには、[ピボットテーブルツール] の [分析] タブの [スライサーの挿入] [スライサーの挿入] ボタンをクリックします。[スライサーの挿入] ダイアログボックスにフィールドの一覧が表示されるので、抽出を行うフィールドのチェックボックスをオンにして [OK] をクリックします。

該当するフィールドごとにスライサーが表示され、アイテムをクリックすると、ピボットテーブルのデータが抽出され、集計されます。

第4章 高度な機能を使用したグラフやテーブルの管理

[スライサーの挿入] ダイアログボックス　　スライサーで抽出した結果

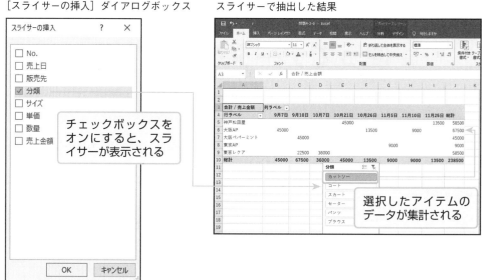

●タイムラインの使用

日付のフィールドでデータを抽出する場合は、タイムラインが使えます。「年」「四半期」「月」
「日」の4つの期間のレベルで、期間を指定して簡単に抽出ができます。
タイムラインを表示するには、[ピボットテーブル]ツールの[分析]タブの　タイムラインの挿入
[タイムラインの挿入] ボタンをクリックします。[タイムラインの挿入] ダイアログボッ
クスに日付のフィールドの一覧が表示されるので、抽出を行うフィールドのチェックボック
スをオンにして [OK] をクリックします。
該当するフィールドのタイムラインが表示され、単位を選択し、タイムラインスクロール
バーをクリックまたはドラッグして期間を指定すると、その期間のデータが抽出され、集
計されます。

[タイムラインの挿入] ダイアログボックス　　タイムラインで抽出した結果

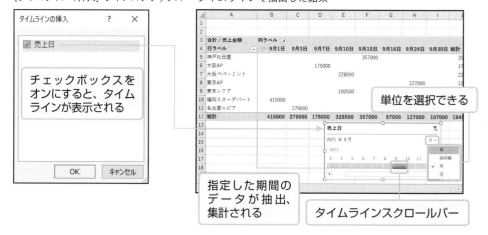

操作手順

【操作 1】
❶ ワークシート「集計」のピボットテーブル内の任意のセルをクリックします。
❷ [分析] タブの　スライサーの挿入　[スライサーの挿入] ボタンをクリックします。
❸ [スライサーの挿入] ダイアログボックスが表示されるので、[分類] チェックボッ
クスをオンにします。

④ [OK] をクリックします。

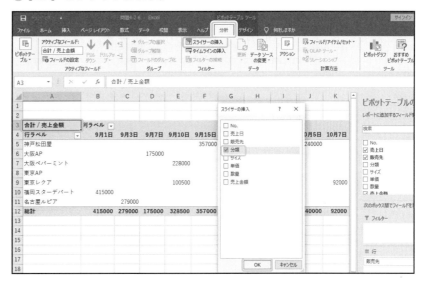

⑤ [分類] のスライサーが表示されます。

⑥ [分類] スライサーの一覧から [カットソー] をクリックし、**Ctrl** キーを押しながら [セーター]、[ブラウス] をクリックします。

⑦ ピボットテーブルに、分類が「カットソー」「セーター」「ブラウス」の売上金額が集計されます。

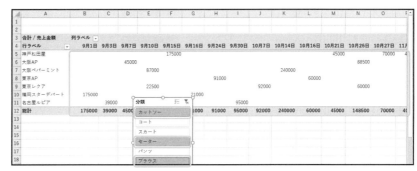

【操作2】

⑧ ピボットテーブル内の任意のセルをクリックします。

⑨ [分析] タブの [タイムラインの挿入] ボタンをクリックします。

⑩ [タイムラインの挿入] ダイアログボックスが表示されるので、[売上日] チェックボックスをオンにします。

⑪ [OK] をクリックします。

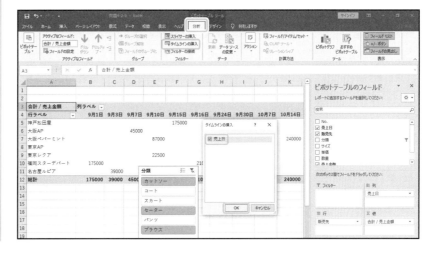

4-2 ピボットテーブルを作成する、変更する | **265**

★ ヒント

スライサーやタイムラインの移動

スライサーやタイムラインはタイトル部分（「分類」など）をドラッグすると移動できます。

★ ヒント

スライサーやタイムラインの書式設定

スライサーやタイムラインを選択すると、リボンに [スライサーツール] や [タイムラインツール] の [オプション] タブが表示されます。これを使って、スライサーやタイムラインのスタイルやサイズなどを設定することができます。

⑫ [売上日] のタイムラインが表示されます。

⑬ [すべての期間]、[月] と表示されていることを確認し、タイムラインスクロールバーの「10」の部分をクリックします。

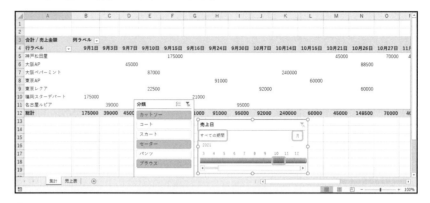

⑭「2021年10月」に表示が変わり、列ラベルに10月の日付だけが表示され、集計されます。

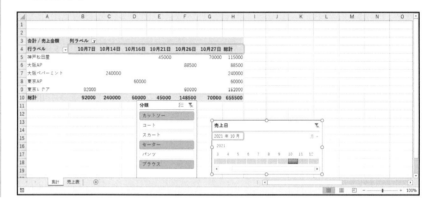

4-2-7 集計フィールドを追加する

練習問題

問題フォルダー
└問題 4-2-7.xlsx

解答フォルダー
└解答 4-2-7.xlsx

ワークシート「最寄り駅」のピボットテーブルに集計フィールド「初期費用」を追加し、家賃に礼金と敷金の月数の合計を掛けた金額を求めます。なお、礼金と敷金のフィールドは月数を表しています。

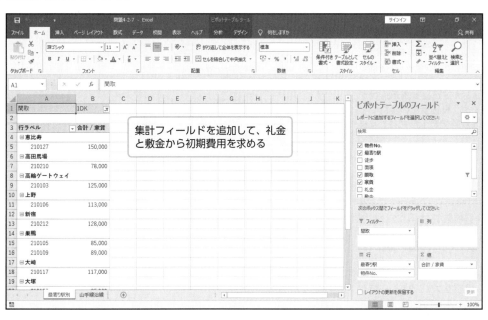

集計フィールドを追加して、礼金と敷金から初期費用を求める

機能の解説

重要用語

- 集計フィールドを追加
- [フィールド / アイテム / セット] ボタン
- [集計フィールド]
- [集計フィールドの挿入] ダイアログボックス

ピボットテーブルでは、値フィールドで、ピボットテーブル内のフィールドを使用した独自の数式を作成して、集計フィールドを追加することができます。たとえば売上金額に消費税を加えた税込金額の集計フィールドを追加することなどが可能です。

集計フィールドを追加するには、ピボットテーブル内の任意のセルをクリックして、[ピボットテーブルツール] の [分析] タブの [フィールド/アイテム/セット▼] [フィールド / アイテム / セット] ボタンをクリックします。一覧から [集計フィールド] をクリックすると、[集計フィールドの挿入] ダイアログボックスが表示されるので、[名前] ボックスに任意のフィールド名を入力します。[フィールド] ボックスにピボットテーブルのフィールドの一覧が表示されるので、数式に使用するフィールドを選択し、[フィールドの挿入] をクリックします。[数式] ボックスに選択したフィールドが表示されるので数式を作成します。[OK] をクリックすると、ピボットテーブルに集計フィールドが追加され、計算結果が表示されます。

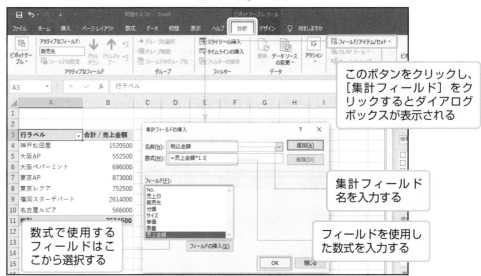

ヒント

集計フィールドの編集と削除

[集計フィールドの挿入] ダイアログボックスの [名前] ボックスの▼をクリックし、一覧から集計フィールド名を選択すると、[数式] ボックスに設定した数式が表示されるので編集します。[削除] をクリックすると集計フィールドが削除されます。

ヒント

集計フィールドの表示形式

集計フィールドの表示形式は、数式に使われたフィールドと同じになります。この例では売上金額のフィールドが通貨表示形式だったため、税込金額の集計フィールドも通貨表示形式になります。

このボタンをクリックし、[集計フィールド] をクリックするとダイアログボックスが表示される

集計フィールド名を入力する

フィールドを使用した数式を入力する

数式で使用するフィールドはここから選択する

集計フィールドが追加される

ヒント

集計フィールドの非表示

[ピボットテーブルのフィールドリスト] 作業ウィンドウの [レポートに追加するフィールドを選択してください] の一覧の集計フィールドのチェックボックスをオフにするか、[値] ボックスの集計フィールドをクリックし、一覧から [フィールドの削除] をクリックするとピボットテーブル内の集計フィールドが非表示になります。

操作手順

【操作 1】

① ワークシート「最寄り駅」のピボットテーブル内のセルがアクティブになっていることを確認します。

② [分析] タブの [フィールド/アイテム/セット] [フィールド / アイテム / セット] ボタンをクリックします。

③ 一覧から [集計フィールド] をクリックします。

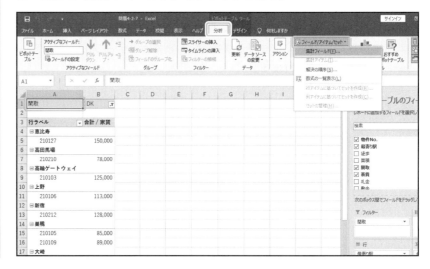

④ ［集計フィールドの挿入］ダイアログボックスが表示されるので、［名前］ボックスに「初期費用」と入力します。

⑤ ［フィールド］ボックスの一覧から［家賃］をクリックします。

⑥ ［フィールドの挿入］をクリックします。

その他の操作方法
フィールドの挿入
［フィールドの挿入］ボタンを使わず、［フィールド］ボックスのフィールド名をダブルクリックしても、［数式］ボックスにフィールドが挿入されます。

⑦ ［数式］ボックスに「＝家賃」と表示されます。

⑧ 続けて「*（」を入力します。

⑨ ［フィールド］ボックスの一覧から［礼金］をクリックします。

⑩ ［フィールドの挿入］をクリックします。

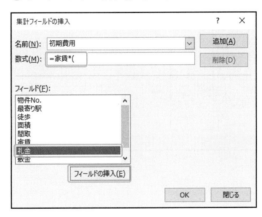

⑪ ［数式］ボックスに「＝家賃*（礼金」と表示されます。

⑫ 続けて「+」を入力します。

⑬ ［フィールド］ボックスの一覧から［敷金］をクリックします。

⑭ ［フィールドの挿入］をクリックします。

⑮ ［数式］ボックスに「＝家賃＊(礼金＋敷金」と表示されます。

⑯ 続けて「)」を入力します。

⑰ ［数式］ボックスに「＝家賃＊(礼金＋敷金)」と表示されていることを確認し、［OK］をクリックします。

⑱ ピボットテーブルに「合計 / 初期費用」の集計フィールドが追加され、家賃に礼金と敷金の月数の合計を掛けた金額が表示されます。

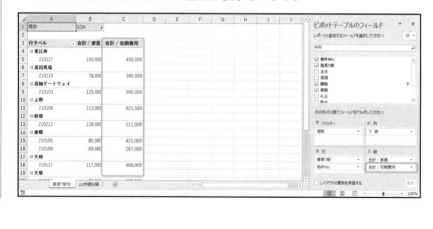

4-3 ピボットグラフを作成する、変更する

ピボットテーブルのデータを基に作成したグラフをピボットグラフといいます。ピボットグラフを使うと集計したデータを視覚的に分析することができます。

4-3-1 ピボットグラフを作成する

練習問題

問題フォルダー
└ 問題 4-3-1.xlsx

解答フォルダー
└ 解答 4-3-1.xlsx

【操作 1】ワークシート「売上表」のセル範囲 A3:H116 を基にピボットグラフを新規ワークシートに作成します。

【操作 2】軸（分類項目）に「分類」、凡例（系列）に「サイズ」、値に「数量」、フィルターに「販売先」を設定します。

【操作 3】ピボットグラフのグラフの種類を「積み上げ縦棒」に変更し、ピボットテーブルの右に移動します。

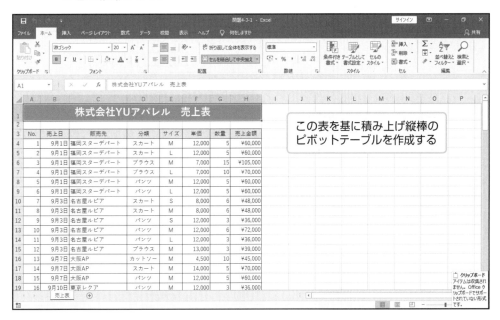

機能の解説

□ 重要用語

□ ピボットグラフ

□ ［ピボットグラフ］ボタン

□ ［ピボットグラフの作成］ダイアログボックス

□ ピボットテーブルレポート

□ ［ピボットグラフのフィールド］作業ウィンドウ

□ 軸（分類項目）

□ 凡例（系列）

ピボットグラフは、ピボットテーブルをグラフにしたもので、データベースを多角的かつ視覚的に分析することができます。ピボットグラフはピボットテーブルと同様、作成後でもフィールドや集計方法を簡単に変更できます。また、ピボットテーブルとリンクしているので、ピボットテーブルかピボットグラフの一方を変更すると、他方に変更が反映されます。

ピボットグラフを作成するには、ピボットテーブルと同時にピボットグラフを作成する方法と既存のピボットテーブルから作成する方法があります。

●ピボットテーブルとピボットグラフを同時に作成する

データベースからピボットテーブルとピボットグラフを同時に作成するには、データベース内の任意のセルをクリックして、[挿入] タブの [ピボットグラフ] ボタンをクリックします。[ピボットグラフの作成] ダイアログボックスが表示されるので、テーブルやセル範囲を確認し、ピボットテーブルとピボットグラフを配置するワークシートを指定します。

[ピボットグラフの作成] ダイアログボックス

ピボットグラフを作成すると、空白のピボットテーブルレポートとピボットグラフが作成され、[ピボットグラフのフィールド] 作業ウィンドウが表示されます。ピボットグラフのレイアウトを設定するには、[ピボットグラフのフィールド] 作業ウィンドウの [レポートに追加するフィールドを選択してください] の一覧からフィールドを、[フィルター] ボックス、[凡例（系列）] ボックス、[軸（分類項目）] ボックス、[値] ボックスのいずれかにドラッグします。

[ピボットグラフのフィールド] 作業ウィンドウでレイアウトしたフィールドは、ピボットグラフおよびピボットテーブルの各要素として表示されます。

ピボットグラフの構成要素

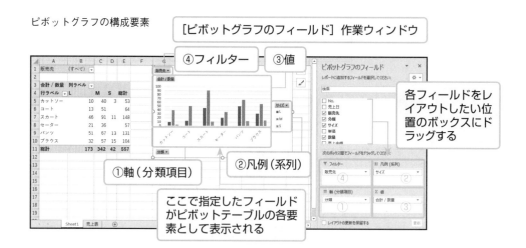

① 軸（分類項目）：グラフの横（項目）軸として表示したいデータのフィールドを指定します。
　　　　　　　　　指定したフィールドはピボットテーブルでは行ラベルに表示されます。
② 凡例（系列）　：グラフの系列として表示したいデータのフィールドを指定します。
　　　　　　　　　指定したフィールドはピボットテーブルでは列ラベルに表示されます。

ピボットグラフのレイアウトは、[ピボットグラフのフィールド] 作業ウィンドウの「レポートに追加するフィールドを選択してください」の一覧のフィールド名を右クリックし、ショートカットメニューの [レポートフィルターに追加]、[軸フィールド（項目）に追加]、[凡例フィールド（系列）に追加]、[値に追加] のいずれかをクリックしても指定できます。また、フィールド名の先頭にあるチェックボックスをオンにしても、各ボックスにフィールドを追加できます（既定では、数値以外のフィールドは [軸（分類項目）] ボックス、数値フィールドは [値] ボックスに追加されます）。

ポイント

ピボットグラフの移動、書式設定など

ピボットグラフの移動やサイズ変更、書式設定などの操作方法は通常のグラフと同様です。マウス操作や、ピボットグラフを選択して表示される [ピボットグラフツール] の [分析] タブ、[デザイン] タブ、[書式] タブの各ボタンで行います。

ヒント

変更できないグラフの種類

ピボットグラフは、散布図、株価チャートなどには変更できません。

③　　　値　　　：集計する値のフィールドを指定します。
　　　　　　　　　指定したフィールドはピボットテーブルでも値に表示されます。
④ フィルター　：フィールド内の特定の値だけを集計する場合に指定します。アイテムを選択すると、ピボットグラフに、選択したアイテムの集計データを表示することができます。
　　　　　　　　　ピボットテーブルでも [フィルター] に表示されます。

この操作で作成されるのは集合縦棒グラフです。グラフの種類を変更するには、ピボットグラフをクリックし、[ピボットグラフツール] の [デザイン] タブの 📊 [グラフの種類の変更] ボタンをクリックします。[グラフの種類の変更] ダイアログボックス（下図 [グラフの挿入] ダイアログボックスと同じ）が表示されるので、グラフの種類を選択します。

●**既存のピボットテーブルからピボットグラフを作成する**

既存のピボットテーブルを基にピボットテーブルを作成するには、ピボットテーブル内の任意のセルをクリックして、[挿入] タブの 📊 [ピボットグラフ] ボタンまたは [ピボットテーブルツール] の [分析] タブの 📊 [ピボットグラフ] ボタンをクリックします。[グラフの挿入] ダイアログボックスが表示されるので、グラフの種類を選択します。

[ピボットグラフ] ボタンをクリックして、[グラフの挿入] ダイアログボックスが表示された状態

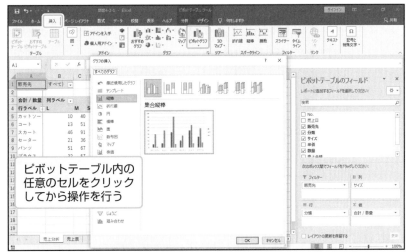

操作手順

【操作 1】

❶ ワークシート「売上表」のセル A3 ～ H116 の範囲内の任意のセルをクリックします。

❷ [挿入] タブの 📊 [ピボットグラフ] ボタンをクリックします。

❸ [ピボットグラフの作成] ダイアログボックスが表示されるので、[分析するデータを選択してください。] の [テーブルまたは範囲を選択] が選択され、[テーブル / 範囲] ボックスに「売上表 !$A$3:$H$116」と表示されていることを確認します。

④ [ピボットグラフの配置先を選択してください] の [新規ワークシート] が選択され
ていることを確認します。

⑤ [OK] をクリックします。

⑥ 新規ワークシート「Sheet1」が挿入され、空白のピボットテーブルレポートとピボット
グラフが作成され、[ピボットグラフのフィールド]作業ウィンドウが表示されます。

【操作 2】

⑦ [ピボットグラフのフィールド]作業ウィンドウの[レポートに追加するフィールドを
選択してください]の一覧の[分類]を[軸（分類項目）]ボックスにドラッグします。

⑧ [サイズ] を [凡例（系列）] ボックスにドラッグします。

⑨ [数量] を [値] ボックスにドラッグします。

⑩ [販売先] を [フィルター] ボックスにドラッグします。

⑪ ピボットグラフの軸（項目）に「分類」、凡例（系列）に「サイズ」、値に「合計 /
数量」、フィルターに「販売先」が表示されます。

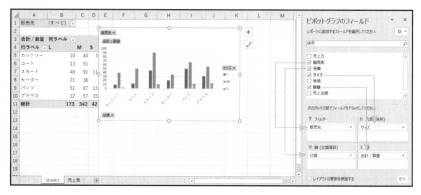

ヒント
自動認識された表の範囲

[ピボットグラフの作成]ダイア
ログボックスの[テーブルまたは
範囲を選択]の[テーブル / 範囲]
ボックスに自動認識された表の範
囲は点線で囲まれた表示になりま
す。

ヒント
集計方法の変更

値に指定したフィールドの集計
方法を変更する場合は、[値] ボ
ックスのフィールドをクリックし、
[値フィールドの設定] をクリッ
クします。[値フィールドの設定]
ダイアログボックスが表示される
ので、[集計方法] タブで合計、
データの個数、平均などの集計
方法を、[計算の種類] タブで総
計に対する比率、列集計に対す
る比率、行集計に対する比率な
どの計算の種類を変更できます。

ヒント
ピボットテーブルと
ピボットグラフ

ピボットテーブルとピボットグラ
フはリンクしています。ピボット
グラフでレイアウトしたフィールド
は、ピボットテーブルにも自動
的に表示されます。ピボットグラ
フの軸（分類項目）は行ラベル、
凡例（系列）は列ラベル、値は値、
フィルターはフィルターに表示さ
れます。

【操作 3】

⑫ ピボットグラフが選択された状態で、[デザイン] タブの 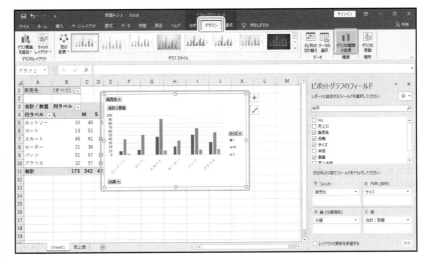 [グラフの種類の変更] ボタンをクリックします。

⑬ [グラフの種類の変更] ダイアログボックスが表示されるので、[縦棒] の一覧から [積み上げ縦棒]（左から 2 番目）をクリックします。

⑭ [OK] をクリックします。

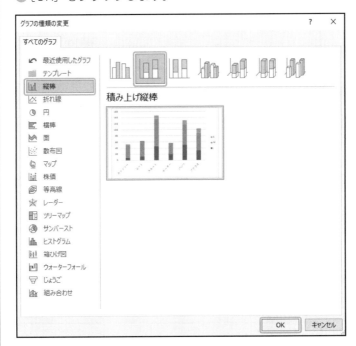

⑮ グラフの種類が「積み上げ縦棒」に変更されます。

⑯ ピボットグラフ内の [グラフエリア] と表示される部分をポイントし、ピボットテーブルの右にドラッグします。

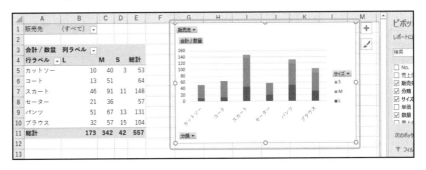

練習問題

問題フォルダー
└ 問題 4-3-2.xlsx

解答フォルダー
└ 解答 4-3-2.xlsx

【操作 1】ワークシート「売上分析」のピボットグラフの横軸に「カットソー」「セーター」「ブラウス」のみが表示されるようにします。

【操作 2】ピボットグラフの系列が下から「S」「M」「L」になるように変更します。

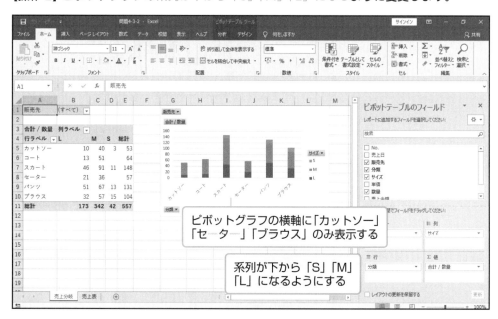

ピボットグラフの横軸に「カットソー」「セ ー タ ー」「ブラウス」のみ表示する

系列が下から「S」「M」「L」になるようにする

機能の解説

重要用語

□ レイアウトの変更

□ 特定のデータだけに
絞り込んで集計、表示

□ [ピボットグラフの
フィールド]
作業ウィンドウ

□ [行 / 列の切り替え]
ボタン

□ フィールドのボタン

☆ヒント

マウスポインターの形
フィールドを各ボックスにドラッグする際に、移動先によってマウスポインターの形状が変わります。

ピボットグラフを作成した後で、フィールドの追加や削除、移動などのレイアウトの変更を行ったり、特定のデータだけに絞り込んで集計、表示したりできます。

●レイアウトを変更する

ピボットグラフのレイアウトを変更するには、ピボットテーブルと同様に、[ピボットグラフのフィールド] 作業ウィンドウのフィールドを [フィルター]、[凡例 (系列)]、[軸 (分類項目)]、[値] の目的の位置のボックスにドラッグします。フィールドを削除する場合は、ボックス内のフィールドを作業ウィンドウの外側にドラッグします。

フィールドの追加

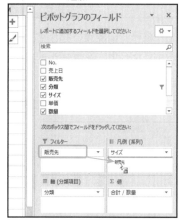

フィールドの削除

ピボットグラフの横軸や凡例（系列）の表示順を変更する場合は、ピボットテーブルの行もしくは列を操作します（「4-2-2」参照）。

通常のグラフと同様に［ピボットグラフツール］の［デザイン］タブの 🖼 ［行／列の切り替え］ボタンをクリックして、軸（項目）と凡例（系列）を入れ替えることも可能です。

●特定のデータだけを絞り込んで集計する

ピボットグラフでは、ピボットテーブルと同様に、軸や凡例、フィルターのフィールドの特定のデータ（アイテム）を抽出して集計、表示することができます。
グラフ内の目的のフィールドのボタンをクリックして一覧を表示し、アイテムを指定して［OK］をクリックします。

軸（分類項目）のアイテムを絞り込む

集計、表示するアイテムのチェックボックスをオンにする

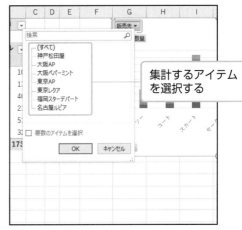

フィルターのフィールドのアイテムを絞り込む

集計するアイテムを選択する

ヒント
個々のアイテムを選択
［(すべて選択)］チェックボックスをオフにすると、すべてのアイテムのチェックボックスがオフになります。その後で、目的のアイテムのチェックボックスをオンにするとアイテム数が少ない場合に効率よく選択できます。

ヒント
複数のアイテムを選択
フィルターの一覧から複数のアイテムを選択する場合は、［複数のアイテムを選択］チェックボックスをオンにします。各アイテムにチェックボックスが表示され、オンにして選択することができます。

操作手順

【操作 1】

① ワークシート「売上分析」のピボットグラフの［分類］ボタンをクリックします。

② ［コート］、［スカート］、［パンツ］のチェックボックスをオフにします。

③ ［OK］をクリックします。

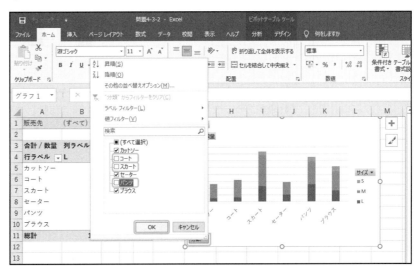

★ ヒント

抽出の確認

抽出が行われているフィールドの
ピボットグラフのボタンは右側に
▼ が表示されます。

❹ ピボットグラフの横軸とピボットテーブルの行ラベルに「カットソー」「セーター」
「ブラウス」のみが表示されます。

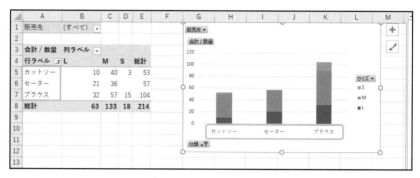

【操作2】

❺ ピボットテーブルの列ラベルの［L］のセル B4 をクリックします。

❻ 枠線上をポイントし、マウスポインターの形が ⇱ になったら［M］のセル C4 の
右側にドラッグし、C 列と D 列の間に I 型の太線が表示されたら、マウスのボタン
から指を離します。

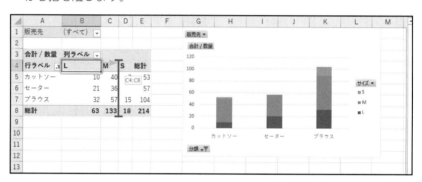

❼［L］のアイテムの値が［M］の右側に移動します。

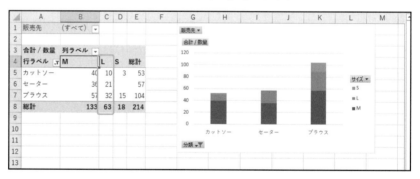

❽ 同様に列ラベルの［S］を［M］の左側に移動します。

❾ ピボットグラフの凡例の順序が変更され、グラフの系列が下から「S」「M」「L」に
なります。

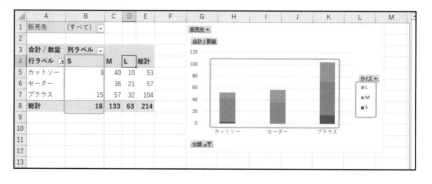

ピボットグラフにスタイルを適用する

練習問題

問題フォルダー
└ 問題 4-3-3.xlsx

解答フォルダー
└ 解答 4-3-3.xlsx

ピボットグラフの~~スタイル~~を「スタイル 2」、色を「カラフルなパレット 4」に変更します。

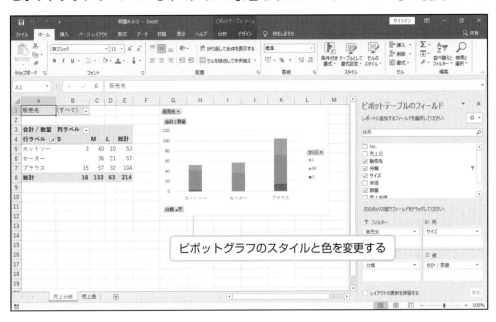

ピボットグラフのスタイルと色を変更する

機能の解説

□ スタイル
□ [グラフスタイル] ボタン
□ [ピボットグラフツール]
　の [書式] タブ

~~スタイル~~を設定すると、グラフの構成要素の配置や書式などをまとめて変更できます。通常のグラフと同様に、ピボットグラフを選択して右上に表示される 🖌 [グラフスタイル] ボタンをクリックすると一覧が表示され、選択したスタイルがグラフに適用されます。
グラフの要素の書式を個別に変更する場合は、目的の要素を選択し、[ピボットグラフツール] の [書式] タブのボタンなどを使って設定します。

[ピボットグラフツール] の [書式] タブ

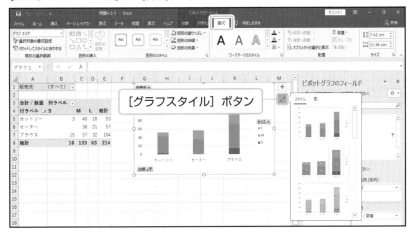

[グラフスタイル] ボタン

❶ ワークシート「売上分析」のピボットグラフをクリックします。

❷ 右上に表示される ✎ ［グラフスタイル］ボタンをクリックします。

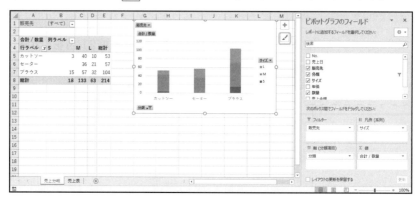

❸ ［スタイル］タブの［スタイル］の一覧から［スタイル 2］をクリックします。

❹ ピボットグラフのスタイルが変更されます。

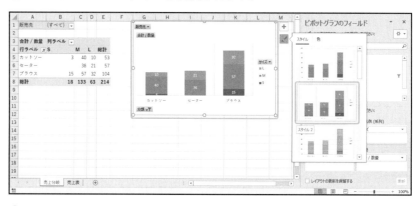

❺ ［色］タブの［カラフル］の一覧から［カラフルなパレット 4］をクリックします。

❻ ピボットグラフの色が変更されます。

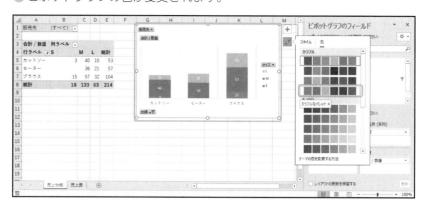

ピボットグラフを使って
ドリルダウン分析をする

練習問題

問題フォルダー
└ 問題 4-3-4.xlsx

解答フォルダー
└ 解答 4-3-4.xlsx

【操作 1】ワークシート「売上分析」のピボットグラフの横軸に月別の明細を追加します。

【操作 2】スライサーを使用して、単価が 1 万円以上の商品の数量を集計します。

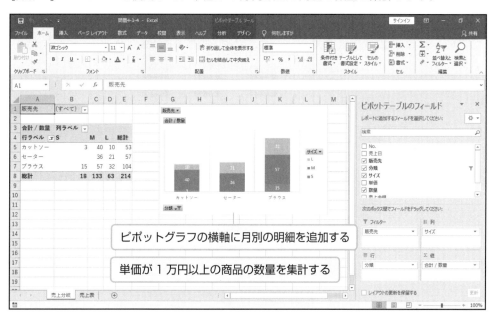

ピボットグラフの横軸に月別の明細を追加する

単価が 1 万円以上の商品の数量を集計する

機能の解説

□ ドリルダウン

□ フィールドの追加

□ スライサー

□ タイムライン

概要データから詳細データへと対象を掘り下げていくことを「ドリルダウン」といいます。ピボットグラフに詳細データを表示する場合は、軸（分類項目）や凡例（系列）に、内訳のフィールドを追加します（「4-3-1」参照）。詳細フィールドがあるグラフには ➕ ［フィールド全体の展開］ボタンと ➖ ［フィールド全体の折りたたみ］ボタンが表示され、クリックして詳細フィールドの表示 / 非表示を切り替えられます。

[ピボットグラフの横軸に月別の明細を追加]

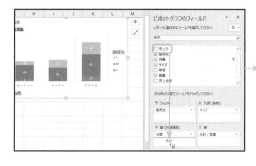 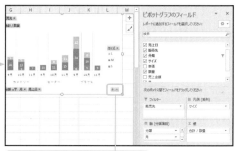

その他の操作方法
詳細データの表示

フィールドの追加はピボットテーブルの行ラベルまたは列ラベルの任意のアイテムをダブルクリックして表示される［詳細データの表示］ダイアログボックスでも行えます（「4-2-3」参照）。この方法で追加したフィールドはそのアイテムだけ展開され、他のアイテムは折りたたまれた状態になります。

ボタンをクリックして、
詳細フィールドの表示 /
非表示を切り替えられる

ピボットグラフでも、ピボットテーブルと同様にスライサーやタイムラインを使用することができます。スライサーを使用すると、ボタンをクリックするだけで、ピボットグラフに目的のデータだけを抽出して集計、表示することができます（「4-2-6」参照）。

【操作1】

❶ ワークシート「売上分析」のピボットグラフをクリックします。

❷ [ピボットグラフのフィールド] 作業ウィンドウの [レポートに追加するフィールド
を選択してください] の一覧の [売上日] を [軸（分類項目）] ボックスの [分類]
の下にドラッグします。

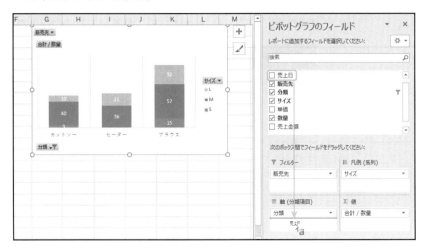

❸ [軸（分類項目）] ボックスに [月] が表示されます。

❹ ピボットグラフの横軸とピボットテーブルの行ラベルに分類と月別の明細が表示さ
れます。

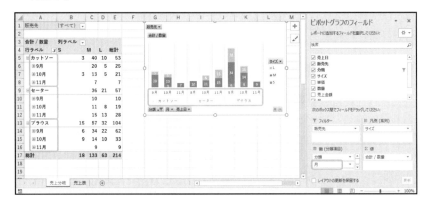

【操作2】

⑤ ［分析］タブの 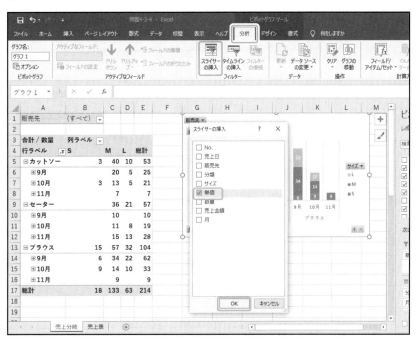（スライサーの挿入）［スライサーの挿入］ボタンをクリックします。

⑥ ［スライサーの挿入］ダイアログボックスが表示されるので、［単価］チェックボックスをオンにします。

⑦ ［OK］をクリックします。

⑧ ［単価］スライサーが表示されるので、［10,000］から［15,000］までをドラッグします。

⑨ ピボットグラフとピボットテーブルに単価が1万円以上の商品の数量が集計されます。

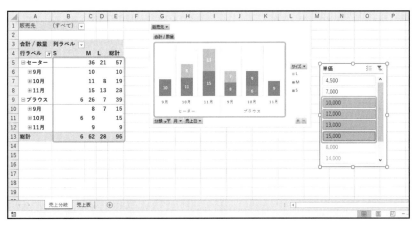

★ヒント

分類の表示
「カットソー」は単価が4500円でスライサーで抽出されないため、非表示になります。

第**4**章

高度な機能を使用したグラフやテーブルの管理

索引

285

さ行

た行

な行

は行

ま行

や行

ら行

わ行

模擬練習問題

マルチプロジェクトという試験形式に慣れるための模擬問題です。プロジェクト単位で解答が終了したらファイルを保存し、解答（PDFファイル）および完成例ファイルと比較し、答え合わせを行ってください。解答に必要なファイル、解答（PDFファイル）、完成例ファイルは、[ドキュメント] フォルダーの [Excel365&2019 エキスパート（実習用）] フォルダーにある [模擬練習問題] フォルダーに入っています。もしファイルがない場合は、「実習用データ」のインストールを行ってください。解答（PDFファイル）およびそれを印刷したものは、本書を購入したお客様だけがご利用いただけます。第三者への貸与、賃貸、販売、譲渡は禁止します。

● 模擬練習問題 1

プロジェクト1　模擬 1-1_ ローン計算

自動車の使用年数が長い顧客に対して新車購入時のローン返済額をシミュレーションしましょう。

【1】数式を使わずに、ワークシート「顧客一覧」のテーブルの「購入年」の列に、「前回購入日」の年を表示します。

【2】ワークシート「顧客一覧」のセル範囲 C4:C20 に設定されている条件付き書式を削除します。

【3】関数を使用して、ワークシート「ローン計算」のセル B4 に、セル B3 の顧客 ID に基づき、ワークシート「顧客一覧」の表から、対応する顧客名を表示します。ただし、セル B3 が空欄だった場合には、何も表示しないようにします。

【4】関数を使用して、ワークシート「ローン計算」のセル範囲 B11:B19 に、自動車ローンの借り入れに対する毎月の返済額を求めます。返済額は価格から頭金を引いた金額で、毎月 1 回の月末払いの元利均等返済、返済期間中に利率の変動はないものとします。

プロジェクト2　模擬 1-2_ ツアー予約

バスツアーの予約人数を集計し、目標人数を試算しましょう。

【1】Office の編集言語に「韓国語」を追加します。[Microsoft Office の言語設定の変更] のメッセージが表示されたら [OK] をクリックします。Office の再起動はしません。

【2】ワークシート「予約」のテーブルで、ツアー ID が「T」で始まるデータだけを抽出するマクロ「東京ツアー」を作成し、ショートカットキー Ctrl ＋ t を割り当てて、作業中のブックに保存します。

【3】ワークシート「予約人数」のピボットテーブルに、「40」から「合計 / 人数」の値を引いた「残席」という名前の集計フィールドを作成します。行と列の集計を行わない設定にします。

【4】予測機能を使用して、ワークシート「目標人数試算」の目標売上が「300,000」になるように、セル B6 の目標人数を設定します。

【5】ワークシート「アンケート結果」に、各ツアーの項目ごとの点数を表すレーダーチャートを作成します。レイアウトを「レイアウト 1」、グラフタイトルを「東京ツアーアンケート結果」にします。

プロジェクト3　模擬 1-3_ お取り寄せギフト

お取り寄せギフトの売り上げを集計しています。発送スケジュールを管理し、ピボットグラフを編集して商品別の売上金額を比較しましょう。

【1】関数を使用して、ワークシート「売上一覧」のセル範囲 B4:B441 に、注文日の曜日を数値で表します。数値は日曜日が「1」になるようにします。なお、セル範囲 B4:B441 にはユーザー定義の表示形式が設定されているため、数値に対応する曜日が表示されます。

【2】関数を使用して、ワークシート「売上一覧」のセル範囲 J4:J441 に、注文日から土日を除いた 5 日後の日付を「〇月〇日」の形式で表示します。なお、週末の曜日を指定できる関数は使用しません。

【3】ワークシート「商品一覧」をセルの選択はできるようにして、パスワードは設定せずに保護します。なお、セル範囲 C4:C22 に、タイトル「単価入力」、範囲パスワード「Tanka」を設定し、パスワードが入力されたときだけ編集できるようにします。

【4】ワークシート「商品別集計」のピボットグラフのフィールドを展開して、商品区分ごとの商品の売上金額を表示します。

プロジェクト4　模擬 1-4_ パン教室

パン教室の 1 日体験講習会の申込状況の集計を行っています。集計表を完成させ、ピボットテーブルを月別に集計するように変更しましょう。

【1】エラーチェック機能を使用して、ワークシート「申込状況」の数式のエラーを修正します。

【2】ワークシート「申込状況」の申込人数の値に、セル F2 に入力されている値より大きい整数を入力すると、スタイルが「停止」、タイトルが「入力エラー」、「定員以下の整数を入力してください。」というエラーメッセージが表示されるようにします。ただし、行が追加された場合もメッセージが表示されるようにします。

【3】ワークシート「申込状況」のセル範囲 F5:F45 の数式を修正して、残席が 0 で、かつ開催地が有楽町または新宿の場合に「★」を表示します。

【4】関数を使用して、ワークシート「開催地別集計」のセル範囲 B4:F7 に、ワークシート「申込状況」の表の開催地、セミナーごとの申込人数の合計を求めます。数式には登録されている名前付き範囲を使用します。

【5】ワークシート「月別集計」のピボットテーブルの日付をグループ化して年単位と月単位で表示します。

プロジェクト5　模擬 1-5_ 担当者別売上

担当者別の売上を集計しています。重複データを削除し、ピボットテーブルを更新しましょう。

【1】ワークシート「担当者別売上」のテーブルのすべての項目が重複しているデータを削除し、ブック内のピボットテーブルのデータをすべて更新します。

【2】ワークシート「売上トップ 10」の 4 月売上から 6 月売上の上位 10 位のデータが太字、フォントの色が「標準の色」の「紫」になるように条件付き書式を設定します。

【3】ワークシートの移動やコピー、ワークシート名の変更などができないように、パスワード「uriage」を設定してブックを保護します。

【4】5 分ごとに自動回復用データを保存し、保存しないで終了した場合に最後に自動保存されたバージョンを残す設定にします。

プロジェクト6　模擬 1-6_ 宅配サービス

宅配サービスの注文を集計しています。ポイントを計算し、会員種別の注文数を比較しましょう。

【1】ワークシート「注文一覧」の「ポイント」の列に会員種別と注文セットに対応したポイントを表示します。ポイントは INDEX 関数と MATCH 関数を使用して、ワークシート「ポイント表」を参照します。

【2】ワークシート「セット別集計」にスライサーを挿入し、「ファミリーセット」と「定番セット」の売上金額を集計します。

【3】ワークシート「注文一覧」のセル範囲 A4:J76 を基に、ワークシート「会員種別集計グラフ」のセル A1 を基点とする位置に、会員種別ごとの注文セット別の注文数を集計する積み上げ横棒のピボットグラフを作成します。

● 模擬練習問題 2

プロジェクト 1　模擬 2-1_ 食器売上記録

食器の売上を集計しています。集計表を完成させ、売上を分析するピボットテーブルを作成しましょう。

【1】ワークシート「商品一覧」のテーブルの「売上数」の列の数式を修正して、ワークシート「売上記録」のテーブルの商品別の数量と購入金額を集計します。

【2】SWITCH 関数を使用して、ワークシート「売上記録」のテーブルの「分類」の列に、分類コードが「A」の場合は「グラス」、「B」の場合は「カップ」、「C」の場合は「洋皿」と表示します。

【3】ワークシート「商品一覧」のセル範囲 B4:B21 の商品名をユーザー設定リストに登録します。

【4】ワークシート「売上記録」のテーブルを基に、ワークシート「売上分析」のセル A1 を基点とする位置に、ピボットテーブルを作成します。行に「商品名」、列に「性別」、値に「購入金額」、フィルターに「年代」を設定します。年代が 20 〜 30 代のデータを集計します。

プロジェクト 2　模擬 2-2_ 勤務管理

勤務管理表を作成しています。時給を求め、表の体裁を整えましょう。

【1】ワークシート「勤務管理」のセル F3 のコメント（[校閲] タブに [メモ] ボタンがある場合はメモ）を「累計勤務時間に基づき時給表から算出」に変更し、セル F4 に「時間内時給の 25%増し」というコメントを追加します。コメントのユーザー名は変更しません。

【2】関数を使用して、ワークシート「勤務管理」のセル G3 に、セル C4（結合セル）の累計勤務時間に基づき、ワークシート「時給」の表から対応する時給を表示します。

【3】ワークシート「勤務管理」のセル B8 から影響を受けるセルをすべてトレースします。

【4】ワークシート「勤務管理」の日付が土日の行に、WEEKDAY 関数を使って、パターンの色「標準の色」の「オレンジ」、パターンの種類「実線 左下がり斜線 縞」を設定します。なお、WEEKDAY 関数は月曜日の戻り値が「1」、日曜日が「7」になる種類を使用します。

プロジェクト 3　模擬 2-3_ 担当者別売上

担当者別の売上を集計しています。部署別の売り上げを比較し、ピボットテーブルの数値の単位を変更しましょう。

【1】ワークシート「担当者別売上」のテーブルの「部署」の列に設定されているドロップダウンリストのエラーメッセージのスタイルを「注意」、タイトルを「部署名の入力」、メッセージを「リストから選択してください。」に変更します。

【2】ワークシート「国内売上」のピボットグラフで支店別に部署ごとの売り上げを比較します。ただし、海外営業部は除きます。

【3】ワークシート「支店別売上」のピボットテーブルの数値を千単位で表示します。

【4】データが変更されたときに、手動で再計算する設定にし、ブックを保存するときに再計算が行われない設定にします。

プロジェクト 4　模擬 2-4_ ジューススタンド集計

ジューススタンドの全店舗の売上数を集計し、目標数を設定しましょう。

【1】ワークシート「藤沢店」「大船店」「橋本店」の売上表を、上端行と左端列を基準にワークシート「売上平均」のセル A3 を基点とする位置に統合し、売上数の平均を表示します。

【2】ワークシート「売上目標」のセル範囲 E4:J6 に、連続データの作成機能を使用して、前月から 5%ずつ増える値を入力します。

【3】ワークシート「アンケート結果」のツリーマップをパレート図に変更し、系列の要素の間隔を 0%、色を「モノクロパレット 4」にします。

【4】ワークシート「借入金返済」のセル B7 に、支払月数を求めます。毎月 1 回の月末払いの元利均等返済で、返済期間中に利率の変動はないものとします。

プロジェクト 5　模擬 2-5_ スタッフ検索表

派遣スタッフの検索表を作成しています。都道府県別のリストを作成し、職種構成を分析しましょう。

【1】ワークシート「スタッフ一覧」のセル E4 に、検索条件に該当する 30 代の人数を求める数式を入力します。数式には「年齢」と「該当」のセルを使用します。

【2】ワークシート「スタッフ一覧（都道府県別）」の表を都道府県名の降順で並べ替え、小計機能を使用して、ID の個数を基に都道府県別の人数を求めます。東京都の詳細データの行および小計と総計の行のみ表示します。

【3】ワークシート「ID 検索」をセル B3 以外の編集ができないように保護します。セルの選択はできるようにして、パスワードは設定しません。

【4】ワークシート「職種構成」のピボットテーブルの値を ID の個数に変更し、ピボットグラフのスタイルを「スタイル 3」に変更します。

【5】警告を表示せずにすべてのマクロを無効にします。

プロジェクト 6　模擬 2-6_ ツアー予約

バスツアーの料金表を完成させ、予約状況を分析しましょう。

【1】関数を使用して、ワークシート「料金表」のセル D1 に本日の日付を表示し、「2012 年 03 月」の形式にします。

【2】ウォッチウィンドウに、ワークシート「予約」の「人数」の列と「金額」の列の合計の値を表示します。表示後、ウィンドウを閉じます。

【3】ワークシート「予約状況」のピボットテーブルを基に、「合計 / 人数」を集合縦棒、「合計 / 金額」を面、第 2 軸で表すピボットグラフを作成します。

【4】ワークシート「アンケート結果」のセル範囲 A4:A6 に、ワークシート「料金表」のセル範囲 B4:B6 のデータを貼り付けます。元データが更新されたときは自動的に反映されるようにします。

模擬テストプログラムの使い方

1. 模擬テスト実施前に必ずお読みください

模擬テストプログラム「MOS 模擬テスト Excel365&2019 エキスパート」（以下、本プログラム）をご利用の際は、以下を必ずご確認ください。

● Microsoft Office のインストールを確認する

本プログラムは、Office 2019 および Office 365（Microsoft 365）日本語版以外のバージョンや Microsoft 以外の互換 Office では動作いたしません。また、複数の Office が混在した環境では、本プログラムの動作を保証しておりません。なお、日本語版 Office であってもストアアプリ版では動作しないことがあります。その場合は、デスクトップアプリ版に入れ替えてご利用ください。くわしくは本書のウェブページ（https://project.nikkeibp.co.jp/bnt/atcl/21/S60060/）を参照してください。

●インストールが進行しない場合

「インストールしています」の画面が表示されてからインストールが開始されるまで、かなり長い時間がかかる場合があります。インストールの進行を示すバーが変化しなくても、そのまましばらくお待ちください。

●起動前に Excel を終了する

Excel が起動していると、本プログラムを起動できません。事前に Excel を終了させてください。

●ダイアログボックスのサイズが大きいとき

Windows で ［ディスプレイ］ の設定を 100％より大きくしていると、一部の項目や文字が表示されなくなることが あります。その場合は表示の設定を 100％にしてください。

●文字や数値の入力

文字や数値を入力する場合は、問題文の該当する文字（リンクになっています）をクリックすると、クリップボードにコピーできます。自分で入力する場合、特別な指示がなければ、英数字は半角で入力します。入力する文字列が「」で囲む形式で指示されている問題では、「」内の文字だけを入力します。

●ダイアログボックスは閉じる

Excel のダイアログボックスを開いたまま、［採点］、［次のプロジェクト］、［レビューページ］、［リセット］、［テスト中止］をクリックすると、正しく動作しないことがあります。ダイアログボックスを閉じてからボタンをクリックしてください。

●保存したファイルが残る場合

ファイルやテンプレートに名前を付けて保存する問題で、問題の指示と異なる名前で保存したり、異なるフォルダーに保存したりすると、テスト終了後にファイルが残ってしまう場合があります。その場合は、該当の保存先を開いて、作成したファイルを削除してください。［ドキュメント］フォルダーに保存する指示がある場合、OneDrive の ［ドキュメント］ ではなくコンピューターの ［ドキュメント］ に保存するよう気をつけてください。

●ディスクの空き容量が少ない場合

本番モードで模擬テストを実施し、［テスト終了］ボタンをクリックすると、「保存先のディスクに十分な空き容量がないか、準備ができていません。」というメッセージが表示されることがあります。成績ファイルを保存するフォルダーの変更は［オプション］ダイアログボックスで行います。

●判定基準

正誤判定は弊社独自の基準で行っています。MOS 試験の判定基準と同じであるという保証はしておりません。

●正しい操作をしているのに不正解と判定される場合

主に Office の更新などに伴い、環境によっては正解操作をしても本プログラムが不正解と判定することがあります。その場合は、正しい操作で解答していることを確認したうえで、判定は不正解でも実際には正解であると判断して学習を進めてください。

●利用環境による影響

本プログラムの正解判定は、利用環境によって変わる可能性があります。Office の各種設定を既定以外にしている場合や、Office が更新された場合などに、正解操作をしても不正解と判定されることや正解操作ができないことがあります。正解操作と思われる場合はご自分で正解と判断し学習を進めてください。

●複数の操作がある場合の判定

解答操作の方法が複数ある場合は、実行した結果が同じであればどの方法で解答しても同じ判定結果になります。［解答を見る］および後ろのページにある「模擬テストプログラム　問題と解答」ではそのうちの一つの操作方法を解答の例として記述しているので、ほかの操作方法で解答しても正解と判定されることがあります。

※ このほか、模擬テストプログラムの最新情報は本書のウェブページ（https://project.
nikkeibp.co.jp/bnt/atcl/21/S60060/）を参照してください。

2. 利用環境

本プログラムを利用するには、次の環境が必要です。以下の条件を満たしていても、コンピューターの個別の状態などにより利用できない場合があります。

OS	Windows 10（ただし S モードを除く）
アプリケーションソフト	Microsoft Office 2019 または Office 365（Microsoft 365。いずれも日本語版、32 ビットおよび 64 ビット）をインストールし、ライセンス認証を完了させた状態。ただし上記の Office であっても、環境によってストアアプリ版では動作しないことがあります。その場合はデスクトップ版に入れ替える必要があります。くわしくは本書のウェブページ（https://project.nikkeibp.co.jp/bnt/atcl/21/S60060/）をご覧ください。

インターネット	本プログラムの実行にインターネット接続は不要ですが、本プログラムの更新プログラムの適用にはインターネット接続が必要です。
ハードディスク	300MB 以上の空き容量が必要です。
画面解像度	横 1280 ピクセル以上を推奨します。
CD-ROM ドライブ	本プログラムのインストールが完了していれば不要です。

※ 本プログラムは、Office 2019 または Office 365（Microsoft 365）以外のバージョンや Microsoft 以外の互換 Office では動作しません。また、複数の Office が混在した環境では、本プログラムの動作を保証しておりません。

※Office のインストールは、本プログラムのインストールより先に行ってください。本プログラムのインストール後に Office のインストールや再インストールを行う場合は、いったん本プログラムをアンインストールしてください。

3. プログラムの更新

本プログラムは、問題の正解判定に影響があるような Office の更新が行われた場合や、データの誤りが判明した場合などに、更新プログラムを提供することがあります。コンピューターがインターネットに接続されている場合、更新プログラムがあるとその数を以下のようにかっこで表示します。

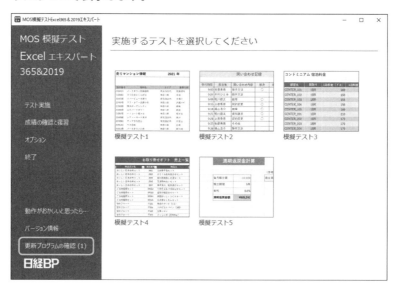

［更新プログラムの確認］をクリックすると、更新内容が確認できますので、必要に応じて［インストール］ボタンをクリックしてください。あとは自動でプログラムが更新されます。その際、Windows の管理者のパスワードを求められることがあります。

4. 模擬テストの実施

① Excel が起動している場合は終了します。

②デスクトップの [MOS 模擬テスト Excel365&2019 エキスパート] のショートカットアイコンをダブルクリックします。

③ [テスト実施] 画面が表示されます。

●[テスト実施] 画面

ほかの画面から
この画面に戻る

過去の成績の確認や
復習をする

成績の保存場所や印刷
時の名前を指定する

模擬テストプログラムを
終了する

●練習モードで模擬テストを実施

一つのタスクごとに採点するモードです。

①模擬テストのいずれ
かをクリック

②[練習モード]を
クリック

出題するタスクを選択する画面が表示されます。チェックボックスを使って出題されるタスクを選択します。

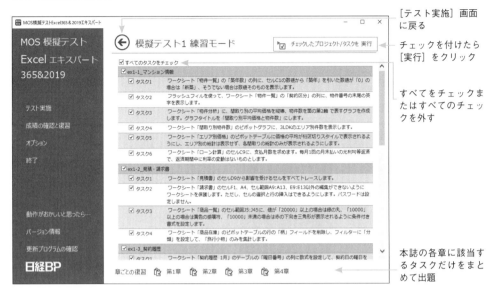

[テスト実施]画面に戻る

チェックを付けたら[実行]をクリック

すべてをチェックまたはすべてのチェックを外す

本誌の各章に該当するタスクだけをまとめて出題

問題文に従って解答操作を行い、[採点]をクリックします。

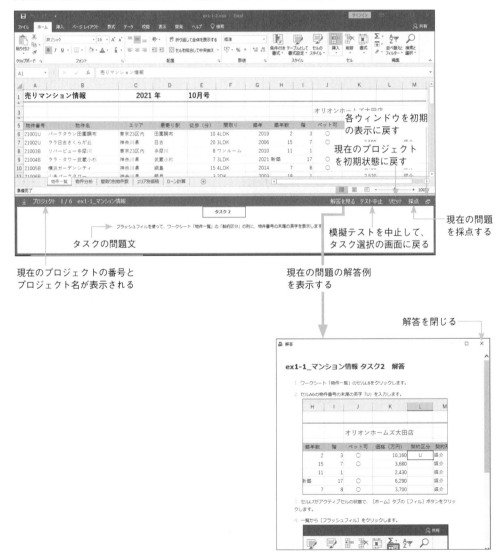

各ウィンドウを初期の表示に戻す

現在のプロジェクトを初期状態に戻す

現在の問題を採点する

模擬テストを中止して、タスク選択の画面に戻る

現在のプロジェクトの番号とプロジェクト名が表示される

タスクの問題文

現在の問題の解答例を表示する

解答を閉じる

●本番モードで模擬テストを実施

MOS試験と同様、50分で1回分のテストを行い最後に採点するモードです。制限時間は50分で、制限時間を過ぎると自動的に終了します。

①模擬テストのいずれかをクリック

②[本番モード]をクリック

プロジェクト中の全部のタスクを解答またはスキップしたら次のプロジェクトに移行します。

模擬テストを中止して[テスト実施]画面に戻る

各ウィンドウを初期の表示に戻す

制限時間（50分）の残りが表示される

現在のプロジェクトを初期状態に戻す

タスクの問題文

タイマーを一時停止する

現在のプロジェクトを保存して次のプロジェクトを開く

現在のプロジェクトの番号とプロジェクト名が表示される

[あとで見直す]のチェックマークを付ける

[解答済みにする]のチェックマークを付ける

次のタスクに進む

模擬テスト

使い方

全部のプロジェクトが終了したら、レビューページが表示されます。タスク番号をクリックすると試験の操作画面に戻ります。レビューページは、操作画面からいつでも呼び出すことができます。

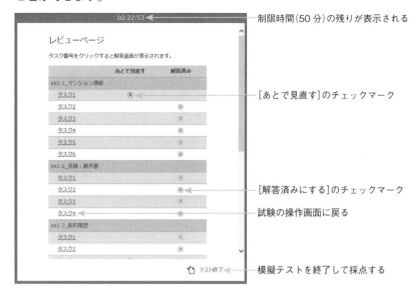

制限時間(50分)の残りが表示される

[あとで見直す]のチェックマーク

[解答済みにする]のチェックマーク

試験の操作画面に戻る

模擬テストを終了して採点する

●[結果レポート] 画面

本番モードを終了すると、合否と得点、各問題の正解／不正解を示す［結果レポート］画面が表示されます。

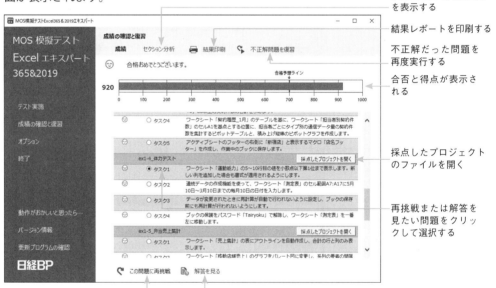

[セクション分析]画面を表示する

結果レポートを印刷する

不正解だった問題を再度実行する

合否と得点が表示される

採点したプロジェクトのファイルを開く

再挑戦または解答を見たい問題をクリックして選択する

選択している問題に再挑戦する　選択している問題の解答例を見る

[採点したプロジェクトを開く]

模擬テスト終了時のブックの Excel 画面が表示され、確認することができます（ブックに保存されないオプション設定は反映されません）。ここで開いたブックを保存したい場合は、Excel で［名前を付けて保存］を実行し、適当なフォルダーに適当なファイル名で保存してください。Excel 画面を閉じると、［結果レポート］画面に戻ります。

[セクション分析]

本誌のどの章（セクション）で説明されている機能を使うかでタスクを分類し、セクションごとの正答率を示します。

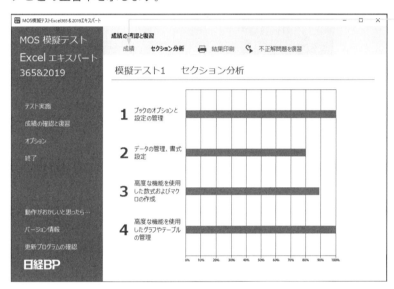

表示を終了し、［結果レポート］画面に戻る

[印刷]

模擬テストの結果レポートを印刷できます。

印刷を終了し、［結果レポート］画面に戻る

印刷を開始する

●［成績の確認と復習］画面

これまでに実施した模擬テストの成績の一覧です。問題ごとに正解 / 不正解を確認したり復習したりするときは、各行をクリックして［結果レポート］画面を表示します。成績は新しいものから 20 回分が保存されます。

成績は Windows にサインイン / ログオンしたアカウントごとに記録されます。別のアカウントで模擬テストを実施した場合、それまでの成績は参照できないのでご注意ください。

各行をクリックするとその模擬テストの［結果レポート］画面が表示される

各行の成績を削除する

●［オプション］ダイアログボックス

成績ファイルを保存するフォルダーと、成績を印刷する場合の既定のお名前を指定できます。

成績ファイルを保存するフォルダーには、現在のユーザーの書き込み権限と、約 20MB 以上の空き容量が必要です。［保存先フォルダー］ボックスを空白にして［OK］ボタンをクリックすると、既定のフォルダーに戻ります。

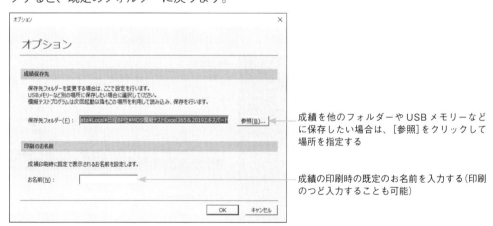

成績を他のフォルダーや USB メモリーなどに保存したい場合は、［参照］をクリックして場所を指定する

成績の印刷時の既定のお名前を入力する（印刷のつど入力することも可能）

●終了

［テスト実施］画面で［終了］をクリックすると、模擬テストプログラムが終了します。

模擬テストプログラム
問題と解答

● 模擬テスト 1

プロジェクト 1　マンション情報

【タスク 1】 ワークシート「物件一覧」の「築年数」の列に、セル C1 の数値から「築年」を引いた数値が「0」の場合は「新築」、そうでない場合は数値そのものを表示します。

① ワークシート「物件一覧」のセル H6 をクリックします。
② ［数式］タブの［論理］ボタンをクリックします。
③ 一覧から［IF］をクリックします。
④ IF 関数の［関数の引数］ダイアログボックスが表示されるので、［論理式］ボックスにカーソルが表示されていることを確認し、セル C1 をクリックし、F4 キーを押します。
⑤ ［論理式］ボックスに「$C$1」と表示されます。
⑥ 続けて「-」を入力します。
⑦ セル G6 をクリックします。
⑧ ［論理式］ボックスに「$C$1-G6」と表示されます。
⑨ 続けて「=」を入力します。
⑩ 問題文の「0」をクリックしてコピーします。
⑪ Ctrl + V キーを押します。
⑫ ［論理式］ボックスに「0」が貼り付けられ、「$C$1-G6=0」になります。
⑬ 問題文の「新築」をクリックしてコピーします。
⑭ ［値が真の場合］ボックスをクリックし、Ctrl + V キーを押します。
⑮ ［値が真の場合］ボックスに「新築」の文字列が貼り付けられます。
⑯ ［論理式］ボックスの「$C$1-G6」をドラッグし、Ctrl + C キーを押します。
⑰ ［値が偽の場合］ボックスをクリックし、Ctrl + V キーを押します。
⑱ ［値が偽の場合］ボックスに「$C$1-G6」と表示されます。
※ コピー / 貼り付け機能を使わずに、④〜⑧と同様の手順で数式を設定するか、数式を直接入力してもかまいません。
⑲ ［数式の結果 =］に「2」が表示されていることを確認します。
⑳ ［OK］をクリックします。
㉑ 数式バーに「=IF($C$1-G6=0," 新築 ", $C$1-G6)」と表示されたことを確認します。
※ ［関数の引数］ダイアログボックスを使わずに、この数式を直接セルに入力してもかまいません。
㉒ セル H6 に、「2」が表示されます。
㉓ セル H6 の右下のフィルハンドルをポイントし、マウスポインターの形が＋に変わったら、ダブルクリックします。
㉔ セル H6 の数式がセル H7 〜 H48 にコピーされ、築年数または「新築」の文字列が表示されます。

【タスク 2】 フラッシュフィルを使って、ワークシート「物件一覧」の「契約区分」の列に、物件番号の末尾の英字を表示します。

① ワークシート「物件一覧」のセル L6 をクリックします。
② セル A6 の物件番号の末尾の英字「U」を入力します。
③ Enter キーを押して入力を確定します。
④ セル L7 がアクティブセルの状態で、［ホーム］タブの［フィル］ボタンをクリックします。
⑤ 一覧から［フラッシュフィル］をクリックします。
⑥ セル L7 〜 L48 に各行の物件番号の末尾の英字が表示されます。

【タスク 3】 ワークシート「物件分析」に、間取り別の平均価格を縦棒、物件数を面の第 2 軸 で表すグラフを作成します。グラフタイトルを「間取り別平均価格と物件数」にします。

① ワークシート「物件分析」のシート見出しをクリックします。
② セル A5 〜 C11 を範囲選択します。
③ ［挿入］タブの［おすすめグラフ］ボタンをクリックします。
④ ［グラフの挿入］ダイアログボックスが表示されるので、［すべてのグラフ］タブの左側の一覧から［組み合わせ］をクリックします。
⑤ ［平均価格］の系列のグラフの種類が［集合縦棒］になっていることを確認します。
⑥ ［物件数］の系列の［グラフの種類］ボックスの▼をクリックし、［面］の［面］をクリックします。
⑦ ［物件数］の系列の［第 2 軸］チェックボックスをオンにします。
⑧ グラフのプレビューで、平均価格が集合縦棒、物件数が面、第 2 軸で表示されていることを確認します。
⑨ ［OK］をクリックします。
⑩ 間取り別の平均価格が縦棒、物件数が面、第 2 軸のグラフが表示されます。
⑪ 問題文の「間取り別平均価格と物件数」をクリックして文字列をコピーします。
⑫ ［グラフタイトル］をクリックします。
⑬ 「グラフタイトル」の文字列をドラッグし、Ctrl + V キーを押します。
⑭ 「グラフタイトル」に「間取り別平均価格と物件数」の文字列が貼り付けられ、上書きされます。
⑮ グラフタイトル以外の場所をクリックして、グラフタイトルの選択を解除します。

【タスク 4】 ワークシート「間取り別物件数」のピボットグラフに、3LDK のエリア別件数を表示します。

① ワークシート「間取り別物件数」のシート見出しをクリックします。
② ピボットテーブルの行ラベルの［3LDK］をダブルクリックします。
③ ［詳細データの表示］ダイアログボックスが表示されるので、［詳細データを表示するフィールドを選択してください］の一覧から［エリア］をクリックします。
④ ［OK］をクリックします。
⑤ ピボットテーブルとピボットグラフに 3LDK のエリア別物件数が表示されます。

【タスク 5】 ワークシート「エリア別価格」のピボットテーブルに価格の平均が桁区切りスタイルで表示されるようにし、エリア別の総計は表示せず、各間取りの総計のみが表示されるようにします。

① ワークシート「エリア別価格」のシート見出しをクリックします。
② セル A1 がアクティブセルになっていることを確認します。
③ ［分析］タブの［アクティブなフィールド］ボックスに「合計 / 価格（万円）」と表示されていることを確認します。
④ ［分析］タブの［フィールドの設定］ボタンをクリックします。
⑤ ［値フィールドの設定］ダイアログボックスが表示されるので、［集計方法］タブの［選択したフィールドのデータ］ボックスの一覧から［平均］をクリックします。
⑥ ［表示形式］をクリックします。
⑦ ［セルの書式設定］ダイアログボックスの［表示形式］タブが表示されるので、［分類］ボックスの［数値］をクリックします。
⑧ ［桁区切り（,）を使用する］チェックボックスをオンにします。
⑨ ［OK］をクリックします。
⑩ ［値フィールドの設定］ダイアログボックスの［OK］をクリックします。
⑪ セル A1 が「平均 / 価格（万円）」に変わり、値に 3 桁区切りの「,」（カンマ）が表示されます。
⑫ ［デザイン］タブの［総計］ボタンをクリックします。

⑬ ［列のみ集計を行う］をクリックします。
⑭ 行の総計（エリア別の総計）が非表示になり、列の総計（間取り別の総計）のみが表示されます。

【タスク6】ワークシート「ローン計算」のセル C9 に、支払月数を求めます。毎月1回の月末払いの元利均等返済で、返済期間中に利率の変動はないものとします。

① ワークシート「ローン計算」のシート見出しをクリックします。
② セル C9 をクリックします。
③ ［数式］タブの［財務］ボタンをクリックします。
④ 一覧から［NPER］をクリックします。
⑤ NPER 関数の［関数の引数］ダイアログボックスが表示されるので、［利率］ボックスにカーソルが表示されていることを確認し、セル C5 をクリックします。
⑥ ［利率］ボックスに「C5」と表示されます。
⑦ 月単位の利率にするため、続けて「/12」と入力します。
⑧ ［定期支払額］ボックスをクリックし、セル C7 をクリックします。
⑨ ［定期支払額］ボックスに「C7」と表示さます。
⑩ ［現在価値］ボックスをクリックし、セル C3 をクリックします。
⑪ ［現在価値］ボックスに「C3」と表示されます。
⑫ ［将来価値］ボックスには何も入力しないか、「0」を入力します。
⑬ ［支払期日］ボックスには何も入力しないか、「0」を入力します。
⑭ ［数式の結果 =］に「188」が表示されていることを確認します。
⑮ ［OK］をクリックします。
⑯ 数式バーに「=NPER(C5/12,C7,C3)」と表示されたことを確認します。
※ ［関数の引数］ダイアログボックスを使わずに、この数式を直接セルに入力してもかまいません。
⑰ セル C9 に「188」と表示されます。

プロジェクト2 　見積・請求書

【タスク1】ワークシート「見積書」のセル D9 から影響を受けるセルをすべてトレースします。

① ワークシート「見積書」のセル D9 をクリックします。
② ［数式］タブの［参照先のトレース］ボタンをクリックします。
③ セル D9 からセル F9 に向かうトレース矢印が表示されます。
④ 再び［参照先のトレース］ボタンをクリックします。
⑤ セル F9 からセル F14 に向かうトレース矢印が新たに表示されます。
⑥ 再び［参照先のトレース］ボタンをクリックします。
⑦ セル F14 からセル F15、F16、F17 に向かうトレース矢印が新たに表示されます。
⑧ 再び［参照先のトレース］ボタンをクリックします。
⑨ セル F17 からセル B6 に向かうトレース矢印が新たに表示されます。
⑩ 再び［参照先のトレース］ボタンをクリックします。
⑪ 新たなトレース矢印は表示されないので、参照先のすべてのセルがトレースされたことがわかります。

【タスク2】ワークシート「請求書」のセル F1、A4、セル範囲 A9:A13、E9:E13 以外の編集ができないようにワークシートを保護します。ただし、セルの選択と行の挿入はできるようにします。パスワードは設定しません。

① ワークシート「請求書」のシート見出しをクリックします。
② セル F1 をクリックします。
③ Ctrl キーを押しながら、セル A4 をクリックします。
④ Ctrl キーを押しながら、セル A9 ～ A13、セル E9 ～ E13 をドラッグします。
⑤ ［ホーム］タブの［書式］ボタンをクリックします。
⑥ ［保護］の［セルのロック］をクリックしてオフにします。
⑦ 再び［書式］ボタンをクリックします。
⑧ ［保護］の［シートの保護］をクリックします。
⑨ ［シートの保護］ダイアログボックスが表示されるので、［シート

の保護を解除するためのパスワード］ボックスには入力せずに、［シートとロックされたセルの内容を保護する］チェックボックスがオンになっていることを確認します。
⑩ ［このシートのすべてのユーザーに許可する操作］の［ロックされたセル範囲の選択］と［ロックされていないセル範囲の選択］チェックボックスがオンになっていることを確認します。
⑪ ［行の挿入］チェックボックスをオンにします。
⑫ ［OK］をクリックします。

【タスク3】ワークシート「商品一覧」のセル範囲 J5:J45 に、値が「20000」以上の場合は緑の丸、「10000」以上の場合は黄色の感嘆符、「10000」未満の場合は赤の下向き三角形が表示されるように条件付き書式を設定します。

① ワークシート「商品一覧」のシート見出しをクリックします。
② セル J5 ～ J45 を範囲選択します。
③ ［ホーム］タブの［条件付き書式］ボタンをクリックします。
④ ［アイコンセット］の［図形］の一覧から［3 つの図形］をクリックします。
⑤ セル J5 ～ J45 に、緑の丸、黄色の三角、赤のひし形のアイコンセットが表示されます。
⑥ セル J5 ～ J45 を範囲選択した状態のまま、［ホーム］タブの［条件付き書式］ボタンをクリックします。
⑦ 一覧から［ルールの管理］をクリックします。
⑧ ［条件付き書式ルールの管理］ダイアログボックスが表示されるので、ルールの一覧の［アイコンセット］が選択されていることを確認し、［ルールの編集］をクリックします。
⑨ ［書式ルールの編集］ダイアログボックスが表示されるので、［次のルールに基づいてアイコンを表示］の 1 つ目のルールの［アイコン］に緑の丸が表示されていることを確認します。
⑩ ［種類］の「パーセント」と表示されているボックスの▼をクリックし、一覧から［数値］をクリックします。
⑪ 問題文の「20000」をクリックしてコピーします。
⑫ ［値］ボックスの「0」をドラッグし、Ctrl + V キーを押します。
⑬ ［値］ボックスに「20000」が貼り付けられ、上書きされます。
⑭ ［値］の左側のボックスに「>=」が表示されていることを確認します。
⑮ 2 つ目のルールの［アイコン］に黄色の三角が表示されていることを確認し、▼をクリックして、一覧から［黄色の感嘆符］をクリックします。
⑯ ［種類］の「パーセント」と表示されているボックスの▼をクリックし、一覧から［数値］をクリックします。
⑰ 問題文の「10000」をクリックしてコピーします。
⑱ ［値］ボックスの「0」をドラッグし、Ctrl + V キーを押します。
⑲ ［値］ボックスに「10000」が貼り付けられ、上書きされます。
⑳ ［値］の左側のボックスに「>=」が表示されていることを確認します。
㉑ 3 つ目のルールの［アイコン］に赤のひし形が表示されていることを確認し、▼をクリックして、一覧から［赤の下向き三角形］をクリックします。
㉒ ［OK］をクリックします。
㉓ ［条件付き書式ルールの管理］ダイアログボックスのアイコンセットの［書式］が緑の丸、黄色の感嘆符、赤の下向き三角形の順になっていることを確認します。
㉔ ［OK］をクリックします。
㉕ 価格が 20000 以上のセルに緑の丸、10000 以上のセルに黄色の感嘆符、10000 未満のセルに赤の下向き三角形が表示されたことを確認します。

【タスク4】ワークシート「商品在庫」のピボットテーブルの行の「柄」フィールドを削除し、フィルターに「分類」を設定して、「旅行小物」のみを集計します。

① ワークシート「商品在庫」のシート見出しをクリックします。

② ピボットテーブル内の任意のセルをクリックします。
③ [ピボットテーブルのフィールドリスト] 作業ウィンドウの [レポートに追加するフィールドを選択してください] の一覧の [柄] チェックボックスをオフにします。
④ ピボットテーブルの行ラベルの「柄」がなくなります。
⑤ [ピボットテーブルのフィールドリスト] 作業ウィンドウの [レポートに追加するフィールドを選択してください] の一覧の [分類] を [フィルター] ボックスにドラッグします。
⑥ ピボットテーブルのフィルターに「分類」が表示されます。
⑦ セル B1 ([分類] の「(すべて)」と表示されているフィルター) の ▼をクリックし、一覧から [旅行小物] をクリックし、[OK] をクリックします。
⑧ 分類が「旅行小物」の商品の在庫が集計されます。

【タスク 1】ワークシート「契約履歴 _1 月」のテーブルの「曜日番号」の列に数式を設定して、契約日の曜日を数値で表します。数値は月曜日が 1、日曜日が 7 になるようにします。

① ワークシート「契約履歴 _1 月」のセル B5 をクリックします。
② [数式] タブの [日付 / 時刻] ボタンをクリックします。
③ 一覧から [WEEKDAY] をクリックします。
④ WEEKDAY 関数の [関数の引数] ダイアログボックスが表示されるので、[シリアル値] ボックスにカーソルが表示されていることを確認し、セル A5 をクリックします。
⑤ [シリアル値] ボックスに「[@ 契約日]」と表示されます。
⑥ [種類] ボックスをクリックし、「2」と入力します。
⑦ [数式の結果 =] に「5」が表示されていることを確認します。
⑧ [OK] をクリックします。
⑨ 数式バーに「=WEEKDAY([@ 契約日],2)」と表示されたことを確認します。
※ [関数の引数] ダイアログボックスを使わずに、この数式を直接セルに入力してもかまいません。
⑩ セル B5 に、セル A5 の「1/8」の曜日番号「5」が表示されます。
⑪ B6 ～ B79 に自動的に数式が設定され、各行の契約日の曜日番号が表示されます。

【タスク 2】ワークシート「契約履歴 _1 月」のテーブルの「月額料金」の列にタイプと通信データ量に対応した月額料金を表示します。月額料金は、INDEX 関数と MATCH 関数を使用して、ワークシート「月額料金表」を参照します。

① ワークシート「契約履歴 _1 月」のセル E5 をクリックします。
② [数式] タブの [検索 / 行列] ボタンをクリックします。
③ 一覧から [INDEX] をクリックします。
④ INDEX 関数の [引数の選択] ダイアログボックスが表示されるので、[引数] ボックスの [配列 , 行番号 , 列番号] が選ばれていることを確認して、[OK] をクリックします。
⑤ INDEX 関数の [関数の引数] ダイアログボックスが表示されるので、[配列] ボックスにカーソルが表示されていることを確認し、ワークシート「月額料金表」のシート見出しをクリックします。
⑥ セル C4 ～ E5 を範囲選択し、F4 キーを押します。
⑦ [配列] ボックスに「月額料金表 !$C$4:$E$5」と表示されたことを確認します。
⑧ [行番号] ボックスをクリックし、名前ボックスの▼をクリックして、一覧から [MATCH] をクリックします。
※ 名前ボックスの一覧に [MATCH] がない場合は、[その他の関数] をクリックし、表示される [関数の挿入] ダイアログボックスの [関数の分類] ボックスの▼をクリックして [検索 / 行列] または [すべて表示] をクリックし、[関数名] ボックスの一覧から [MATCH] をクリックし、[OK] をクリックします。

⑨ MATCH 関数の [関数の引数] ダイアログボックスが表示されるので、[検査値] ボックスにカーソルが表示されていることを確認し、セル C5 をクリックします。
⑩ [検査値] ボックスに「[@ タイプ]」と表示されます。
⑪ [検査範囲] ボックスをクリックし、「月額料金表」のシート見出しをクリックします。
⑫ セル B4 ～ B5 を範囲選択し、F4 キーを押します。
⑬ [検査範囲] ボックスに「月額料金表 !$B$4:$B$5」と表示されます。
⑭ [照合の種類] ボックスをクリックし、「0」を入力します。
⑮ 数式バーの「INDEX」部分をクリックします。
⑯ INDEX 関数の [引数の選択] ダイアログボックスが表示されるので、[引数] ボックスの [配列 , 行番号 , 列番号] が選ばれていること確認して、[OK] をクリックします。
※ この画面が表示されず、直接、手順⑰の画面が表示されることがあります。
⑰ INDEX 関数の [関数の引数] ダイアログボックスが、[行番号] ボックスに MATCH 関数の式が設定された状態で再び表示されるので、[列番号] ボックスをクリックし、名前ボックスの▼をクリックして、一覧から [MATCH] をクリックします。
⑱ MATCH 関数の [関数の引数] ダイアログボックスが表示されるので、[検査値] ボックスにカーソルが表示されていることを確認し、セル D5 をクリックします。
⑲ [検査値] ボックスに「[@ 通信データ量]」と表示されます。
⑳ [検査範囲] ボックスをクリックし、「月額料金表」のシート見出しをクリックします。
㉑ セル C3 ～ E3 を範囲選択し、F4 キーを押します。
㉒ [検査範囲] ボックスに「月額料金表 !$C$3:$E$3」と表示されます。
㉓ [照合の種類] ボックスをクリックし、「0」を入力します。
㉔ [数式の結果 =] に「900」が表示されていることを確認します。
㉕ [OK] をクリックします。
㉖ 数式バーに「=INDEX(月額料金表 !$C$4:$E$5,MATCH([@ タイプ], 月額料金表 !$B$4:$B$5,0),MATCH([@ 通信データ量], 月額料金表 !$C$3:$E$3,0))」と表示されたことを確認します。
※ [関数の引数] ダイアログボックスを使わずに、この数式を直接セルに入力してもかまいません。
㉗ セル E5 に、セル C5 の「Single」とセル D5 の「3GB」の月額料金「900」が表示されます。
㉘ セル E6 ～ E79 に自動的に数式が設定され、各行のタイプと通信データ量に対応する月額料金が表示されます。

【タスク 3】ワークシート「契約履歴 _1 月」のセル J3 に、タイプが「Dual」で通信データ量が「5」GB 以上の契約件数の合計を求めます。

① ワークシート「契約履歴 _1 月」のセル J3 をクリックします。
② [数式] タブの [数学 / 三角] ボタンをクリックします。
③ 一覧から [SUMIFS] をクリックします。
④ SUMIFS 関数の [関数の引数] ダイアログボックスが表示されるので、[合計対象範囲] ボックスにカーソルが表示されていることを確認し、セル F5 ～ F79 を範囲選択します。
⑤ [合計対象範囲] ボックスに「契約 1 月 [件数]」と表示されます。
⑥ [条件範囲 1] ボックスをクリックし、セル C5 ～ C79 を範囲選択します。
⑦ [条件範囲 1] ボックスに「契約 1 月 [タイプ]」と表示されます。
⑧ 問題文の「Dual」をクリックしてコピーします。
⑨ [条件 1] ボックスをクリックし、Ctrl + V キーを押します。
⑩ [条件 1] ボックスに「Dual」の文字列が貼り付けられます。
⑪ [条件範囲 2] ボックスをクリックし、D5 ～ D79 をドラッグします。
⑫ [条件範囲 2] ボックスに「契約 1 月 [通信データ量]」と表示されます。
⑬ [条件 2] ボックスをクリックし、「>=」と入力します。
⑭ 問題文の「5」をクリックしてコピーします。
⑮ Ctrl + V キーを押します。

⑯ ［条件 2］ボックスに「5」が貼り付けられ、「>=5」になります。
※ 契約件数はユーザー定義の表示形式で数値に容量の単位「GB」を付けて表示するよう設定されているため、条件では数値のみを指定します。
⑰ ［OK］をクリックします。
⑱ 数式バーに「=SUMIFS(契約 1 月 [件数], 契約 1 月 [タイプ],"Dual", 契約 1 月 [通信データ量], ">=5")」と表示されたことを確認します。
※ ［関数の引数］ダイアログボックスを使わずに、この数式を直接セルに入力してもかまいません。
⑲ セル J3 に、タイプが「Dual」で通信データ量が 5GB 以上の契約件数の合計「47」が表示されます。

【タスク 4】ワークシート「契約履歴 _1 月」のテーブルを基に、ワークシート「担当者別契約件数」のセル A1 を基点とする位置に、担当者ごとにタイプ別の通信データ量の契約件数を集計するピボットテーブルと、積み上げ縦棒のピボットグラフを作成します。

① ワークシート「契約履歴 _1 月」のテーブル内の任意のセルをクリックします。
② ［挿入］タブの［ピボットグラフ］ボタンをクリックします。
③ ［ピボットグラフの作成］ダイアログボックスが表示されるので、［分析するデータを選択してください。］の［テーブルまたは範囲を選択］が選択されていて、［テーブル / 範囲］ボックスに「契約 1 月」と表示されていることを確認します。
④ ［ピボットグラフの配置先を選択してください。］の［既存のワークシート］をクリックします。
⑤ ［場所］ボックスをクリックし、ワークシート「担当者別契約件数」のシート見出しをクリックして、セル A1 をクリックします。
⑥ ［場所］ボックスに「担当者別契約件数 !$A$1」と表示されたことを確認し、［OK］をクリックします。
⑦ ワークシート「担当者別契約件数」のセル A1 を基点とする位置に空白のピボットテーブルと、ピボットグラフが表示されます。
⑧ ［ピボットグラフのフィールド］作業ウィンドウの［レポートに追加するフィールドを選択してください］の一覧の［担当者］を［軸（分類項目）］ボックスにドラッグします。
⑨ ［タイプ］を［軸（分類項目）］ボックスの［担当者］の下にドラッグします。
⑩ ［通信データ量］を［凡例（系列）］ボックスにドラッグします。
⑪ ［件数］を［値］ボックスにドラッグします。
⑫ ［値］ボックスに「合計 / 件数」と表示されます。
⑬ ピボットテーブルの行ラベルに「担当者」と「タイプ」、列ラベルに「通信データ量」、値に「合計 / 件数」が表示されます。
⑭ ピボットグラフの軸（項目）に「担当者」と「タイプ」、凡例（系列）に「通信データ量」、値に「合計 / 件数」が表示されます。
⑮ ピボットグラフが選択された状態で、［デザイン］タブの［グラフの種類の変更］ボタンをクリックします。
⑯ ［すべてのグラフ］タブの左側の一覧の［縦棒］が選択されていることを確認し、右上の一覧から［積み上げ縦棒］をクリックします。
⑰ 右下に積み上げ縦棒グラフが表示されます。
⑱ ［OK］をクリックします。
⑲ グラフの種類が積み上げ縦棒に変更されます。

【タスク 5】アクティブシートのフッターの右側に「新宿店」と表示するマクロ「店名フッター」を作成し、作業中のブックに保存します。

① ［表示］タブの［マクロ］ボタンの▼をクリックします。
② ［マクロの記録］をクリックします。
※ 手順①～②は、［開発］タブの［マクロの記録］ボタンをクリックしてもかまいません。
③ ［マクロの記録］ダイアログボックスが表示されます。
④ 問題文の「店名フッター」をクリックして文字列をコピーします。

⑤ ［マクロの記録］ダイアログボックスの［マクロ名］ボックスの「Macro1」が反転表示していて選択されていることを確認し、Ctrl ＋ V キーを押します。
⑥ ［マクロ名］ボックスに「店名フッター」の文字列が貼り付けられ、上書きされます。
⑦ ［マクロの保存先］ボックスが［作業中のブック］になっていることを確認します。
⑧ ［OK］をクリックします。
⑨ ［挿入］タブの［テキスト］ボタンをクリックし、［ヘッダーとフッター］ボタンをクリックします。
⑩ ページレイアウトに切り替わり、ヘッダー / フッター領域が表示され、カーソルがフッターの中央に表示されます。
⑪ ［デザイン］タブの［フッターに移動］ボタンをクリックします。
⑫ フッターの中央にカーソルが表示されるので、フッターの右側部分をクリックします。
⑬ 「新宿店」と入力します。
※ 問題文からコピーするのではなく、文字を直接入力します。
⑭ 任意のセルをクリックして、フッターの選択を解除します。
⑮ ［表示］タブの［マクロ］ボタンの▼をクリックします。
⑯ ［記録終了］をクリックします。
※ 手順⑮～⑯は、［開発］タブの［記録終了］ボタンをクリックしてもかまいません。

プロジェクト 4 体力テスト

【タスク 1】ワークシート「運動能力」の 5 ～ 10 行目の値を小数点以下第 1 位まで表示します。新しい列を追加した場合も書式が適用されるようにします。

① ワークシート「運動能力」のシート見出しをクリックします。
② 行番号 5 ～ 10 をドラッグします。
③ ［数値］グループ右下の［表示形式］ボタンをクリックします。
④ ［セルの書式設定］ダイアログボックスが表示されるので、［表示形式］タブの［分類］ボックスの［数値］をクリックします。
⑤ ［小数点以下の桁数］ボックスを「1」にします。
⑥ ［OK］をクリックします。
⑦ テスト結果の値が小数点以下第 1 位まで表示されます。

【タスク 2】連続データの作成機能を使って、ワークシート「測定表」のセル範囲 A7:A17 に 5 月 10 日～ 3 月 10 日までの毎月 10 日の日付を入力します。

① ワークシート「測定表」のシート見出しをクリックします。
② セル A6 をクリックします。
③ セル A6 の右下のフィルハンドルをポイントし、マウスポインターの形が＋に変わったら、セル A17 までドラッグします。
④ セル A7 ～ A17 に 4 月 11 日～ 4 月 21 日までの日単位の連続データが入力されます。
⑤ セル A17 の右下に表示された［オートフィルオプション］ボタンをクリックし、一覧から［連続データ（月単位）］をクリックします。
⑥ セル A7 ～ A17 に 5 月 10 日～ 3 月 10 日までの毎月 10 日の日付が入力されます。

【タスク 3】データが変更されたときに再計算が自動で行われないように設定し、ブックの保存前にも再計算が行われないようにします。

① ［ファイル］タブをクリックします。
② ［ホーム］画面が表示されるので、左側の一覧から［その他］をクリックします。
※ 環境によっては［その他］がない場合があります。その場合は手順③へ進みます。
③ ［オプション］をクリックします。
④ ［Excel のオプション］ダイアログボックスが表示されるので、左側の一覧から［数式］をクリックします。

⑤ [計算方法の設定] の [ブックの計算] の [手動] をクリックします。
⑥ [ブックの保存前に再計算を行う] チェックボックスをオフにします。
⑦ [OK] をクリックします。

【タスク4】ブックの保護をパスワード「Tairyoku」で解除し、ワークシート「測定表」を一番左に移動します。

① [校閲] タブの [ブックの保護] ボタンをクリックします。
② [ブック保護の解除] ダイアログボックスが表示されます。
③ 問題文の「Tairyoku」をクリックして文字列をコピーします。
④ [パスワード] ボックスにカーソルが表示されていることを確認し、Ctrl + V キーを押します。
⑤ [パスワード] ボックスに「Tairyoku」が貼り付けられ、「********」と表示されます。
⑥ [OK] をクリックします。
⑦ ワークシート「測定表」のシート見出しを左方向にドラッグし、ワークシート「体力面」の左側に▼が表示されたら、マウスのボタンから指を離します。
⑧ ワークシート「測定表」がワークシート「体力面」の左側に移動します。

【タスク1】ワークシート「売上集計」の表にアウトラインを自動作成し、合計の行と列のみ表示します。

① ワークシート「売上集計」の表内の任意のセルをクリックします。
② [データ] タブの [グループ化] ボタンの▼をクリックします。
③ [アウトラインの自動作成] をクリックします。
④ アウトラインが自動作成され、アウトライン記号が表示されます。
⑤ 行番号の左のアウトライン記号 [2] をクリックします。
⑥ 行のアウトラインがレベル2まで表示され、店舗名の詳細データの行が非表示になり、合計行のみが表示されます。
⑦ 列番号の上のアウトライン記号 [1] をクリックします。
⑧ 列のアウトラインがレベル1まで表示され、弁当名の詳細データの列が非表示になり、合計列のみが表示されます。

【タスク2】ワークシート「移動店舗売上」のグラフをパレート図に変更し、系列の要素の間隔を「0」% にします。

① ワークシート「移動店舗売上」のシート見出しをクリックします。
② グラフをクリックします。
③ [デザイン] タブの [グラフの種類の変更] ボタンをクリックします。
④ [グラフの種類の変更] ダイアログボックスが表示されるので、[すべてのグラフ] タブの左側の一覧から [ヒストグラム] をクリックします。
⑤ 右上の一覧から [パレート図] をクリックします。
⑥ 右下にパレート図が表示されます。
⑦ [OK] をクリックします。
⑧ グラフがパレート図に変更されます。
⑨ グラフのいずれかの系列（縦棒）をダブルクリックします。
⑩ [データ系列の書式設定] 作業ウィンドウが表示されます。
⑪ 問題文の「0」をクリックしてコピーします。
⑫ [系列のオプション] の [要素の間隔] ボックスの「219%」をドラッグし、Ctrl + V キーを押します。
⑬ [系列のオプション] の [要素の間隔] ボックスに「0」が貼り付けられ、上書きされます。
⑭ Enter キーを押します。
⑮ [系列のオプション] の [要素の間隔] ボックスに「0%」と表示され、パレート図の系列の要素が密着します。

【タスク1】関数を使用して、ワークシート「営業記録（7月）」の「入場料」の列に、各行の入場区分からワークシート「料金表」を参照して、入場料を表示します。

① ワークシート「営業記録（7月）」のセル F4 をクリックします。
② [数式] タブの [検索／行列] ボタンをクリックします。
③ 一覧から [HLOOKUP] をクリックします。
④ HLOOKUP 関数の [関数の引数] ダイアログボックスが表示されるので、[検索値] ボックスにカーソルが表示されていることを確認し、セル E4 をクリックします。
⑤ [検索値] ボックスに「[@ 入場区分]」と表示されます。
⑥ [範囲] ボックスをクリックし、ワークシート「料金表」のシート見出しをクリックします。
⑦ セル A4 ～ D5 を範囲選択し、F4 キーを1回押します。
⑧ [範囲] ボックスに「料金表 !$A$4:$D$5」と表示されます。
⑨ [行番号] ボックスをクリックし、「2」と入力します。
⑩ [検索方法] ボックスをクリックし、「FALSE」を入力します。
⑪ [数式の結果 =] に、セル E4 の入場区分「A パック」の入場料「1000」が表示されていることを確認します。
⑫ [OK] をクリックします。
⑬ 数式バーに「=HLOOKUP([@ 入場区分], 料金表 !$A$4:$D$5,2, FALSE)」と表示されたことを確認します。
※ [関数の引数] ダイアログボックスを使わずに、この数式を直接セルに入力してもかまいません。
⑭ セル F4 に、セル E4 の入場区分「A パック」の入場料「1000」が表示されていることを確認します。
⑮ セル F5 ～ F86 に自動的に数式が設定され、各行の入場区分に対応した入場料が表示されます。

【タスク2】ワークシート「営業記録（7月）」のセル E3 のコメント（「校閲」タブに [メモ] ボタンがある場合は [メモ]）を「ドロップダウンリストから選択」に編集し、セル F3 のコメント（メモ）を削除します。

① ワークシート「営業記録（7月）」のセル E3 をクリックします。
② [校閲] タブの [コメントの編集] ボタン（[メモ] ボタンがある場合は [メモ] ボタンをクリックし、一覧から [メモの編集]）をクリックします。
③ 問題文の「ドロップダウンリストから選択」をクリックして文字列をコピーします。
④ コメント（メモ）の「リストから選択」をドラッグし、Ctrl + V キーを押します。
⑤ コメント（メモ）に「ドロップダウンリストから選択」の文字列が貼り付けられ、上書きされます。
⑥ セル F3 をクリックします。
⑦ [校閲] タブの [削除] ボタンをクリックします。
⑧ セル F3 のコメントが削除されます。

【タスク3】関数を使用して、ワークシート「6月分集計」の「平均入場者数」の列に6月の曜日別の平均入場者数を求めます。なお、複数条件を指定できる関数は使用しません。

① ワークシート「6月分集計」のシート見出しをクリックします。
② セル G4 をクリックします。
③ [数式] タブの [その他の関数] ボタンをクリックします。
④ [統計] の一覧から [AVERAGEIF] をクリックします。
⑤ AVERAGEIF 関数の [関数の引数] ダイアログボックスが表示されるので、[範囲] ボックスにカーソルが表示されていることを確認し、セル B4 ～ B33 を範囲選択します。
⑥ [範囲] ボックスに「テーブル 1[曜日]」と表示されます。

⑦ [条件] ボックスをクリックし、セル F4 をクリックします。

⑧ [条件] ボックスに「[@ 曜日]」と表示されます。

⑨ [平均対象範囲] ボックスをクリックし、セル C4 ～ C33 を範囲選択します。

⑩ [平均対象範囲] ボックスに「テーブル 1[入場者数]」と表示されます。

⑪ [数式の結果 =] に「54.5」と表示されます。

⑫ [OK] をクリックします。

⑬ 数式バーに「=AVERAGEIF(テーブル 1[曜日],[@ 曜日], テーブル 1[入場者数])」と表示されたことを確認します。

※ [関数の引数] ダイアログボックスを使わずに、この数式を直接セルに入力してもかまいません。

⑭ セル G4 に、月曜日の平均入場者数「54.5」が表示されます。

⑮ セル G5 ～ G10 に自動的に数式が設定され、各曜日の平均入場者数が表示されます。

【タスク 4】Office の編集言語に「中国語（中国）」を追加します。[Microsoft Office の言語設定の変更] のメッセージが表示されたら [OK] をクリックします。Office の再起動はしません。

① [ファイル] タブをクリックします。

② [ホーム] 画面が表示されるので、左側の一覧から [その他] をクリックします。

※ 環境によっては [その他] がない場合があります。その場合は手順③へ進みます。

③ [オプション] をクリックします。

④ [Excel のオプション] ダイアログボックスが表示されるので、左側の一覧から [言語] をクリックします。

⑤ [Office の編集言語と校正機能] の [言語を追加] をクリックします。

※ 環境によっては [編集言語の選択] の [他の編集言語を追加] になっている場合があります。

⑥ [編集言語の追加] ダイアログボックスが表示されるので、[追加する言語を選択します。] の一覧から [中国語（中国）] をクリックします。

※ 手順⑤で [他の編集言語を追加] をクリックした場合は、表示された言語一覧のメニューから [中国語（中国）] をクリックします。

⑦ [追加] をクリックします。

⑧ [Office の編集言語と校正機能] の一覧に [中国語（中国）] が追加されます。

⑨ [OK] をクリックします。

⑩ [Microsoft Office の言語設定の変更] の「Office を再起動して、言語の変更を有効にしてください。」のメッセージが表示されるので、[OK] をクリックします。

●模擬テスト 2

プロジェクト 1　問い合わせ対応

【タスク 1】関数を使用して、ワークシート「問い合わせ記録」のセル I3 に、問い合わせ内容が「操作方法」で、未解決の件数を求めます。

① ワークシート「問い合わせ記録」のセル I3 をクリックします。

② [数式] タブの [その他の関数] ボタンをクリックします。

③ [統計] の一覧から [COUNTIFS] をクリックします。

④ COUNTIFS 関数の [関数の引数] ダイアログボックスが表示されるので、[検索条件範囲 1] ボックスにカーソルが表示されていることを確認し、セル C4 ～ C100 を範囲選択します。

⑤ [検索条件範囲 1] ボックスに「C4:C100」と表示されます。

⑥ 問題文の「操作方法」をクリックして文字列をコピーします。

⑦ [検索条件 1] ボックスをクリックし、Ctrl ＋ V キーを押します。

⑧ [検索条件 1] ボックスに「操作方法」の文字列が貼り付けられます。

⑨ [検索条件範囲 2] ボックスをクリックし、セル E4 ～ E100 を範囲選択します。

⑩ [検索条件範囲 2] ボックスに「E4:E100」と表示されます。

⑪ [検索条件 2] ボックスをクリックし、「○」と入力します。

⑫ [OK] をクリックします。

⑬ 数式バーに「=COUNTIFS(C4:C100," 操作方法 ",E4:E100," ○ ")」と表示されたことを確認します。

※ [関数の引数] ダイアログボックスを使わずに、この数式を直接セルに入力してもかまいません。

⑭ セル I3 に、問い合わせ内容が「操作方法」で、未解決の件数「16」が表示されます。

【タスク 2】ワークシート「担当者別集計」のピボットテーブルに設定された名前を「担当者別集計表」に変更します。

① ワークシート「担当者別集計」のシート見出しをクリックします。

② ピボットテーブル内の任意のセルをクリックします。

③ 問題文の「担当者別集計表」をクリックして文字列をコピーします。

④ [分析] タブの [ピボットテーブル] ボタンをクリックします。

⑤ [ピボットテーブル名] ボックスをクリックし、「ピボットテーブル 1」の文字列が反転表示していて選択されていることを確認し、Ctrl ＋ V キーを押します。

⑥ [ピボットテーブル名] ボックスに「担当者別集計表」の文字列が貼り付けられ、上書き入力されます。

⑦ Enter キーを押します。

【タスク 3】ワークシート「担当者別集計」のピボットテーブルに問い合わせ内容を抽出するスライサーを挿入し、「契約変更」と「資料請求」の件数だけを表示します。

① ワークシート「担当者別集計」のピボットテーブル内の任意のセルをクリックします。

② [分析] タブの [スライサーの挿入] ボタンをクリックします。

③ [スライサーの挿入] ダイアログボックスが表示されるので、[問い合わせ内容] チェックボックスをオンにします。

④ [OK] をクリックします。

⑤ [問い合わせ内容] のスライサーが表示されます。

⑥ [問い合わせ内容] スライサーの一覧から [契約変更] をクリックします。

⑦ Ctrl キーを押しながら [資料請求] をクリックします。

⑧ ピボットテーブルに、問い合わせ内容が「契約変更」と「資料請求」の件数だけが表示されます。

【タスク 4】ワークシート「担当者別グラフ」のピボットグラフのレイアウトを「レイアウト 4」、色を「カラフルなパレット 2」に変更します。

① ワークシート「担当者別グラフ」のシート見出しをクリックします。

② ピボットグラフをクリックします。

③ [デザイン] タブの [クイックレイアウト] ボタンをクリックします。

④ 一覧から [レイアウト 4] をクリックします。

⑤ グラフのレイアウトが変更されます。

⑥ グラフの右上の [グラフスタイル] ボタンをクリックします。

⑦ [色] タブの [カラフル] の一覧の [カラフルなパレット 2] をクリックします。

⑧ グラフの色が変更されます。

【タスク1】 VLOOKUP 関数と IF 関数を使用して、ワークシート「健康情報記録」のセル A4 の性別とセル B4 の年齢に基づき、ワークシート「血圧平均値」の表から、対応する最高血圧の平均値をセル E4 に表示します。

① ワークシート「健康情報記録」のセル E4 をクリックします。
② ［数式］タブの［検索 / 行列］ボタンをクリックします。
③ 一覧から［VLOOKUP］をクリックします。
④ VLOOKUP 関数の［関数の引数］ダイアログボックスが表示されるので、［検索値］ボックスにカーソルが表示されていることを確認し、セル B4 をクリックします。
⑤ ［検索値］ボックスに「B4」と表示されます。
⑥ ［範囲］ボックスをクリックし、ワークシート「血圧平均値」のシート見出しをクリックして、セル A5 〜 C10 を範囲選択します。
⑦ ［範囲］ボックスに「血圧平均値 !A5:C10」と表示されます。
⑧ ［列番号］ボックスをクリックします。
⑨ 名前ボックスの▼をクリックして、一覧から［IF］をクリックします。
※ 名前ボックスの一覧に［IF］がない場合は、［その他の関数］をクリックし、表示される［関数の挿入］ダイアログボックスの［関数の分類］ボックスの▼をクリックして［論理］または［すべて表示］をクリックし、［関数名］ボックスの一覧から［IF］をクリックし、［OK］をクリックします。
⑩ IF 関数の［関数の引数］ダイアログボックスが表示されるので、［論理式］ボックスにカーソルが表示されていることを確認し、セル A4 をクリックします。
⑪ ［論理式］ボックスに「A4」と表示されるので、続けて「=" 男 "」（または「=" 女 "」）と入力します。
⑫ ［値が真の場合］ボックスをクリックし、「2」（［論理式］ボックスに「=" 女 "」と入力した場合は「3」）と入力します。
⑬ ［値が偽の場合］ボックスをクリックし、「3」（［論理式］ボックスに「=" 女 "」と入力した場合は「2」）と入力します。
⑭ 数式バーの「VLOOKUP」部分をクリックします。
⑮ VLOOKUP 関数の［関数の引数］ダイアログボックスが、［列番号］ボックスに IF 関数の式が設定された状態で再び表示されるので、［検索方法］ボックスをクリックし、「TRUE」と入力します。
※ ［検索方法］ボックスの入力は省略してもかまいません。
⑯ ［数式の結果 =］に、ワークシート「血圧平均値」の 40 代の女性の最高血圧の平均値「118.1」が表示されていることを確認します。
⑰ ［OK］をクリックします。
⑱ 数式バーに「=VLOOKUP(B4, 血圧平均値 !A5:C10,IF(A4=" 男 ",2,3),TRUE)」または「=VLOOKUP(B4, 血圧平均値 !A5:C10,IF(A4=" 女 ",3,2),TRUE)」と表示されたことを確認します。
※ ［関数の引数］ダイアログボックスを使わずに、この数式を直接セルに入力してもかまいません。
⑲ セル E4 に、ワークシート「血圧平均値」の 40 代の女性の最高血圧の平均値「118.1」が表示されます。

【タスク2】 ワークシート「健康情報記録」の表で、体重が前日より増えている場合に、表内の行の塗りつぶしの色が RGB の赤「205」、緑「255」、青「50」になるように条件付き書式を設定します。

① ワークシート「健康情報記録」のセル A8 〜 F16 を範囲選択します。
② ［ホーム］タブの［条件付き書式］ボタンをクリックします。
③ ［新しいルール］をクリックします。
④ ［新しい書式ルール］ダイアログボックスが表示されるので、［ルールの種類を選択してください］の一覧から［数式を使用して、書式設定するセルを決定］をクリックします。
⑤ ［ルールの内容を編集してください］の［次の数式を満たす場合に値を書式設定］ボックスに「=$B8>$B7」と入力します。
⑥ ［書式］をクリックします。

⑦ ［セルの書式設定］ダイアログボックスが表示されるので、［塗りつぶし］タブの［その他の色］をクリックします。
⑧ ［色の設定］ダイアログボックスが表示されるので、［ユーザー設定］タブの［カラーモデル］ボックスに「RGB」と表示されていることを確認します。
⑨ 問題文の「205」をクリックしてコピーします。
⑩ ［赤］ボックスの「255」をドラッグし、Ctrl ＋ V キーを押します。
⑪ ［赤］ボックスに「205」が貼り付けられ、上書きされます。
⑫ ［緑］ボックスに「255」と表示されていることを確認します。
⑬ 問題文の「50」をクリックしてコピーします。
⑭ ［青］ボックスの「255」をドラッグし、Ctrl ＋ V キーを押します。
⑮ ［青］ボックスに「50」が貼り付けられ、上書きされます。
⑯ ［新規］に黄緑色が表示されていることを確認し、［OK］をクリックします。
⑰ ［セルの書式設定］ダイアログボックスの［サンプル］に黄緑色の塗りつぶしが表示されていることを確認し、［OK］をクリックします。
⑱ ［新しい書式ルール］ダイアログボックスの［プレビュー］に黄緑色の塗りつぶしが表示されていることを確認し、［OK］をクリックします。
⑲ 体重が前日よりも増えた行（8 行目と 13 行目）に黄緑色の塗りつぶしが設定されます。

【タスク1】 ワークシート「アンケートデータ」の条件付き書式をすべて削除します。

① ワークシート「アンケートデータ」が表示されていることを確認します。
② ［ホーム］タブの［条件付き書式］ボタンをクリックします。
③ ［ルールのクリア］の［シート全体からルールをクリア］をクリックします。
④ セル F4 〜 J61 の 3 以下の数値に設定されていたフォントの色の赤とセル K4 〜 K61 に設定されていたアイコンセットがなくなります。

【タスク2】 ワークシート「アンケートデータ」の日付を「08/01（日）」のような形式で表示します。曜日のかっこは半角で、日付と曜日の「(」の間は半角スペースを空けます。

① ワークシート「アンケートデータ」のセル A4 〜 A61 を範囲選択します。
② ［ホーム］タブの［数値］グループ右下の［表示形式］ボタンをクリックします。
③ ［セルの書式設定］ダイアログボックスの［表示形式］タブが表示されるので、［分類］ボックスの［ユーザー定義］をクリックします。
④ ［種類］ボックスの一覧から［yyyy/m/d］をクリックします。
⑤ ［種類］ボックスに「yyyy/m/d」と表示されるので、「yyyy/」を削除して、「m」と「d」を追加して「mm/dd」とし、「dd」の後ろに半角スペースと「(aaa)」を入力します。
⑥ ［サンプル］に「08/01（日）」と表示されたことを確認します。
⑦ ［OK］をクリックします。
⑧ セル A4 〜 A61 の日付が「08/01（日）」の形式で表示されます。

【タスク3】 ワークシート「アンケートデータ」の価格から店員の値に、「1」〜「10」の整数以外のデータを入力するとスタイルが「注意」、タイトルに「入力エラー」、エラーメッセージに「1 から 10 の整数を入力してください。」と表示されるように入力規則を設定します。ただし、行が追加された場合も規則が適用されるようにします。

① ワークシート「アンケートデータ」の列番号 F 〜 J をドラッグします。
② ［データ］タブの［データの入力規則］ボタンをクリックします。

模擬テスト

③ ［データの入力規則］ダイアログボックスが表示されるので、［設定］タブの［条件の設定］の［入力値の種類］ボックスの▼をクリックし、一覧から［整数］をクリックします。

④ ［データ］ボックスが［次の値の間］になっていることを確認します。

⑤ 問題文の「1」をクリックしてコピーします。

⑥ ［最小値］ボックスをクリックし、Ctrl＋Vキーを押します。

⑦ ［最小値］ボックスに「1」が貼り付けられます。

⑧ 問題文の「10」をクリックしてコピーします。

⑨ ［最大値］ボックスをクリックし、Ctrl＋Vキーを押します。

⑩ ［最大値］ボックスに「10」が貼り付けられます。

⑪ ［エラーメッセージ］タブの［無効なデータが入力されたらエラーメッセージを表示する］チェックボックスがオンになっていることを確認します。

⑫ ［無効なデータが入力されたときに表示するエラーメッセージ］の［スタイル］ボックスの▼をクリックし、一覧から［注意］をクリックします。

⑬ 問題文の「入力エラー」をクリックしてコピーします。

⑭ ［タイトル］ボックスをクリックし、Ctrl＋Vキーを押します。

⑮ ［タイトル］ボックスに「入力エラー」の文字列が貼り付けられます。

⑯ 問題文の「1から10の整数を入力してください。」をクリックして文字列をコピーします。

⑰ ［エラーメッセージ］ボックスをクリックし、Ctrl＋Vキーを押します。

⑱ ［エラーメッセージボックス］に「1から10の整数を入力してください。」の文字列が貼り付けられます。

⑲ ［OK］をクリックします。

【タスク4】ワークシート「店舗評価」のピボットグラフをレーダーチャートに変更し、項目を価格から店員の平均、系列を店舗名にします。フィルターを設定して男性のデータだけを集計して表示します。

① ワークシート「店舗評価」のシート見出しをクリックします。

② ピボットグラフをクリックします。

③ ［デザイン］タブの［グラフの種類の変更］ボタンをクリックします。

④ ［グラフの種類の変更］ダイアログボックスが表示されるので、［すべてのグラフ］タブの左側の一覧から［レーダー］をクリックします。

⑤ 右側のグラフのプレビューにレーダーグラフが表示されたことを確認し、［OK］をクリックします。

⑥ ピボットグラフがレーダーチャートに変更されます。

⑦ グラフの項目が店舗名、系列が価格から店員の平均で、凡例にも表示されていることを確認します。

⑧ グラフが選択されている状態で、［デザイン］タブの［行／列の切り替え］ボタンをクリックします。

⑨ グラフの項目が価格から店員の平均、系列が店舗名になり、凡例にも表示されます。

⑩ ［ピボットグラフのフィールドリスト］作業ウィンドウの［レポートに追加するフィールドを選択してください］の一覧の［性別］を［フィルター］ボックスにドラッグします。

⑪ ［フィルター］ボックスに「性別」が表示されます。

⑫ グラフ内の［性別］フィルターの▼をクリックし、一覧から［男］をクリックし、［OK］をクリックします。

⑬ 男性のデータが集計され、ピボットグラフとピボットテーブルに表示されます。

【タスク5】ワークシート「店舗評価詳細」のピボットテーブルの「平均／店員」の右側に評価の平均を追加し、小数点以下第2位まで表示します。

① ワークシート「店舗評価詳細」のシート見出しをクリックします。

② ピボットテーブル内の任意のセルをクリックします。

③ ［ピボットテーブルのフィールド］作業ウィンドウの［レポートに追加するフィールドを選択してください］の一覧の［評価］を［値］ボックスの［平均／店員］の下にドラッグします。

④ ［値］ボックスに［合計／評価］と表示されるのでクリックします。

⑤ ［値フィールドの設定］をクリックします。

⑥ ［値フィールドの設定］ダイアログボックスが表示されるので、［集計方法］タブの［選択したフィールドのデータ］ボックスの［平均］をクリックします。

⑦ ［表示形式］をクリックします。

⑧ ［セルの書式設定］ダイアログボックスの［表示形式］タブが表示されるので、［分類］ボックスの［数値］をクリックします。

⑨ ［小数点以下の桁数］ボックスを「2」にします。

⑩ ［OK］をクリックします。

⑪ ［値フィールドの設定］ダイアログボックスの［OK］をクリックします。

⑫ ［値］ボックスと、ピボットテーブルの「平均／店員」の右側に［平均／評価］が表示され、小数以下第2位まで表示されます。

【タスク6】ワークシート「年代別評価」のピボットテーブルをコンパクト形式にし、各アイテムの後ろに空白行を挿入します。

① ワークシート「年代別評価」のシート見出しをクリックします。

② ピボットテーブル内の任意のセルをクリックします。

③ ［デザイン］タブの［レポートのレイアウト］ボタンをクリックします。

④ 一覧から［コンパクト形式で表示］をクリックします。

⑤ ピボットテーブルがコンパクト形式になります。

⑥ ［デザイン］タブの［空白行］ボタンをクリックします。

⑦ 一覧から［各アイテムの後ろに空行を入れる］をクリックします。

⑧ ピボットテーブルの各年代の間に空白行が挿入されます。

プロジェクト4　成績集計

【タスク1】エラーチェック機能を使用して、ワークシート「個人成績」の数式のエラーを修正します。

① ワークシート「個人成績」が表示されていることを確認します。

② ［数式］タブの［エラーチェック］ボタンをクリックします。

③ アクティブセルがセルH99に移動し、［エラーチェック］ダイアログボックスが表示されます。

④ ［セルH99のエラー］「=(G99-実技平均)／実技標準偏差*10＋40」、［矛盾した数式］「このセルにある数式が、セルの周辺の数式と異なっています。」と表示されるので、［数式を上からコピーする］をクリックします。

⑤ 「シート全体のエラーチェックを完了しました。」というメッセージが表示されるので、［OK］をクリックします。

⑥ セルH99の数式が「=(G99-実技平均)／実技標準偏差*10＋50」に変更され、エラーインジケーターが消えます。

【タスク2】IFS関数を使用して、ワークシート「個人成績」のセル範囲J4:J104に、筆記と実技の合計が「160」点以上の場合に「A」、「100」点以上の場合に「B」、「100」点未満の場合に「C」と表示します。

① ワークシート「個人成績」のセルJ4をクリックします。

② ［数式］タブの［論理］ボタンをクリックします。

③ 一覧から［IFS］をクリックします。

④ IFS関数の［関数の引数］ダイアログボックスが表示されるので、［論理式1］ボックスにカーソルがあることを確認し、セルI4をクリックします。

⑤ ［論理式1］ボックスに「I4」と表示されるので、続いて「>=」と入力します。

⑥ 問題文の「160」をクリックしてコピーします。

⑦ Ctrl＋Vキーを押します。

⑧ ［論理式1］ボックスに「160」が貼り付けられ、「I4>=160」と表示されます。

⑨ 問題文の「A」をクリックしてコピーします。

⑩ ［値が真の場合1］ボックスをクリックし、Ctrl＋Vキーを押します。

⑪ ［値が真の場合1］ボックスに「A」の文字が貼り付けられます。

⑫ ［論理式2］ボックスをクリックし、セルI4をクリックします。

⑬ ［論理式2］ボックスに「I4」と表示されるので、続いて「>=」と入力します。

⑭ 問題文の「100」をクリックしてコピーします。

⑮ ［論理式2］ボックスに入力した「>=」の後ろをクリックし、Ctrl＋Vキーを押します。

⑯ ［論理式2］ボックスに「100」が貼り付けられ、「I4>=100」と表示されます。

⑰ 問題文の「B」をクリックしてコピーします。

⑱ ［値が真の場合2］ボックスをクリックし、Ctrl＋Vキーを押します。

⑲ ［値が真の場合2］ボックスに「B」が貼り付けられます。

⑳ ［論理式3］ボックスをクリックし、「TRUE」と入力します。

㉑ 問題文の「C」をクリックしてコピーします。

㉒ ［値が真の場合3］ボックスをクリックし、Ctrl＋Vキーを押します。

※ ［値が真の場合3］ボックスが表示されていない場合は、［関数の引数］ダイアログボックスのスクロールバーを使用して表示します。

㉓ ［値が真の場合3］ボックスに「C」が貼り付けられます。

㉔ ［OK］をクリックします。

㉕ 数式バーに「=IFS(I4>=160,"A", I4>=100, "B",TRUE,"C")」と表示されたことを確認します。

※ ［関数の引数］ダイアログボックスを使わずに、この数式を直接セルに入力してもかまいません。

㉖ セルJ4に「A」が表示されます。

㉗ セルJ4の右下のフィルハンドルをポイントし、マウスポインターの形が＋に変わったらダブルクリックします。

㉘ セルJ4の数式がセルJ5～J104にコピーされ、各行の合計が160点以上の場合に「A」、100点以上の場合に「B」、100点未満の場合に「C」と表示されます。

【タスク3】ワークシート「個人成績」の散布図を箱ひげ図に変更します。横軸を削除し、縦軸の最大値を「100」にします。

① ワークシート「個人成績」の散布図をクリックします。

② ［デザイン］タブの［グラフの種類の変更］ボタンをクリックします。

③ ［グラフの種類の変更］ダイアログボックスが表示されるので、［すべてのグラフ］タブの左側の一覧から［箱ひげ図］をクリックします。

④ 右側に箱ひげ図が表示されるので確認します。

⑤ ［OK］をクリックします。

⑥ 散布図が箱ひげ図に変更されます。

⑦ グラフの右上の［グラフ要素］ボタンをクリックします。

⑧ ［グラフ要素］の［軸］をポイントし、▶をクリックします。

⑨ ［第1横軸］チェックボックスをオフにします。

⑩ グラフの横軸の「1」がなくなります。

⑪ グラフの縦軸をダブルクリックします。

⑫ ［軸の書式設定］作業ウィンドウが表示されます。

⑬ 問題文の「100」をクリックしてコピーします。

⑭ ［軸のオプション］の［境界値］の［最大値］ボックスの「120.0」をドラッグして、Ctrl＋Vキーを押します。

⑮ ［最大値］ボックスに「100」が貼り付けられ、上書きされます。

⑯ Enterキーを押します。

⑰ ［最大値］ボックスに「100.0」と表示されます。

⑱ ［縦軸］の最大値が「100」になります。

【タスク4】小計機能を使用して、ワークシート「クラス別成績」の表のクラスごとの筆記、実技、合計の平均を求めます。詳細データの行は非表示にし、小計と総計の行のみ表示します。

① ワークシート「クラス別成績」のシート見出しをクリックします。

② 表の「クラス」列の任意のセルをクリックします。

③ ［データ］タブの［昇順］ボタンをクリックします。

④ 表がクラス順に並び変わります。

⑤ ［データ］タブの［小計］ボタンをクリックします。

⑥ ［集計の設定］ダイアログボックスが表示されるので、［グループの基準］ボックスの▼をクリックし、一覧から［クラス］をクリックします。

⑦ ［集計の方法］ボックスの▼をクリックし、一覧から［平均］をクリックします。

⑧ ［集計するフィールド］ボックスの一覧から、［筆記］［実技］［合計］チェックボックスをオンにし、それ以外をオフにします。

⑨ ［現在の小計をすべて置き換える］チェックボックスと［集計をデータの下に挿入する］チェックボックスがオンになっていることを確認します。

⑩ ［OK］をクリックします。

⑪ 集計行が挿入され、筆記、実技、合計のクラスごとの平均と全体の平均が表示されます。

⑫ 行番号の左のアウトライン記号［2］をクリックします。

⑬ 詳細データの行が非表示になり、小計と総計の行のみ表示されます。

プロジェクト5 キッズスクール

【タスク1】関数を使用して、ワークシート「秋葉原教室」のセルG2に現在の日付を表示します。

① ワークシート「秋葉原教室」のセルG2をクリックします。

② ［数式］タブの［日付/時刻］ボタンをクリックします。

③ 一覧から［TODAY］をクリックします。

④ ［関数の引数］ダイアログボックスが表示され、「この関数には引数は必要ありません」と表示されるので、［OK］をクリックします。

⑤ 数式バーに「=TODAY()」と表示されたことを確認します。

※ ［日付/時刻］ボタンを使わずに、この数式を直接セルに入力してもかまいません。

⑥ セルG2に現在の日付が表示されます。

【タスク2】ワークシート「秋葉原教室（小学生、ビギナー）」の小学生のビギナーコースの会員だけを表示するマクロ「小学生ビギナー」を作業中のブックに作成します。ワークシート「横浜教室（小学生、ビギナー）」でマクロ「小学生ビギナー」を実行します。　※［セキュリティの警告］メッセージバーが表示された場合は［コンテンツの有効化］をクリックします。

① ワークシート「秋葉原教室（小学生、ビギナー）」のシート見出しをクリックします。

② ［表示］タブの［マクロ］ボタンの▼をクリックします。

③ ［マクロの記録］をクリックします。

※ 手順②～③は、［開発］タブの［マクロの記録］ボタンをクリックしてもかまいません。

④ ［マクロの記録］ダイアログボックスが表示されます。

⑤ 問題文の「小学生ビギナー」をクリックして文字列をコピーします。

⑥ ［マクロ名］ボックスの「Macro1」が反転表示していて選択されていることを確認し、Ctrl＋Vキーを押します。

⑦ ［マクロ名］ボックスに「小学生ビギナー」の文字列が貼り付けられ、上書きされます。

⑧ ［マクロの保存先］ボックスが［作業中のブック］になっていることを確認します。

⑨ ［OK］をクリックします。

⑩ セルC4（「種別」の列の見出しのセル）の▼をクリックします。

⑪ ［中学生］チェックボックスをオフにします。

⑫ ［小学生］チェックボックスがオンになっていることを確認し、［OK］をクリックします。

⑬ 種別が「小学生」のデータだけが抽出されます。

⑭ セルF4（「コース」の列の見出しのセル）の▼をクリックします。

⑮ ［（すべて選択）］チェックボックスをオフにします。

⑯ ［ビギナー］チェックボックスをオンにします。

⑰ ［OK］をクリックします。

⑱ 種別が「小学生」でコースが「ビギナー」のデータだけが抽出されます。

⑲ ［表示］タブの［マクロ］ボタンの▼をクリックします。

⑳ ［記録終了］をクリックします。

※ 手順⑲～⑳は、［開発］タブの［記録終了］ボタンをクリックしてもかまいません。

㉑ ワークシート「横浜教室（小学生、ビギナー）」のシート見出しをクリックします。

㉒ ［表示］タブの［マクロ］ボタンをクリックします。

㉓ ［マクロ］ダイアログボックスが表示されるので、［マクロ名］ボックスの一覧から［小学生ビギナー］をクリックします。

㉔ ［実行］をクリックします。

㉕ 種別が「小学生」でコースが「ビギナー」のデータだけが抽出されます。

【タスク3】ワークシート「横浜教室」のセル範囲 A4:H32 を基に、ワークシート「コース別グラフ」のセル A1 を基点とする位置に、小学校、中学校の学年ごとに、コース別の人数を集計するピボットテーブルと集合縦棒のピボットグラフを作成します。なお、人数の集計には会員番号を使います。

① ワークシート「横浜教室」のシート見出しをクリックします。

② セル A4 ～ H32 の任意のセルをクリックします。

③ ［挿入］タブの［ピボットグラフ］ボタンをクリックします。

④ ［ピボットグラフの作成］ダイアログボックスが表示されるので、［分析するデータを選択してください。］の［テーブルまたは範囲を選択］が選択されていて、［テーブル／範囲］ボックスに「横浜教室 !$A$4:$H$32」と表示されていることを確認します。

⑤ ［ピボットグラフの配置先を選択してください。］の［既存のワークシート］をクリックします。

⑥ ［場所］ボックスをクリックし、ワークシート「コース別グラフ」のシート見出しをクリックして、セル A1 をクリックします。

⑦ ［場所］ボックスに「コース別グラフ !$A$1」と表示されたことを確認し、［OK］をクリックします。

⑧ ワークシート「コース別グラフ」のセル A1 を基点とする位置に空白のピボットテーブルとピボットグラフが表示されます。

⑨ ［ピボットグラフのフィールド］作業ウィンドウの［レポートに追加するフィールドを選択してください］の一覧の［種別］を［軸（分類項目）］ボックスにドラッグします。

⑩ ［学年］を［軸（分類項目）］ボックスの［種別］の下にドラッグします。

⑪ ［コース］を［凡例（系列）］ボックスにドラッグします。

⑫ ［会員番号］を［値］ボックスにドラッグします。

⑬ ［値］ボックスに「個数 ／ 会員番号」と表示されます。

⑭ ピボットテーブルの行ラベルに「種別」と「学年」、列ラベルに「コース」、値に「個数 ／ 会員番号」が表示されます。

⑮ ピボットグラフの軸（項目）に「種別」と「学年」、凡例（系列）に「コース」、値に「個数 ／ 会員番号」が表示されます。

【タスク4】ワークシートの移動やコピー、ワークシート名の変更などができないように、パスワード「Kids」を設定してブックを保護します。

① ［校閲］タブの［ブックの保護］をクリックします。

② ［シート構成とウィンドウの保護］ダイアログボックスが表示されます。

③ 問題文の「Kids」をクリックして文字列をコピーします。

④ ［パスワード（省略可）］ボックスにカーソルが表示されていることを確認し、Ctrl ＋ V キーを押します。

⑤ ［パスワード（省略可）］ボックスに「Kids」の文字列が貼り付けられ、「****」と表示されます。

⑥ ［保護対象］の［シート構成］チェックボックスがオンになっていることを確認します。

⑦ ［OK］をクリックします。

⑧ ［パスワードの確認］ダイアログボックスが表示されるので、［パスワードをもう一度入力してください。］ボックスにカーソルが表示されていることを確認し、Ctrl ＋ V キーを押します。

⑨ ［パスワードをもう一度入力してください。］ボックスに「Kids」の文字列が貼り付けられ、「****」と表示されます。

⑩ ［OK］をクリックします。

【タスク5】データが変更されたときに、手動で再計算する設定にし、ブックを保存するときに再計算が行われる設定にします。

① ［ファイル］タブをクリックします。

② ［ホーム］画面が表示されるので、左側の一覧から［その他］をクリックします。

※ 環境によっては［その他］がない場合があります。その場合は手順③へ進みます。

③ ［オプション］をクリックします。

④ ［Excel のオプション］ダイアログボックスが表示されるので、左側の一覧から［数式］をクリックします。

⑤ ［計算方法の設定］の［ブックの計算］の［手動］をクリックします。

⑥ ［ブックの保存前に再計算を行う］チェックボックスがオンになっていることを確認します。

⑦ ［OK］をクリックします。

【タスク1】ワークシート「南青山店」「西新宿店」「自由が丘店」の売上表を、上端行と左端列を基準にワークシート「上半期集計」の表に統合し、合計を表示します。

① ワークシート「上半期集計」のシート見出しをクリックします。

② セル A3 をクリックします。

③ ［データ］タブの［統合］ボタンをクリックします。

④ ［統合の設定］ダイアログボックスが表示されるので、［集計の方法］ボックスが［合計］になっていることを確認します。

⑤ ［統合元範囲］ボックスにカーソルが表示されていることを確認し、ワークシート「南青山店」のシート見出しをクリックして、セル A3 ～ I9 を範囲選択します。

⑥ ［統合元範囲］ボックスに「南青山店 !$A$3:$I$9」と表示されます。

⑦ ［追加］をクリックします。

⑧ ［統合元］ボックスに「南青山店 !$A$3:$I$9」が追加されます。

⑨ ワークシート「西新宿店」のシート見出しをクリックします。

⑩ セル B4 ～ J10 を範囲選択します。

⑪ ［統合元範囲］ボックスに「西新宿店 !$B$4:$J$10」と表示されていることを確認します。

⑫ ［追加］をクリックします。

⑬ ［統合元］ボックスに「西新宿店 !$B$4:$J$10」が追加されます。

⑭ ワークシート「自由が丘店」のシート見出しをクリックします。

⑮ セル B3 ～ G8 を範囲選択します。

⑯ ［統合元範囲］ボックスに「自由が丘店 !$B$3:$G$8」と表示されていることを確認します。

⑰ ［追加］をクリックします。

⑱ ［統合元］ボックスに「自由が丘店 !$B$3:$G$8」が追加されます。

⑲ ［統合の基準］の［上端行］と［左端列］の各チェックボックスをオンにします。

⑳ ［OK］をクリックします。

㉑ ワークシート「上半期集計」のセル A3 ～ I10 に、ワークシート「南青山店」「西新宿店」「自由が丘店」のデータが統合され、数値の合計が表示されます。

【タスク2】ウォッチウィンドウに各店舗の売上金額の合計を表示し、ウォッチウィンドウを閉じます。

① ワークシート「南青山店」のシート見出しをクリックします。

② セル I9 をクリックします。

③ ［数式］タブの［ウォッチウィンドウ］ボタンをクリックします。
④ ［ウォッチウィンドウ］が表示されるので、［ウォッチ式の追加］をクリックします。
⑤ ［ウォッチ式の追加］ダイアログボックスが表示されるので、［値をウォッチするセル範囲を選択してください］ボックスに「＝南青山店！$I$9」が表示されていることを確認します。
⑥ ［追加］をクリックします。
⑦ ［ウォッチウィンドウ］にワークシート「南青山店」のセルI9が追加され、値と数式が表示されます。
⑧ 再び［ウォッチ式の追加］をクリックします。
⑨ ［ウォッチ式の追加］ダイアログボックスが表示されるので、ワークシート「西新宿店」のシート見出しをクリックし、セルJ10をクリックします。
⑩ ［値をウォッチするセル範囲を選択してください］ボックスに「＝西新宿店！$J$10」が表示されていることを確認します。
⑪ ［追加］をクリックします。
⑫ ［ウォッチウィンドウ］にワークシート「西新宿店」のセルJ10が追加され、値と数式が表示されます。
⑬ 同様に⑧〜⑫の手順で、［ウォッチウィンドウ］にワークシート「自由が丘店」のセルG8を追加します。
⑭ ［閉じる］ボタンをクリックします。
※ ウォッチウィンドウを閉じずに解答を終えた場合、次にExcelを起動した際にウォッチウィンドウも開いてしまいます。そのときは、不必要なウォッチウィンドウを閉じてください。

【タスク3】ワークシート「会員登録数」のセル範囲D5:F7に、連続データの作成機能を使用して、前年から「500」ずつ増える値を入力します。

① ワークシート「会員登録数」のシート見出しをクリックします。
② セルC5〜F7を範囲選択します。
③ ［ホーム］タブの［フィル］ボタンをクリックします。
④ 一覧から［連続データの作成］をクリックします。
⑤ ［連続データの作成］ダイアログボックスが表示されるので、［範囲］が［行］になっていることを確認します。
⑥ ［種類］が［加算］になっていることを確認します。
⑦ 問題文の「500」をクリックしてコピーします。
⑧ ［増減値］ボックスの「1」が反転表示していて選択されていることを確認し、Ctrl＋Vキーを押します。
⑨ ［増減値］ボックスに「500」が貼り付けられ、上書きされます。
⑩ ［OK］をクリックします。
⑪ セルD5〜F7に各行の前年から500ずつ増える値が入力されます。

【タスク4】警告を表示してすべてのマクロを無効にします。

① ［ファイル］タブをクリックします。
② ［ホーム］画面が表示されるので、左側の一覧から［その他］をクリックします。
※ 環境によっては［その他］がない場合があります。その場合は手順③へ進みます。
③ ［オプション］をクリックします。
④ ［Excelのオプション］ダイアログボックスが表示されるので、左側の一覧から［トラストセンター］をクリックします。
※ 環境により、［トラストセンター］センターは［セキュリティセンター］の場合があります。
⑤ ［トラストセンターの設定］をクリックします。
⑥ ［トラストセンター］ダイアログボックスが表示されるので、左側の一覧から［マクロの設定］をクリックします。
⑦ ［マクロの設定］の［警告を表示してすべてのマクロを無効にする］をクリックします。
⑧ ［OK］をクリックします。
⑨ ［Excelのオプション］ダイアログボックスの［OK］をクリックします。

● 模擬テスト3
プロジェクト1 コンドミニアム予約

【タスク1】関数を使用して、ワークシート「部屋一覧」のセル範囲E4:E24に、各行の1泊料金（ドル）からランクを表示します。なお、あらかじめ設定されている書式は変更しません。

① ワークシート「部屋一覧」のセルE4をクリックします。
② ［数式］タブの［検索／行列］ボタンをクリックします。
③ 一覧から［VLOOKUP］をクリックします。
④ VLOOKUP関数の［関数の引数］ダイアログボックスが表示されるので、［検索値］ボックスにカーソルが表示されていることを確認し、セルC4をクリックします。
⑤ ［検索値］ボックスに「C4」と表示されます。
⑥ ［範囲］ボックスをクリックし、セルG9〜H12を範囲選択し、F4キーを1回押します。
⑦ ［範囲］ボックスに「$G$9:$H$12」と表示されます。
⑧ ［列番号］ボックスをクリックし、「2」と入力します。
⑨ ［検索方法］ボックスをクリックし、「TRUE」と入力します。
※ ［検索方法］ボックスの入力は省略してもかまいません。
⑩ ［数式の結果＝］に、セルC4の1泊料金（ドル）に対応するランク「スタンダード」が表示されていることを確認します。
⑪ ［OK］をクリックします。
⑫ 数式バーに「＝VLOOKUP(C4,$G$9:$H$12,2,TRUE)」と表示されたことを確認します。
※ ［関数の引数］ダイアログボックスを使わずに、この数式を直接セルに入力してもかまいません。
⑬ セルE4に、セルC4の1泊料金（ドル）に対応するランク「スタンダード」が表示されていることを確認します。
⑭ セルE4の右下のフィルハンドルをポイントし、マウスポインターの形が＋に変わったら、ダブルクリックします。
⑮ セルE4の数式がセルE5〜E24にコピーされ、同じ行の1泊料金（ドル）に対応するランクが表示されます。
⑯ E列の右に表示された［オートフィルオプション］ボタンをクリックし、一覧から［書式なしコピー（フィル）］をクリックします。
⑰ セルE5〜E24の塗りつぶしの色と罫線が元に戻ります。

【タスク2】ワークシート「集計（部屋別）」に、項目軸が部屋名、4〜7月宿泊日数が積み上げ縦棒、4〜7月金額合計（千円）が折れ線、第2軸のグラフを作成します。グラフタイトルを「部屋別宿泊日数と金額」とし、グラフの高さを「10」cm、横幅を「18」cmにします。

① ワークシート「集計（部屋別）」のシート見出しをクリックします。
② セルA3〜F24を範囲選択します。
③ ［挿入］タブの［複合グラフの挿入］ボタンをクリックします。
④ ［組み合わせ］の一覧から［ユーザー設定の複合グラフを作成する］をクリックします。
⑤ ［グラフの挿入］ダイアログボックスの［すべてのグラフ］タブが表示されるので、左側の一覧の［組み合わせ］が選択されていることを確認します。
⑥ ［データ系列に使用するグラフの種類と軸を選択してください］の［4月宿泊日数］の系列の［グラフの種類］ボックスの▼をクリックし、［縦棒］の一覧から［積み上げ縦棒］をクリックします。
⑦ ［5月宿泊日数］と［6月宿泊日数］の系列の［グラフの種類］も［積み上げ縦棒］に変更されたことを確認します。
⑧ 同様に［7月宿泊日数］の系列の［グラフの種類］も［積み上げ縦棒］に変更します。
⑨ ［4〜7月金額合計］の系列の［グラフの種類］が［折れ線］になっていることを確認します。

⑩ ［4～7月金額合計］の系列の［第2軸］チェックボックスをオンにします。

⑪ グラフのプレビューで、横（項目）軸が部屋名、4月から7月の各宿泊日数が積み上げ縦棒、4～7月金額合計（千円）が折れ線で第2軸を使用したグラフになっていることを確認します。

⑫ ［OK］をクリックします。

⑬ 横（項目）軸が部屋名、4月から7月の各宿泊日数が積み上げ縦棒、4～7月金額合計（千円）が折れ線で第2軸の複合グラフが作成されます。

⑭ 問題文の「部屋別宿泊日数と金額」をクリックしてコピーします。

⑮ 複合グラフの［グラフタイトル］をクリックします。

⑯ 「グラフタイトル」の文字列をドラッグし、Ctrl + V キーを押します。

⑰ 「グラフタイトル」に「部屋別宿泊日数と金額」が貼り付けられ、上書きされます。

⑱ ［グラフエリア］をクリックします。

⑲ ［書式］タブをクリックします。

⑳ 問題文の「10」をクリックしてコピーします。

㉑ ［書式］タブの［サイズ］の［図形の高さ］ボックスをクリックし、［図形の高さ］ボックスの数値が反転表示していて選択されていることを確認し、Ctrl + V キーを押します。

㉒ ［図形の高さ］ボックスに「10」が貼り付けられ、上書きされます。

㉓ Enter キーを押します。

㉔ ［図形の高さ］ボックスに「10cm」と表示され、グラフの高さが変更されます。

㉕ 問題文の「18」をクリックしてコピーします。

㉖ ［書式］タブの［サイズ］の［図形の幅］ボックスをクリックし、［図形の幅］ボックスの数値が反転表示していて選択されていることを確認し、Ctrl + V キーを押します。

㉗ ［図形の幅］ボックスに「18」が貼り付けられ、上書きされます。

㉘ Enter キーを押します。

㉙ ［図形の幅］ボックスに「18cm」と表示され、グラフの幅が変更されます。

【タスク3】関数を使用して、ワークシート「リフォーム」のセル範囲 H3:H8 に、リフォーム資金の返済月額を求めます。毎月1回の月末払いの元利均等返済で、返済期間中に利率の変動はないものとします。

① ワークシート「リフォーム」のシート見出しをクリックします。

② セル H3 をクリックします。

③ ［数式］タブの［財務］ボタンをクリックします。

④ 一覧から［PMT］をクリックします。

⑤ PMT 関数の［関数の引数］ダイアログボックスが表示されるので、［利率］ボックスにカーソルが表示されていることを確認し、セル E3 をクリックします。

⑥ ［利率］ボックスに「E3」と表示されるので、F4 キーを押して、「$E$3」にします。

⑦ 月単位の利率にするため、続けて「/12」と入力します。

⑧ ［期間］ボックスをクリックし、セル G3 をクリックします。

⑨ ［期間］ボックスに「G3」と表示されるので、月単位の期間にするため、続けて「*12」と入力します。

⑩ ［現在価値］ボックスをクリックし、セル E2 をクリックし、F4 キーを押して、「$E$2」にします。

⑪ ［将来価値］ボックスには何も入力しないか、「0」を入力します。

⑫ ［支払期日］ボックスには何も入力しないか、「0」を入力します。

⑬ ［数式の結果 =］に「¥-1,347,319」が表示されていることを確認します。

⑭ ［OK］をクリックします。

⑮ 数式バーに「=PMT($E$3/12,G3*12,$E$2)」または「=PMT($E$3/12,G3*12,$E$2,0,0)」と表示されたことを確認します。

※ ［関数の引数］ダイアログボックスを使わずに、この数式を直接セルに入力してもかまいません。

⑯ セル H3 に、「¥-1,347,319」と赤字で表示されていることを確認します。

⑰ セル H3 の右下のフィルハンドルをポイントし、マウスポインターの形が＋に変わったら、ダブルクリックします。

⑱ セル H3 の数式がセル H4～H8 にコピーされ、各行の年数に応じた返済月額が表示されます。

【タスク4】ワークシート「リフォーム」のセル A11 の文字列にひらがなでふりがなを表示します。

① ワークシート「リフォーム」のセル A11 をクリックします。

② ［ホーム］タブの［ふりがなの表示/非表示］ボタンをクリックします。

③ セル A11 の文字列にカタカナのふりがな「ミマサカギンコウ」が表示されます。

④ セル A11 がアクティブセルの状態のまま、［ホーム］タブの［ふりがなの表示/非表示］ボタンの▼をクリックします。

⑤ 一覧から［ふりがなの設定］をクリックします。

⑥ ［ふりがなの設定］ダイアログボックスが表示されるので、［ふりがな］タブの［種類］の［ひらがな］をクリックします。

⑦ ［OK］をクリックします。

⑧ セル A11 の文字列のふりがながひらがなの「みまさかぎんこう」に変更されます。

プロジェクト2　ラーニングカフェ

【タスク1】ワークシート「会員名簿」のテーブルの「会員ランク」の列に設定されているドロップダウンリストに「プラチナ」「ゴールド」「シルバー」の3つが表示されるように修正し、エラーメッセージを「リストから選択してください」に変更します。

① ワークシート「会員名簿」の F4～F33 を範囲選択します。

② ［データ］タブの［データの入力規則］ボタンをクリックします。

③ ［データの入力規則］ダイアログボックスが表示されるので、［設定］タブの［条件の設定］の［入力値の種類］ボックスに［リスト］が表示されていることを確認します。

④ ［元の値］ボックスの「プラチナ」の後ろをクリックし、「,」（半角のカンマ）を入力します。

⑤ 問題文の「ゴールド」をクリックしてコピーします。

⑥ ［元の値］ボックスの「,」の後ろにカーソルが表示されていることを確認し、Ctrl + V キーを押します。

⑦ 「ゴールド」が貼り付けられます。

⑧ 続けて「,」（半角のカンマ）を入力します。

⑨ 問題文の「シルバー」をクリックしてコピーします。

⑩ 「,」の後ろをクリックし、Ctrl + V キーを押します。

⑪ 「シルバー」が貼り付けられます。

⑫ ［元の値］ボックスに「プラチナ,ゴールド,シルバー」と表示されていることを確認します。

⑬ ［エラーメッセージ］タブをクリックします。

⑭ 問題文の「リストから選択してください」をクリックしてコピーします。

⑮ ［エラーメッセージ］ボックスをクリックし、Ctrl + V キーを押します。

⑯ ［エラーメッセージ］ボックスに「リストから選択してください」が貼り付けられます。

⑰ ［OK］をクリックします。

⑱ セル F4～F33 のいずれかのセルをクリックすると▼が表示され、クリックすると「プラチナ」「ゴールド」「シルバー」が表示されます。

【タスク2】ワークシート「会員利用記録」のテーブルのすべての項目が重複しているデータを削除します。

① ワークシート「会員利用記録」のシート見出しをクリックします。
② テーブル内の任意のセルをクリックします。
③ [データ] タブ（または [デザイン] タブ）の [重複の削除] ボタンをクリックします。
④ [重複の削除] ダイアログボックスが表示されるので、すべての列項目のチェックボックスがオンになっていることを確認します。
⑤ [OK] をクリックします。
⑥ 「重複する2個の値が見つかり、削除されました。一意の値が20個残っています。」と表示されるので、[OK] をクリックします。

プロジェクト3　カラオケ料金

【タスク1】ワークシート「料金計算」のセルG1（結合セル）に現在の日付と時刻を、「2012/3/14 1:30 PM」の形式で表示します。

① ワークシート「料金計算」のセルG1（結合セル）をクリックします。
② [数式] タブの [日付/時刻] ボタンをクリックします。
③ 一覧から [NOW] をクリックします。
④ NOW関数の [関数の引数] ダイアログボックスが表示されるので、「この関数に引数は必要ありません。」と表示されていることを確認し、[OK] をクリックします。
⑤ 数式バーに「=NOW()」と表示されたことを確認します。
※ [日付/時刻] ボタンを使わずに、この数式を直接セルに入力してもかまいません。
⑥ セルG1に現在の日付と時刻が「2012/3/14 13:30」の形式で表示されます。
⑦ セルG1をクリックします。
⑧ [ホーム] タブの [数値] グループ右下の [表示形式] ボタンをクリックします。
⑨ [セルの書式設定] ダイアログボックスの [表示形式] タブが表示されるので、[分類] ボックスの [日付] または [時刻] をクリックします。
⑩ [種類] ボックスの [2012/3/14 1:30 PM] をクリックします。
⑪ [サンプル] に現在の日付と時刻が「2012/3/14 1:30 PM」の形式で表示されたことを確認し、[OK] をクリックします。
⑫ セルG1の日付と時刻が「2012/3/14 1:30 PM」の形式で表示されます。

【タスク2】SWITCH関数を使用して、ワークシート「料金計算」のセルD4に、セルC4の会員種類が「一般」のときは「1」、「会員」のときは「2」、「学生」のときは「3」と表示する数式を入力します。

① ワークシート「料金計算」のセルD4をクリックします。
② [数式] タブの [論理] ボタンをクリックします。
③ 一覧から [SWITCH] をクリックします。
④ SWITCH関数の [関数の引数] ダイアログボックスが表示されるので、[式] ボックスにカーソルがあることを確認し、セルC4をクリックします。
⑤ [式] ボックスに「C4」と表示されます。
⑥ 問題文の「一般」をクリックしてコピーします。
⑦ [値1] ボックスをクリックし、Ctrl + V キーを押します。
⑧ [値1] ボックスに「一般」が貼り付けられます。
⑨ 問題文の「1」をクリックしてコピーします。
⑩ [結果1] ボックスをクリックし、Ctrl + V キーを押します。
⑪ [結果1] ボックスに「1」が貼り付けられます。
⑫ 問題文の「会員」をクリックしてコピーします。
⑬ [既定または値2] ボックスをクリックし、Ctrl + V キーを押します。
⑭ [既定または値2] ボックスに「会員」が貼り付けられます。
⑮ 問題文の「2」をクリックしてコピーします。
⑯ [結果2] ボックスをクリックし、Ctrl + V キーを押します。
⑰ [結果2] ボックスに「2」が貼り付けられます。

⑱ 問題文の「学生」をクリックしてコピーします。
⑲ [既定または値3] ボックスをクリックし、Ctrl + V キーを押します。
※ [既定または値3] ボックスが表示されていない場合は、[関数の引数] ボックス内のスクロールバーを使用して表示します。
⑳ [既定または値3] ボックスに「学生」が貼り付けられます。
㉑ 問題文の「3」をクリックしてコピーします。
㉒ [結果3] ボックスをクリックし、Ctrl + V キーを押します。
㉓ [結果3] ボックスに「3」が貼り付けられます。
㉔ [数式の結果 =] にセルC4の会員種類「一般」に対応する値「1」が表示されます。
㉕ [OK] をクリックします。
㉖ 数式バーに「=SWITCH(C4," 一般 ",1," 会員 ",2," 学生 ",3)」と表示されます。
※ [関数の引数] ダイアログボックスを使わずに、この数式を直接セルに入力してもかまいません。
㉗ セルD4にセルC4の会員種類「一般」に対応する値「1」が表示されます。

【タスク3】ワークシート「料金表」をセルの選択はできるようにして、パスワードを設定せずに保護します。なお、セル範囲C4:D6にタイトル「料金入力」、範囲パスワード「1234」に設定し、パスワードが入力されたときだけ編集できるようにします。

① ワークシート「料金表」のシート見出しをクリックします。
② セルC4～D6を範囲選択します。
③ [校閲] タブの [範囲の編集を許可する] ボタンをクリックします。
④ [範囲の編集の許可] ダイアログボックスが表示されるので、[新規] ボタンをクリックします。
⑤ [新しい範囲] ダイアログボックスが表示されます。
⑥ 問題文の「料金入力」をクリックして文字列をコピーします。
⑦ [タイトル] ボックスの「範囲1」が反転表示していて選択されていることを確認し、Ctrl + V キーを押します。
⑧ [タイトル] ボックスに「料金入力」の文字列が貼り付けられ、上書きされます。
⑨ [セル参照] ボックスに「=$C$4: $D$6」と表示されていることを確認します。
⑩ 問題文の「1234」をクリックして文字列をコピーします。
⑪ [範囲パスワード]ボックスをクリックし、Ctrl + V キーを押します。
⑫ [範囲パスワード] ボックスに「1234」の文字列が貼り付けられ、「****」と表示されます。
⑬ [OK] をクリックします。
⑭ [パスワードの確認] ダイアログボックスが表示されるので、[パスワードをもう一度入力してください。] ボックスにカーソルが表示されていることを確認し、Ctrl + V キーを押します。
⑮ [パスワードをもう一度入力してください。] ボックスに「1234」の文字列が貼り付けられ、「****」と表示されます。
⑯ [OK] をクリックします。
※ ここで [範囲の編集を許可] ダイアログボックスが表示されない場合は、Excel ウィンドウの任意の場所をクリックします。
⑰ [範囲の編集を許可] ダイアログボックスの [シートが保護されているときにパスワードでロックを解除する範囲] ボックスの [タイトル] に「料金入力」、[セルの参照] に「$C$4:$D$6」と表示されていることを確認します。
⑱ [シートの保護] をクリックします。
⑲ [シートの保護] ダイアログボックスが表示されるので、[シートの保護を解除するためのパスワード] ボックスには入力せずに、[シートとロックされたセルの内容を保護する] チェックボックスがオンになっていることを確認します。
⑳ [このシートのすべてのユーザーに許可する操作] ボックスの [ロックされたセル範囲の選択] と [ロックされていないセル範囲の選択] チェックボックスがオンになっていることを確認します。
㉑ [OK] をクリックします。

【タスク4】ワークシート「都内店舗」に設定されている条件付き書式を変更し、フォントの色が青、太字の書式が、部屋数が「50」以上の店舗の行に設定されるようにします。

① ワークシート「都内店舗」のシート見出しをクリックします。
② ［ホーム］タブの［条件付き書式］ボタンをクリックします。
③ 一覧から［ルールの管理］をクリックします。
④ ［条件付き書式ルールの管理］ダイアログボックスが表示されるので、［書式ルールの表示］ボックスの▼をクリックし、一覧から［このワークシート］をクリックします。
⑤ ［ルール］の2番目の［数式 :=$F4>=40］の［書式］が、フォントの色が青、太字になっていることを確認し、クリックします。
※ ルール名はポイントすると、吹き出しで確認できます。
⑥ ［ルールの編集］をクリックします。
⑦ ［書式ルールの編集］ダイアログボックスが表示されます。
⑧ 問題文の「50」をクリックしてコピーします。
⑨ ［ルールの内容を編集してください］の［次の数式を満たす場合に値を書式設定］ボックスの「=$F4>=40」の「40」をドラッグし、Ctrl + V キーを押します。
⑩ 「50」が貼り付けられ、数式が「=$F4>=50」になります。
⑪ ［OK］をクリックします。
⑫ ［条件付き書式ルールの管理］ダイアログボックスの［OK］をクリックします。
⑬ 部屋数が50以上の店舗の行にフォントの色が青、太字の書式が設定されます。

【タスク5】ワークシート「都内部屋数」のピボットテーブルが「1-10」「11-20」…「51-60」という部屋数で集計されるようにします。

① ワークシート「都内部屋数」のシート見出しをクリックします。
② ピボットテーブルの行ラベルの任意の数値のセルをクリックします。
③ ［分析］タブの［フィールドのグループ化］ボタンをクリックします。
④ ［グループ化］ダイアログボックスが表示されるので、［先頭の値］ボックスに「1」と入力します。
⑤ ［末尾の値］ボックスに「60」と入力します。
⑥ ［単位］ボックスが「10」になっていることを確認します。
⑦ ［OK］をクリックします。
⑧ 部屋数が「1-10」「11-20」…「51-60」とう10の単位でグループ化され、店舗名の個数が集計されます。

プロジェクト4　宅配サービス

【タスク1】マクロ有効ブック「宅配フォーマット_bp.xlsm」に登録されているマクロ「割引対象」を作業中のブックにコピーし、ワークシート「注文一覧」でマクロ「割引対象」を実行します。

① ［表示］タブの［マクロ］ボタンをクリックします。
② ［マクロ］ダイアログボックスが表示されるので、［マクロ名］の一覧に［宅配フォーマット_bp.xlsm! 割引対象］が表示されていることを確認し、［編集］をクリックします。
※ 手順①〜②は、［開発］タブの［Visual Basic］ボタンをクリックしてもかまいません。
③ VBE（Microsoft Visual Basic for Applications の編集ウィンドウ）が起動します。
④ ［プロジェクト］ウィンドウの［VBAProject（宅配フォーマット_bp.xlsm）］の［標準モジュール］の［Module1］を［VBAProject（ex3-4_宅配サービス_bp.xlsm）］（練習モードでは「ex3-4-1.xlsm」、以下同）にドラッグします（ドラッグしている間はマウスポインターの形が＋の付いた形になります）。
⑤ マウスのボタンから指を離すと、［VBAProject（ex3-4_宅配サービス_bp.xlsm）］の下に［標準モジュール］がコピーされます。
⑥ VBE（Microsoft Visual Basic for Applications の編集ウィンドウ）の

閉じるボタンをクリックして、VBE を閉じます。
⑦ 作業中のブック「ex3-4_宅配サービス_bp」（練習モードの場合は「ex3-4-1」）のワークシート「注文一覧」が表示されていることを確認します。
⑧ ［表示］タブ（または［開発］タブ）の［マクロ］ボタンをクリックします。
⑨ ［マクロ］ダイアログボックスが表示されるので、［マクロ］ボックスの［割引対象］が選択されていることを確認し、［実行］をクリックします。
⑩ マクロ「割引対象」が実行され、会員種別が「VIP 会員」または金額が 10,000 以上の行の塗りつぶしの色がピンクに設定されます。

【タスク2】グラフシート「会員種別注文数比較グラフ」のピボットグラフのフィールドを展開して、会員種別ごとの注文セットの売上数を表示します。

① グラフシート「会員種別注文数比較グラフ」のシート見出しをクリックします。
② ピボットグラフの軸（分類項目）に会員種別が表示されていることを確認します。
③ 軸（分類項目）の［フィールド全体の展開］ボタンをクリックします。
④ 軸（分類項目）に会員種別ごとに注文セット名が表示され、グラフが会員種別ごとの注文セットの売上数に変更されます。

【タスク3】ワークシート「会員種別売上合計」のピボットテーブルの請求金額（税別）に 10% の消費税を加えた「請求金額（税込）」という名前の集計フィールドを作成します。

① ワークシート「会員種別売上合計」のシート見出しをクリックします。
② ピボットテーブル内の任意のセルをクリックします。
③ ［分析］タブの［フィールド / アイテム / セット］ボタンをクリックします。
④ 一覧から［集計フィールド］をクリックします。
⑤ ［集計フィールドの挿入］ダイアログボックスが表示されるので、問題文の「請求金額（税込）」をクリックして文字列をコピーします。
⑥ ［名前］ボックスの「フィールド 1」が反転表示していて選択されていることを確認し、Ctrl + V キーを押します。
⑦ 「名前」ボックスに「請求金額（税込）」の文字列が貼り付けられ、上書きされます。
⑧ ［フィールド］ボックスの一覧から［請求金額（税別）］をクリックします。
⑨ ［フィールドの挿入］をクリックします。
⑩ ［数式］ボックスに「=' 請求金額（税別）'」と表示されます。
⑪ 続けて「*1.1」と入力します。
⑫ ［OK］をクリックします。
⑬ ピボットテーブルに「合計 / 請求金額（税込）」の集計フィールドが追加され、請求金額（税別）に 10% の消費税を加えた金額が表示されます。

【タスク4】関数を使用して、ワークシート「来月売上目標数」のセル範囲 C4:C7 に、ワークシート「注文一覧」の注文セットごとの注文数を求めます。なお、複数条件を指定できる関数は使用しません。

① ワークシート「来月売上目標数」のシート見出しをクリックします。
② セル C4 をクリックします。
③ ［数式］タブの［数学 / 三角］ボタンをクリックします。
④ 一覧から［SUMIF］をクリックします。
⑤ SUMIF 関数の［関数の引数］ダイアログボックスが表示されるので、［範囲］ボックスにカーソルが表示されていることを確認し、ワークシート「注文一覧」のシート見出しをクリックして、セル E6 〜 E77 を範囲選択し、F4 キーを 1 回押します。
⑥ ［範囲］ボックスに「注文一覧 !$E$6: $E$77」と表示されます。

⑦ [検索条件] ボックスをクリックし、ワークシート「来月売上目標数」のセル B4 をクリックします。

⑧ [検索条件] ボックスに「B4」と表示されます。

⑨ [合計範囲] ボックスをクリックし、ワークシート「注文一覧」のシート見出しをクリックして、セル G6 〜 G77 を範囲選択し、F4 キーを 1 回押します。

⑩ [合計範囲] ボックスに「注文一覧 !$G$6:$G$77」と表示されます。

⑪ [数式の結果 =] にプレミアムセットの注文数の合計「14」が表示されます。

⑫ [OK] をクリックします。

⑬ 数式バーに「=SUMIF(注文一覧 !$E$6:$E$77,B4, 注文一覧 !$G$6:$G$77)」と表示されたことを確認します。

※ [関数の引数] ダイアログボックスを使わずに、この数式を直接セルに入力してもかまいません。

⑭ セル C4 に、プレミアムセットの注文数の合計「14」が表示されます。

⑮ セル C4 の右下のフィルハンドルをポイントし、マウスポインターの形が＋に変わったら、ダブルクリックします。

⑯ セル C4 の数式がセル C5 〜 C7 にコピーされ、セット別の注文数の合計が表示されます。

プロジェクト 5　チケット予約

【タスク 1】ワークシート「9 月公演一覧」のセル A7 に「友の会会員は定価の 2 割引」というコメント（[校閲] タブに [メモ] ボタンがある場合はメモ）を挿入します。コメント（メモ）のユーザー名は変更しません。

① ワークシート「9 月公演一覧」のセル A7 をクリックします。

② [校閲] タブの [新しいコメント] ボタン（[メモ] ボタンがある場合は [メモ] ボタンをクリックし、一覧から [新しいメモ]）をクリックします。

③ セル A7 にコメント（メモ）の吹き出しが表示されます。

④ 問題文の「友の会会員は定価の 2 割引」をクリックして文字列をコピーします。

⑤ コメント（メモ）の吹き出しのユーザー名の下の行にカーソルが表示されていることを確認し、Ctrl ＋ V キーを押します。

⑥ コメント（メモ）の吹き出しに「友の会会員は定価の 2 割引」の文字列が貼り付けられます。

【タスク 2】ワークシート「9 月公演チケット予約」のテーブルの「振込期限」の列に、予約日から土日とセル範囲 C2:D2 の祭日を除いた「10」日後の日付を、「○月○日」の形式で表示します。なお、週末の曜日を指定できる関数は使用しません。

① ワークシート「9 月公演チケット予約」のシート見出しをクリックします。

② セル J4 をクリックします。

③ [数式] タブの [日付 / 時刻] ボタンをクリックします。

④ 一覧から [WORKDAY] をクリックします。

⑤ WORKDAY 関数の [関数の引数] ダイアログボックスが表示されるので、[開始日] ボックスにカーソルが表示されていることを確認し、セル B4 をクリックします。

⑥ [開始日] ボックスに「[@ 予約日]」と表示されます。

⑦ 問題文の「10」をクリックしてコピーします。

⑧ [日数] ボックスをクリックし、Ctrl ＋ V キーを押します。

⑨ [日数] ボックスに「10」が貼り付けられます。

⑩ [祭日] ボックスをクリックし、セル C2 〜 D2 をドラッグし、F4 キーを 1 回押します。

⑪ [祭日] ボックスに「$C$2: $D$2」と表示されます。

⑫ [数式の結果 =] に「44362」が表示されていることを確認します。

⑬ [OK] をクリックします。

⑭ 数式バーに「=WORKDAY([@ 予約日],10,$C$2: $D$2)」と表示されたことを確認します。

※ [関数の引数] ダイアログボックスを使わずに、この数式を直接セルに入力してもかまいません。

⑮ セル J4 に、セル B4 の予約日から 10 日後の日付のシリアル値「44362」が表示されます。

⑯ セル J5 〜 J30 に自動的に数式が設定され、各行の予約日から 10 日後の日付のシリアル値が表示されます。

⑰ セル J4 〜 J30 を範囲選択します。

⑱ [ホーム] タブの [数値] グループ右下の [表示形式] ボタンをクリックします。

⑲ [セルの書式設定] ダイアログボックスの [表示形式] タブが表示されるので、[分類] ボックスの [日付] をクリックします。

⑳ [種類] ボックスの一覧から [3 月 14 日] をクリックします。

㉑ [サンプル] に「6 月 15 日」と表示されたことを確認し、[OK] をクリックします。

㉒ セル J4 〜 J30 に、各行の予約日から 10 日後の日付が、「○月○日」の形式で表示されます。

【タスク 3】ワークシート「9 月公演チケット売上集計」のピボットテーブルに、スライサーを使用して、振込済の枚数と料金を集計します。

① ワークシート「9 月公演チケット売上集計」のシート見出しをクリックします。

② ピボットテーブル内の任意のセルをクリックします。

③ [分析] タブの [スライサーの挿入] ボタンをクリックします。

④ [スライサーの挿入] ダイアログボックスが表示されるので、[振込日] チェックボックスをオンにします。

⑤ [OK] をクリックします。

⑥ [振込日] スライサーが表示されるので、振込日のすべての日付が選択されていることを確認します。

⑦ [振込日] スライサーを一番下までスクロールして、[（空白）] を Ctrl キーを押しながらクリックしてオフにします。

⑧ 空白を除くすべての振込日すなわち振込済の枚数と料金が集計されます。

【タスク 4】ワークシート「友の会名簿」のテーブルを基に、ワークシート「会員集計」のセル A1 を基点とする位置に、ピボットテーブルを作成します。行に「入会年月日」の「年」と「四半期」、列に「職業」、値に「会員番号」の個数、フィルターに「会員種別」を設定し、会員種別が「一般」のデータを集計します。

① ワークシート「友の会名簿」のシート見出しをクリックします。

② テーブル内の任意のセルをクリックします。

③ [挿入] タブの [ピボットテーブル] ボタンをクリックします。

④ [ピボットテーブルの作成] ダイアログボックスが表示されるので、[分析するデータを選択してください。] の [テーブルまたは範囲を選択] が選択されていて、[テーブル / 範囲] ボックスに「友の会名簿」と表示されていることを確認します。

⑤ [ピボットテーブルレポートを配置する場所を指定してください。] の [既存のワークシート] をクリックします。

⑥ [場所] ボックスをクリックし、ワークシート「会員集計」のシート見出しをクリックして、セル A1 をクリックします。

⑦ [場所] ボックスに「会員集計 !$A$1」と表示されたことを確認し、[OK] をクリックします。

⑧ ワークシート「会員集計」のセル A1 を基点とする位置に空白のピボットテーブルが表示されます。

⑨ [ピボットテーブルのフィールド] 作業ウィンドウの [レポートに追加するフィールドを選択してください] の一覧の [入会年月日] を [行] ボックスにドラッグします。

⑩ [行] ボックスに「年」と「四半期」、「入会年月日」が表示されます。

⑪ 同様に [職業] を [列] ボックスにドラッグします。

⑫ 同様に［会員番号］を［値］ボックスにドラッグします。
⑬ ［値］ボックスに「個数／会員番号」と表示されます。
⑭ 同様に［会員種別］を［フィルター］ボックスにドラッグします。
⑮ ピボットテーブルの行ラベルに年、列ラベルに職業、値に会員番号の個数、フィルターに会員種別が表示されます。
⑯ フィルターの［会員種別］の［（すべて）］の▼をクリックします。
⑰ ［一般］をクリックします。
⑱ ［OK］をクリックします。
⑲ 会員種別が「一般」のデータが集計されます。

プロジェクト6　売上管理4_6月

【タスク1】フラッシュフィルを使って、ワークシート「担当者別売上」の「所属」の列に、セルD4と同様に、各行の支店名、「支店」の文字列、部署名を続けた文字列を入力します。

① ワークシート「担当者別売上」のセルD5をクリックします。
② ［ホーム］タブの［フィル］ボタンをクリックします。
③ 一覧から［フラッシュフィル］をクリックします。
④ セルD5～D51に、各行の支店名、「支店」の文字列、部署名を続けた文字列が入力されます。

【タスク2】ワークシート「担当者別売上」のセル範囲I4:I51に、ブック「売上管理1_3月_bp」のワークシート「担当者別売上」のセル範囲G4:G51を貼り付けます。元データが更新されたときは自動的に反映されるようにします。

① ［表示］タブの［ウィンドウの切り替え］ボタンをクリックします。
② 一覧から［売上管理1_3月_bp］をクリックします。
③ ブック「売上管理1_3月_bp」が表示されるので、ワークシート「担当者別売上」のセルG4～G51を範囲選択します。
④ Ctrl＋Cキーを押します。
⑤ ［表示］タブの［ウィンドウの切り替え］ボタンをクリックします。
⑥ 一覧から［ex3-6_売上管理4_6月_bp］（練習モードでは「ex3-6-2」）をクリックします。
⑦ ブック「ex3-6_売上管理4_6月_bp」が表示されるので、ワークシート「担当者別売上」のセルI4をクリックします。
⑧ ［ホーム］タブの［貼り付け］ボタンの▼をクリックします。
⑨ ［その他の貼り付けオプション］の一覧から［リンク貼り付け］をクリックします。
⑩ セルI4～I51に、それぞれコピー元の対応するセルを参照する数式が入力されます。

【タスク3】関数を使用して、ワークシート「担当者別売上」の「備考」の列に、5～6月の売上が前月を上回る場合に「毎月売上アップ」と表示します。

① ワークシート「担当者別売上」のセルK4をクリックします。
② ［数式］タブの［論理］ボタンをクリックします。
③ 一覧から［IF］をクリックします。
④ IF関数の［関数の引数］ダイアログボックスが表示されるので、［論理式］ボックスにカーソルがあることを確認し、名前ボックスの▼をクリックして、一覧から［AND］をクリックします。
※ 名前ボックスの一覧に［AND］がない場合は、［その他の関数］をクリックし、表示される［関数の挿入］ダイアログボックスの［関数の分類］ボックスの▼をクリックして［論理］または［すべて表示］をクリックし、［関数名］ボックスの一覧から［AND］をクリックし、［OK］をクリックします。
⑤ AND関数の［関数の引数］ダイアログボックスが表示されるので、［論理式1］ボックスにカーソルが表示されていることを確認し、セルF4をクリックします。
⑥ ［論理式1］ボックスに「F4」と表示されるので、続けて「>」を入力します。

⑦ 続けてセルE4をクリックします。
⑧ ［論理式1］ボックスに「F4>E4」と表示されます。
⑨ ［論理式2］ボックスをクリックし、同様に「G4>F4」と入力します。
⑩ 数式バーの「IF」部分をクリックします。
⑪ IF関数の［関数の引数］ダイアログボックスが表示されるので、［論理式］ボックスに「AND(F4>E4,G4>F4)」と入力されていることを確認します。
⑫ 問題文の「毎月売上アップ」をクリックして文字列をコピーします。
⑬ ［値が真の場合］ボックスをクリックし、Ctrl＋Vキーを押します。
⑭ ［値が真の場合］ボックスに「毎月売上アップ」の文字列が貼り付けられます。
⑮ ［値が偽の場合］ボックスをクリックし、「""」（半角のダブルクォーテーション2つ）を入力します。
⑯ ［数式の結果＝］に何も表示されていない（空白が表示されている）いることを確認します。
⑰ ［OK］をクリックします。
⑱ 数式バーに「=IF(AND(F4>E4,G4>F4),"毎月売上アップ","")」と表示されたことを確認します。
※ ［関数の引数］ダイアログボックスを使わずに、この数式を直接セルに入力してもかまいません。
⑲ セルK4が空白になります。
⑳ セルK4の右下のフィルハンドルをポイントし、マウスポインターの形が＋に変わったら、ダブルクリックします。
㉑ セルK4の数式がセルK5～K51にコピーされ、各行の5月売上が4月売上より多く、かつ6月売上が5月売上より多い行では、K列のセルに「毎月売上アップ」と表示されます。

【タスク4】ワークシート「支店別売上」のピボットグラフのグラフスタイルを「スタイル8」に変更し、凡例を削除します。［縦（値）軸］の最小値を「100000」に変更します。

① ワークシート「支店別売上」のシート見出しをクリックします。
② ピボットグラフをクリックします。
③ グラフの右上の［グラフスタイル］ボタンをクリックします。
④ ［スタイル］の一覧から［スタイル8］をクリックします。
⑤ グラフのスタイルが変更されます。
⑥ グラフの右上の［グラフ要素］ボタンをクリックします。
⑦ ［グラフ要素］の一覧の［凡例］チェックボックスをオフにします。
⑧ グラフの凡例がなくなります。
⑨ ［縦（値）軸］をダブルクリックします。
⑩ ［軸の書式設定］作業ウィンドウが表示されます。
⑪ 問題文の「100000」をクリックしてコピーします。
⑫ ［軸のオプション］の［境界値］の［最小値］ボックスをクリックし、「0.0」をドラッグして、Ctrl＋Vキーを押します。
⑬ ［最小値］ボックスに「100000」が貼り付けられ、上書きされます。
⑭ Enterキーを押します。
⑮ ［縦（値）軸］の最小値が100000になります。

【タスク5】ワークシート「横浜支店売上平均」のセル範囲C4:C6に、ワークシート「担当者別売上」の表の「横浜」支店の部署ごとの売上平均を求めます。数式には登録されている名前付き範囲を使用します。

① 数式で使用する名前付き範囲を確認しておきます。名前ボックスの▼をクリックし、一覧から［支店］をクリックします。
② ワークシート「担当者別売上」のセルB4～B51が選択されて表示されます。
③ 名前ボックスの▼をクリックし、一覧から［部署］をクリックします。
④ ワークシート「担当者別売上」のセルC4～C51が選択されて表示されます。
⑤ 名前ボックスの▼をクリックし、一覧から［売上合計］をクリックします。
⑥ ワークシート「担当者別売上」のセルH4～H51が選択されて表

示されます。

⑦ ワークシート「横浜支店売上平均」のシート見出しをクリックします。
⑧ セル C4 をクリックします。
⑨ ［数式］タブの［その他の関数］ボタンをクリックします。
⑩ ［統計］の一覧から［AVERAGEIFS］をクリックします。
⑪ AVERAGEIFS 関数の［関数の引数］ダイアログボックスが表示されるので、［平均対象範囲］ボックスにカーソルが表示されていることを確認し、［数式］タブの［数式で使用］ボタンをクリックします。
⑫ 一覧から［売上合計］をクリックします。
⑬ ［平均対象範囲］ボックスに「売上合計」と表示されます。
⑭ ［条件範囲 1］ボックスをクリックし、［数式］タブの［数式で使用］ボタンをクリックします。
⑮ 一覧から［支店］をクリックします。
⑯ ［条件範囲 1］ボックスに「支店」と表示されます。
⑰ 問題文の「横浜」をクリックして文字列をコピーします。
⑱ ［条件 1］ボックスをクリックし、Ctrl ＋ V キーを押します。
⑲ ［条件 1］ボックスに「横浜」の文字列が貼り付けられます。
⑳ ［条件範囲 2］ボックスをクリックし、［数式］タブの［数式で使用］ボタンをクリックします。
㉑ 一覧から［部署］をクリックします。
㉒ ［条件範囲 1］ボックスに「部署」と表示されます。
㉓ ［条件 2］ボックスをクリックし、ワークシート「横浜支店売上平均」のセル B4 をクリックします。
㉔ ［条件 2］ボックスに「B4」と表示されます。
㉕ ［数式の結果 =］に、横浜支店の営業 1 部の売上合計の平均「20,075」が表示されます。
㉖ ［OK］をクリックします。
㉗ 数式バーに「=AVERAGEIFS(売上合計 , 支店 ," 横浜 ", 部署 ,B4)」と表示されたことを確認します。
※ ［関数の引数］ダイアログボックスを使わずに、この数式を直接セルに入力してもかまいません。
㉘ セル C4 に、横浜支店の営業 1 部の売上合計の平均「20,075」が表示されます。
㉙ セル C4 の右下のフィルハンドルをポイントし、マウスポインターの形が＋に変わったら、ダブルクリックします。
㉚ セル C4 の数式がセル C5 ～ C6 にコピーされ、横浜支店の各部署の売上合計の平均が表示されます。

【タスク6】ワークシート「横浜支店売上平均」のセル範囲 D4:D6 に、横浜支店の来期売上平均目標を営業 1 部「21000」、営業 2 部「24000」、海外営業部「25000」とした場合のシナリオ「来期売上平均目標」を登録し、結果を表示します。

① ワークシート「横浜支店売上平均」のセル D4 ～ D6 を範囲選択します。
② ［データ］タブの［What-If 分析］ボタンをクリックします。
③ ［シナリオの登録と管理］をクリックします。
④ ［シナリオの登録と管理］ダイアログボックスが表示されるので、［追加］をクリックします。
⑤ ［シナリオの追加］ダイアログボックスが表示されます。
⑥ 問題文の「来期売上平均目標」をクリックしてコピーします。
⑦ ［シナリオ名］ボックスにカーソルが表示されていることを確認し、Ctrl ＋ V キーを押します。
⑧ ［シナリオ名］ボックスに「来期売上平均目標」が貼り付けられます。
⑨ ［変化させるセル］ボックスに「D4:D6」と表示されていることを確認します。
⑩ ［OK］をクリックします。
⑪ ［シナリオの値］ダイアログボックスが表示されます。
※ ［シナリオの値］ダイアログボックスが表示されない場合は、Excel ウィンドウの任意の場所をクリックします。
⑫ 問題文の「21000」をクリックしてコピーします。
⑬ ［$D$4］ボックスにカーソルが表示されていることを確認し、Ctrl ＋ V キーを押します。

⑭ ［$D$4］ボックスに「21000」が貼り付けられます。
⑮ 問題文の「24000」をクリックしてコピーします。
⑯ ［$D$5］ボックスをクリックし、Ctrl ＋ V キーを押します。
⑰ ［$D$5］ボックスに「24000」が貼り付けられます。
⑱ 問題文の「25000」をクリックしてコピーします。
⑲ ［$D$6］ボックスをクリックし、Ctrl ＋ V キーを押します。
⑳ ［$D$6］ボックスに「25000」が貼り付けられます。
㉑ ［OK］をクリックします。
㉒ ［シナリオの登録と管理］ダイアログボックスの［シナリオ］ボックスに「来期売上平均目標」が表示されて選択されていることを確認し、［表示］をクリックします。
㉓ セル D4 ～ D6 にシナリオに登録した値が表示されます。
㉔ ［閉じる］をクリックします。

● 模擬テスト 4

プロジェクト1　お取り寄せギフト

【タスク1】Office の編集言語に「インドネシア語」を追加します。［Microsoft Office の言語設定の変更］のメッセージが表示されたら［OK］をクリックします。Office の再起動はしません。

① ［ファイル］タブをクリックします。
② ［ホーム］画面が表示されるので、左側の一覧から［その他］をクリックします。
※ 環境によっては［その他］がない場合があります。その場合は手順③へ進みます。
③ ［オプション］をクリックします。
④ ［Excel のオプション］ダイアログボックスが表示されるので、左側の一覧から［言語］をクリックします。
⑤ ［Office の編集言語と校正機能］の［言語を追加］をクリックします。
※ 環境によっては［編集言語の選択］の［他の編集言語を追加］になっている場合があります。
⑥ ［編集言語の追加］ダイアログボックスが表示されるので、［追加する言語を選択します。］の一覧から［インドネシア語］をクリックします。
※ 手順⑤で［他の編集言語と追加］をクリックした場合は、表示された言語一覧のメニューから［インドネシア語］をクリックします。
⑦ ［追加］をクリックします。
⑧ ［Office の編集言語と校正機能］の一覧に［インドネシア語］が追加されます。
⑨ ［OK］をクリックします。
⑩ ［Microsoft Office の言語設定の変更］の「Office を再起動して、言語の変更を有効にしてください。」のメッセージが表示されるので、［OK］をクリックします。

【タスク2】ワークシートの順序やワークシート名の変更などができないように、パスワード「Gift」を設定してブックを保護します。

① ［校閲］タブの［ブックの保護］をクリックします。
② ［シート構成とウィンドウの保護］ダイアログボックスが表示されます。
③ 問題文の「Gift」をクリックして文字列をコピーします。
④ ［パスワード（省略可）］ボックスにカーソルが表示されていることを確認し、Ctrl ＋ V キーを押します。
⑤ ［パスワード（省略可）］ボックスに「Gift」の文字列が貼り付けられ、「****」と表示されます。
⑥ ［保護対象］の［シート構成］チェックボックスがオンになっていることを確認します。
⑦ ［OK］をクリックします。

⑧ ［パスワードの確認］ダイアログボックスが表示されるので、［パスワードをもう一度入力してください。］ボックスにカーソルが表示されていることを確認し、Ctrl + V キーを押します。

⑨ ［パスワードをもう一度入力してください。］ボックスに「Gift」の文字列が貼り付けられ、「****」と表示されます。

⑩ ［OK］をクリックします。

【タスク3】 関数を使用して、ワークシート「売上一覧」のテーブルの「商品区分名」の列に、各行の商品区分から名前付き範囲「商品区分」を参照して商品区分名を表示します。同様に「商品名」、「単価」の列に商品番号から名前付き範囲「商品一覧」を参照して商品名、単価を表示します。なお、あらかじめ設定されている書式は変更しません。

① 名前ボックスの▼をクリックし、一覧から［商品区分］をクリックします。

② ワークシート「商品一覧」のセル E4 ～ G5 が選択されて表示されます。

③ 名前付き範囲の 1 行目が商品区分、2 行目が商品区分名になっていることを確認します。

④ ワークシート「売上一覧」のシート見出しをクリックします。

⑤ セル D4 をクリックします。

⑥ ［数式］タブの［検索 / 行列］ボタンをクリックします。

⑦ 一覧から［HLOOKUP］をクリックします。

⑧ HLOOKUP 関数の［関数の引数］ダイアログボックスが表示されるので、［検索値］ボックスにカーソルが表示されていることを確認し、セル C4 をクリックします。

⑨ ［検索値］ボックスに「[@ 商品区分]」と表示されます。

⑩ ［範囲］ボックスをクリックし、［数式］タブの［数式で使用］ボタンをクリックします。

⑪ 一覧から［商品区分］をクリックします。

⑫ ［範囲］ボックスに「商品区分」と表示されます。

⑬ ［行番号］ボックスをクリックし、「2」と入力します。

⑭ ［検索方法］ボックスをクリックし、「FALSE」を入力します。

⑮ ［数式の結果 =］にセル C4 の商品区分「J」の商品区分名「おいしい日本の味セット」が表示されていることを確認します。

⑯ ［OK］をクリックします。

⑰ 数式バーに「=HLOOKUP([@ 商品区分], 商品区分 ,2,FALSE)」と表示されたことを確認します。

※ ［関数の引数］ダイアログボックスを使わずに、この数式を直接セルに入力してもかまいません。

⑱ セル D4 に、セル C4 の商品区分「J」の商品区分名「おいしい日本の味セット」が表示されていることを確認します。

⑲ セル D5 ～ D441 に自動的に数式が設定され、各行の商品区分に対応する商品名が表示されます。

⑳ 名前ボックスの▼をクリックし、一覧から［商品一覧］をクリックします。

㉑ ワークシート「商品一覧」のセル A4 ～ C22 が選択されて表示されます。

㉒ 名前付き範囲の 1 列目が商品番号、2 列目が商品名、3 列目が単価になっていることを確認します。

㉓ ワークシート「売上一覧」のシート見出しをクリックします。

㉔ セル F4 をクリックします。

㉕ ［数式］タブの［検索 / 行列］ボタンをクリックします。

㉖ 一覧から［VLOOKUP］をクリックします。

㉗ VLOOKUP 関数の［関数の引数］ダイアログボックスが表示されるので、［検索値］ボックスにカーソルが表示されていることを確認し、セル E4 をクリックします。

㉘ ［検索値］ボックスに「[@ 商品番号]」と表示されます。

㉙ ［範囲］ボックスをクリックし、［数式］タブの［数式で使用］ボタンをクリックします。

㉚ 一覧から［商品一覧］をクリックします。

㉛ ［範囲］ボックスに「商品一覧」と表示されます。

㉜ ［列番号］ボックスをクリックし、「2」と入力します。

㉝ ［検索方法］ボックスをクリックし、「FALSE」を入力します。

㉞ ［数式の結果 =］にセル E4 の商品番号「J001」の商品名「北の魚干物セット」が表示されていることを確認します。

㉟ ［OK］をクリックします。

㊱ 数式バーに「=VLOOKUP([@ 商品番号], 商品一覧 ,2,FALSE)」と表示されたことを確認します。

※ ［関数の引数］ダイアログボックスを使わずに、この数式を直接セルに入力してもかまいません。

㊲ セル F4 に、セル E4 の商品番号「J001」の商品名「北の魚干物セット」が表示されていることを確認します。

㊳ セル F5 ～ F441 に自動的に数式が設定され、各行の商品番号に対応する商品名が表示されます。

㊴ セル F4 がアクティブセルになっていることを確認し、Ctrl + C キーを押します。

㊵ セル G4 をクリックし、［ホーム］タブの［貼り付け］ボタンの▼をクリックします。

㊶ ［貼り付け］の一覧から［数式］をクリックします。

㊷ セル G4 にセル F4 の数式が貼り付けられます。

㊸ セル G4 に商品名が表示され、数式バーに「=VLOOKUP([@ 商品番号], 商品一覧 ,2,FALSE)」と表示されていることを確認します。

㊹ 数式バーの「2」を「3」に変更し、「=VLOOKUP([@ 商品番号], 商品一覧 ,3,FALSE)」にします。

㊺ Enter キーを押します。

㊻ セル G4 ～ G441 に、各行の商品番号に対応する単価が表示されます。

【タスク4】 ワークシート「売上一覧」のテーブルの「出荷日」の列に、出荷日が未入力、または注文日から出荷日までが 5 日以上たっている場合に、塗りつぶしの色、RGB の赤「248」、緑「196」、青「190」を設定します。

① ワークシート「売上一覧」のセル J4 ～ J441 を範囲選択します。

※ 範囲選択の際は、テーブルの最下行まで選択したことを確認します。

② ［ホーム］タブの［条件付き書式］ボタンをクリックします。

③ ［新しいルール］をクリックします。

④ ［新しい書式ルール］ダイアログボックスが表示されるので、［ルールの種類を選択してください］の一覧から［数式を使用して、書式設定するセルを決定］をクリックします。

④ ［ルールの内容を編集してください］の［次の数式を満たす場合に値を書式設定］ボックスに「=OR(J4="",J4-A4>=5)」（「""」は半角のダブルクォーテーション 2 つ）と入力します。

⑥ ［書式］をクリックします。

⑦ ［セルの書式設定］ダイアログボックスが表示されるので、［塗りつぶし］タブの［その他の色］をクリックします。

⑧ ［色の設定］ダイアログボックスが表示されるので、［ユーザー設定］タブの［カラーモデル］ボックスに「RGB」と表示されていることを確認します。

⑨ 問題文の「248」をクリックしてコピーします。

⑩ ［赤］ボックスの「255」をドラッグし、Ctrl + V キーを押します。

⑪ ［赤］ボックスに「248」が貼り付けられ、上書きされます。

⑫ 同様に問題文の「196」を［緑］ボックスに、「190」を［青］ボックスに、コピーして貼り付けます。

⑬ ［新規］にピンク色が表示されていることを確認し、［OK］をクリックします。

⑭ ［セルの書式設定］ダイアログボックスの［サンプル］にピンク色の塗りつぶしが表示されていることを確認し、［OK］をクリックします。

⑮ ［新しい書式ルール］ダイアログボックスの［プレビュー］にピンク色の塗りつぶしが表示されていることを確認し、［OK］をクリックします。

⑯ 出荷日が未入力、または注文日から出荷日までが5日以上たっている出荷日のセルにピンク色の塗りつぶしが設定されます。

【タスク5】ワークシート「月別集計」のグラフに、金額合計のデータを折れ線グラフで追加し、第2軸を設定します。

① ワークシート「月別集計」のシート見出しをクリックします。
② セル A8 ～ D8 を範囲選択します。
③ Ctrl ＋ C キーを押します。
④ グラフをクリックします。
⑤ Ctrl ＋ V キーを押します。
⑥ グラフに金額合計の系列が追加され、凡例に「金額合計」と表示されます。
⑦ 金額合計の系列をクリックします。
⑧ ［デザイン］タブの［グラフの種類の変更］ボタンをクリックします。
⑨ ［グラフの種類の変更］ダイアログボックスが表示され、［すべてのグラフ］タブの左側の一覧の［組み合わせ］が選択されていることを確認します。
⑩ 右側の［データ系列に使用するグラフの種類と軸を選択してください］で商品区分名の系列のグラフの種類が3つとも［集合縦棒］になっていることを確認します。
⑪ ［金額合計］の系列の［グラフの種類］ボックスの▼をクリックし、［折れ線］の一覧から［折れ線］をクリックします。
⑫ ［金額合計］の系列の［第2軸］チェックボックスをオンにします。
⑬ グラフのプレビューで、金額合計が折れ線、第2軸を使用したグラフになっていることを確認します。
⑭ ［OK］をクリックします。
⑮ 金額合計の系列が折れ線グラフになり、プロットエリアの右側に第2軸が表示されます。

プロジェクト2　見積・請求書

【タスク1】ワークシート「見積書」の注文番号を、ワークシート「商品一覧」の注文番号のリストから選択して入力できるようにします。それ以外のデータを入力した場合は、スタイルが「停止」、タイトルが「入力エラー」の「ドロップダウンリストから選択してください。」というエラーメッセージが表示されるようにします。

① ワークシート「見積書」のセル A9 ～ A13 を範囲選択します。
② ［データ］タブの［データの入力規則］ボタンをクリックします。
③ ［データの入力規則］ダイアログボックスの［設定］タブが表示されるので、［条件の設定］の［入力値の種類］ボックスの▼をクリックします。
④ 一覧から［リスト］をクリックします。
⑤ ［ドロップダウンリストから選択する］チェックボックスがオンになっていることを確認します。
⑥ ［元の値］ボックスをクリックします。
⑦ ワークシート「商品一覧」のシート見出しをクリックし、セル C5 ～ C45 をドラッグします。
⑧ ［元の値］ボックスに「＝商品一覧!$C$5:$C$45」と表示されたことを確認します。
⑨ ［エラーメッセージ］タブの［無効なデータが入力されたらエラーメッセージを表示する］チェックボックスがオンになっていることを確認します。
⑩ ［無効なデータが入力されたときに表示するエラーメッセージ］の［スタイル］ボックスに［停止］と表示されていることを確認します。
⑪ 問題文の「入力エラー」をクリックして文字列をコピーします。
⑫ ［タイトル］ボックスをクリックし、Ctrl ＋ V キーを押します。

⑬ ［タイトル］ボックスに「入力エラー」の文字列が貼り付けられます。
⑭ 問題文の「ドロップダウンリストから選択してください。」をクリックして文字列をコピーします。
⑮ ［エラーメッセージ］ボックスをクリックし、Ctrl ＋ V キーを押します。
⑯ ［エラーメッセージ］ボックスに「ドロップダウンリストから選択してください。」の文字列が貼り付けられます。
⑰ ［OK］をクリックします。
⑱ セル A9 の右側にリストを表示するための▼が表示されます。

【タスク2】現在のブックに登録されているマクロ「データ消去」は、セル範囲 A9:A13、E9:E13 のデータを消去するマクロです。セル A4 のデータも同時に消去するようマクロを編集します。編集後、ワークシート「請求書」でマクロ「データ消去」を実行します。
※ ［セキュリティの警告］メッセージバーが表示された場合は［コンテンツの有効化］をクリックします。

① ［表示］タブ（または［開発］タブ）の［マクロ］ボタンをクリックします。
② ［マクロ］ダイアログボックスが表示されるので、［マクロ名］ボックスの［データ消去］が選択されていることを確認し、「編集」をクリックします。
③ VBE（Microsoft Visual Basic for Applications の編集ウィンドウ）が起動します。
④ コードウィンドウの「Range("A9:A13,E9:E13").Select」の「A9」の前に「A4,」を入力して、「Range("A4,A9:A13,E9:E13").Select」に変更します。
⑤ VBE（Microsoft Visual Basic for Applications の編集ウィンドウ）の閉じるボタンをクリックして、VBE を閉じます。
⑥ ワークシート「請求書」のシート見出しをクリックします。
⑦ ［表示］タブ（または［開発］タブ）の［マクロ］ボタンをクリックします。
⑧ ［マクロ］ダイアログボックスが表示されるので、［マクロ名］ボックスの［データ消去］が選択されていることを確認し、「実行」をクリックします。
⑨ ワークシート「請求書」のセル A4、セル A9 ～ A13、セル E9 ～ E13 のデータが消去され、アクティブセルが A4 になります。

【タスク3】ワークシート「商品一覧」の「色番号」の列にエラーが発生していることを確認し、文字列形式の数値がエラーとしてチェックされないよう、エラーチェックルールを変更します。

① ワークシート「商品一覧」のシート見出しをクリックします。
② 「色番号」の列のセルにエラーインジケーターが表示されていることを確認し、その列のいずれかのセルをクリックします。
③ セルの左側に表示される［エラーチェックオプション］ボタンをポイントすると、「このセルにある数値が、テキスト形式か、またはアポストロフィで始まっています。」と表示されることを確認して、クリックします。
④ 一覧の「数値が文字列として保存されています」が選択されていることを確認します。
⑤ ［エラーチェックオプション］をクリックします。
⑥ ［Excel のオプション］ダイアログボックスが表示されるので、左側の一覧の［数式］が選択されていることを確認します。
⑦ ［エラーチェックルール］の［文字列形式の数値、またはアポストロフィで始まる数値］チェックボックスをオフにします。
⑧ ［OK］をクリックします。
⑨ ワークシート「商品一覧」の「色番号」の列のセルのエラーインジケーターがなくなります。

【タスク1】 関数を使用して、ワークシート「申込状況」のテーブルの「申込締切日」の列に、土日と祭日を除いた開催日から3日前の日付を表示します。祭日は登録されている名前付き範囲「祭日8_10月」を指定します。なお、週末の曜日を指定できる関数は使用しません。

① ワークシート「申込状況」のセルB4をクリックします。
② ［数式］タブの［日付/時刻］ボタンをクリックします。
③ 一覧から［WORKDAY］をクリックします。
④ WORKDAY関数の［関数の引数］ダイアログボックスが表示されるので、［開始日］ボックスにカーソルが表示されていることを確認し、セルA4をクリックします。
⑤ ［開始日］ボックスに「[@ 開催日]」と表示されます。
⑥ ［日数］ボックスをクリックし、「-3」と入力します。
⑦ ［祭日］ボックスをクリックし、［数式］タブの［数式で使用］ボタンをクリックします。
⑧ 一覧から［祭日8_10月］をクリックします。
⑨ ［祭日］ボックスに「祭日8_10月」と表示されます。
⑩ ［数式の結果 =］に「8月27日(金)」が表示されていることを確認します。
⑪ ［OK］をクリックします。
⑫ 数式バーに「=WORKDAY([@ 開催日],-3,祭日8_10月)」と表示されたことを確認します。
※ ［関数の引数］ダイアログボックスを使わずに、この数式を直接セルに入力してもかまいません。
⑬ セルJ4に、セルA4の開催日の、土日と祭日を除いた3日前の日付「8月27日(金)」が表示されます。
⑭ セルB5～B43に自動的に数式が設定され、各行の開催日の、土日と祭日を除いた3日前の日付が表示されます。

【タスク2】 ワークシート「申込人数集計」のセル範囲B3:D7に、位置を基準として、ワークシート「銀座」「池袋」「秋葉原」のセル範囲B3:D7を統合し、合計を求めます。

① ワークシート「申込人数集計」のシート見出しをクリックします。
② セルB3をクリックします。
③ ［データ］タブの［統合］ボタンをクリックします。
④ ［統合の設定］ダイアログボックスが表示されるので、［集計の方法］の「合計」が選択されていることを確認します。
⑤ ［統合元範囲］ボックスをクリックし、ワークシートの「銀座」のシート見出しをクリックして、セルB3～D7を範囲選択します。
⑥ ［統合元範囲］ボックスに「銀座!$B$3:$D$7」と表示されます。
⑦ ［追加］をクリックします。
⑧ ［統合元］ボックスに「銀座!$B$3:$D$7」が追加されます。
⑨ ワークシート「池袋」のシート見出しをクリックします。
⑩ ［統合元範囲］ボックスに「池袋!$B$3:$D$7」と表示されます。
⑪ ［追加］をクリックします。
⑫ ［統合元］ボックスに「池袋!$B$3:$D$7」が追加されます。
⑬ ワークシート「秋葉原」のシート見出しをクリックします。
⑭ ［統合元範囲］ボックスに「秋葉原!$B$3:$D$7」と表示されます。
⑮ ［追加］をクリックします。
⑯ ［統合元］ボックスに「秋葉原!$B$3:$D$7」が追加されます。
⑰ ［OK］をクリックします。
⑱ ワークシート「申込人数集計」のセルB3～D7に、ワークシート「銀座」「池袋」「秋葉原」のセルB3～D7のデータが統合され、数値の合計が表示されます。

【タスク3】 ワークシート「申込人数集計」のセルF2を基点とする位置に、ブック「セミナー集計（7-8月）_bp.xlsx」のワークシート「申込人数集計」のセル範囲A2:D7を図として貼り付けます。元データが更新されたときは自動的に反映されるようにします。

① ［表示］タブの［ウィンドウの切り替え］ボタンをクリックします。
② 一覧から［セミナー集計（7-8月）_bp］をクリックします。
③ ブック「セミナー集計(7-8月)_bp」のワークシート「申込人数売上」が表示されるので、セルA2～D7を範囲選択します。
④ Ctrl + C キーを押します。
⑤ ［表示］タブの［ウィンドウの切り替え］ボタンをクリックします。
⑥ 一覧から［ex4-3_ セミナー集計 _bp］（練習モードでは「ex4-3-3」）をクリックします。
⑦ 手順⑥で選択したブックが表示されるので、ワークシート「申込人数集計」のセルF2をクリックします。
⑧ ［ホーム］タブの［貼り付け］ボタンの▼をクリックします。
⑨ ［その他の貼り付けオプション］の一覧から［リンクされた図］をクリックします。
⑩ セルF2を基点とする位置に、ブック「セミナー集計（7-8月）_bp.xlsx」のワークシート「申込人数集計」のセル範囲A2:D7の表が図として貼り付けられます。数式バーには対応する範囲のセル参照が表示されます。

【タスク4】 ワークシート「売上集計」のピボットテーブルの列ラベルが「ワード」「エクセル」「パワーポイント」「アクセス」の順に並ぶようにします。

① ワークシート「売上集計」のシート見出しをクリックします。
② ピボットテーブルの列ラベルの［ワード］をクリックします。
③ 枠線上をポイントし、マウスポインターの形が十字の矢印になったら、A列とB列の間にドラッグします。
④ 「ワード」の列がB列に移動します。
⑤ 同様に「アクセス」の列をE列に移動します。
⑥ 列ラベルが「ワード」「エクセル」「パワーポイント」「アクセス」の順に並びます。

【タスク5】 ワークシート「売上集計」のピボットテーブルにタイムラインを挿入し、開催日が9月のデータを集計します。

① ワークシート「売上集計」のピボットテーブル内の任意のセルをクリックします。
② ［分析］タブの［タイムラインの挿入］ボタンをクリックします。
③ ［タイムラインの挿入］ダイアログボックスが表示されるので、［開催日］チェックボックスをオンにします。
④ ［OK］をクリックします。
⑤ ［開催日］タイムラインが表示されます。
⑥ ［開催日］の下に「すべての期間」、右端に「月」と表示されていることを確認し、タイムラインの9をクリックします。
⑦ ［開催日］の下に「2021年9月」と表示されます。
⑧ ピボットテーブルとピボットグラフのデータが9月の集計になります。

【タスク1】 関数を使用して、ワークシート「会員名簿」のセル範囲I2:I4に会員ランク別の人数を求めます。なお、複数条件を指定できる関数は使用しません。

① ワークシート「会員名簿」のセルI2をクリックします。
② ［数式］タブの［その他の関数］ボタンをクリックします。
③ ［統計］の一覧から［COUNTIF］をクリックします。
④ COUNTIF関数の［関数の引数］ダイアログボックスが表示されるので、［範囲］ボックスにカーソルが表示されていることを確認し、セルF4～F33を範囲選択します。

⑤ [検索条件範囲 1]ボックスに「名簿 [会員ランク]」と表示されます。

⑥ [検索条件]ボックスをクリックし、セル H2 をクリックします。

⑦ [検索条件]ボックスに「H2」と表示されます。

⑧ [数式の結果 =]に「4」と表示されます。

⑨ [OK]をクリックします。

⑩ 数式バーに「=COUNTIF(名簿 [会員ランク],H2)」と表示されたことを確認します。

※ [関数の引数]ダイアログボックスを使わずに、この数式を直接セルに入力してもかまいません。

⑪ セル I2 に、プラチナ会員の人数「4」が表示されます。

⑫ セル I2 の右下のフィルハンドルをポイントし、マウスポインターの形が+に変わったら、ダブルクリックします。

⑬ セル I2 の数式がセル I3 〜 I4 にコピーされ、各行の会員ランクの人数が表示されます。

【タスク 2】ワークシート「会員利用記録」のセル D4 の数式の参照元をすべてトレースします。

① ワークシート「会員利用記録」のシート見出しをクリックします。

② セル D4 をクリックします。

③ [数式]タブの[参照元のトレース]ボタンをクリックします。

④ セル G1 とセル C4 から、セル D4 に向かうトレース矢印が表示されます。

⑤ 再び[参照元のトレース]ボタンをクリックします。

⑥ 新たなトレース矢印は表示されないので、参照先のすべてのセルがトレースされたことがわかります。

【タスク 3】ワークシート「利用状況分析」のピボットテーブルが「20-29」「30-39」「40-49」「50-59」という年代で集計されるようにします。

① ワークシート「利用状況分析」のシート見出しをクリックします。

② ピボットテーブルの列ラベルの任意の数値のセルをクリックします。

③ [分析]タブの[フィールドのグループ化]ボタンをクリックします。

④ [グループ化]ダイアログボックスが表示されるので、[先頭の値]ボックスに「20」と入力します。

⑤ [末尾の値]ボックスに「59」と入力します。

⑥ [単位]ボックスが「10」になっていることを確認します。

⑦ [OK]をクリックします。

⑧ 列ラベルの数値が 10 単位でグループ化され、「20-29」「30-39」「40-49」「50-59」と表示されます。

【タスク 4】ワークシート「利用状況分析」のピボットテーブルで、利用時間の平均が「h:mm」の形式で集計されるようにします。

① ワークシート「利用状況分析」のピボットテーブルの任意の値をクリックします。

② [分析]タブの[アクティブなフィールド]が[個数 / 利用時間]になっていることを確認し、[フィールドの設定]ボタンをクリックします。

③ [値フィールドの設定]ダイアログボックスが表示されるので、[集計方法]タブの[値フィールドの集計]の[選択したフィールドのデータ]ボックスの[平均]をクリックします。

④ [表示形式]ボタンをクリックします。

⑤ [セルの書式設定]ダイアログボックスの[表示形式]タブが表示されるので、[分類]ボックスの[時刻]をクリックします。

⑥ [種類]ボックスの[13:30]をクリックします。

⑦ [OK]をクリックします。

⑧ [値フィールドの設定]ダイアログボックスの[OK]をクリックします。

⑨ ピボットテーブルに利用時間の平均が「h:mm」の形式で表示されます。

【タスク 5】ワークシート「利用状況分析」のピボットグラフのスタイルを「スタイル 8」にし、データラベルを表示します。

① ワークシート「利用状況分析」のピボットグラフをクリックします。

② グラフの右上の[グラフスタイル]ボタンをクリックします。

③ [スタイル]の一覧から[スタイル 8]をクリックします。

④ グラフのスタイルが変更されます。

⑤ グラフの右上の[グラフ要素]ボタンをクリックします。

⑥ [グラフ要素]の[データラベル]チェックボックスをオンにします。

⑦ グラフにデータラベルが表示されます。

プロジェクト 5　美容室来客数

【タスク 1】ワークシート「来客数集計」のすべてのグループを解除します。

① ワークシート「来客数集計」が表示されていることを確認します。

② [データ]タブの[グループ解除]ボタンの▼をクリックします。

③ 一覧から[アウトラインのクリア]をクリックします。

④ ワークシート「来客数集計」のすべてのグループが解除され、アウトライン記号がなくなります。

【タスク 2】ワークシート「来客数集計」に設定されている条件付き書式を変更し、2 色スケールの最大値の色を「テーマの色」の「ゴールド、アクセント 4」にし、下位 20%に設定されている書式を削除します。

① ワークシート「来客数集計」が表示されていることを確認します。

② [ホーム]タブの[条件付き書式]ボタンをクリックします。

③ [ルールの管理]をクリックします。

④ [条件付き書式ルールの管理]ダイアログボックスが表示されるので、[書式ルールの表示]ボックスの▼をクリックし、一覧から[このワークシート]をクリックします。

⑤ [ルール（表示順で適用）]の一覧の[グラデーションカラ…]をクリックします。

⑥ [ルールの編集]をクリックします。

⑦ [書式ルールの編集]ダイアログボックスが表示されるので、[ルールの内容を編集してください]の[セルの値に基づいてすべてのセルを書式設定]の[書式スタイル]が[2 色スケール]になっていることを確認します。

⑧ [最大値]の緑色が表示されているボックスの▼をクリックし、[テーマの色]の一覧から[ゴールド、アクセント 4]をクリックします。

⑨ [OK]をクリックします。

⑩ [条件付き書式ルールの管理]ダイアログボックスの[ルール（表示順で適用）]の一覧の[グラデーションカラ…]の[書式]の色がゴールドに変更されます。

⑪ [ルール（表示順で適用）]の一覧の[下位 20%]をクリックします。

⑫ [ルールの削除]をクリックします。

⑬ [下位 20%]のルールが削除されます。

⑭ [OK]をクリックします。

⑮ セル C4 〜 G7 とセル C9 〜 G11 に設定されていた条件付き書式の 2 色スケールの色がゴールドに変わり、下位 20%に設定されていた赤字、斜体の書式が削除されます。

【タスク 3】ワークシート「アンケート」の項目と回答数を基に、ツリーマップを作成します。グラフタイトルを「利用理由」とし、凡例を削除します。

① ワークシート「アンケート」のシート見出しをクリックします。

② セル A5 〜 B11 を範囲選択します。

③ [挿入]タブの[階層構造グラフの挿入]ボタンをクリックします。

④ [ツリーマップ]の[ツリーマップ]をクリックします。

⑤ ツリーマップが作成されます。

模擬テスト

⑥ 問題文の「利用理由」をクリックして文字列をコピーします。

⑦ ツリーマップの［グラフタイトル］をクリックします。

⑧「グラフタイトル」の文字列をドラッグし、Ctrl + V キーを押します。

⑨「グラフタイトル」に「利用理由」の文字列が貼り付けられ、上書きされます。

⑩ グラフタイトル以外の場所をクリックして、グラフタイトルの選択を解除します。

⑪ グラフの右上の［グラフ要素］ボタンをクリックします。

⑫［グラフ要素］の一覧の［凡例］チェックボックスをオフにします。

⑬ グラフの凡例がなくなります。

プロジェクト6　入会キャンペーン

【タスク1】IF 関数と NOT 関数を組み合わせて、ワークシート「入会者数」の「エリア2」の列に、同じ行の A 列のエリアが空白でない場合はそのエリアを表示、エリアが空白の場合は1つ上の行のエリアを表示します。

① ワークシート「入会者数」のセル B6 をクリックします。

②［数式］タブの［論理］ボタンをクリックします。

③ 一覧から［IF］をクリックします。

④ IF 関数の［関数の引数］ダイアログボックスが表示されるので、［論理式］ボックスにカーソルが表示されていることを確認し、名前ボックスの▼をクリックし、一覧から［NOT］をクリックします。

※ 名前ボックスの一覧に［NOT］がない場合は、［その他の関数］をクリックし、表示される［関数の挿入］ダイアログボックスの［関数の分類］ボックスの▼をクリックして［論理］または［すべて表示］をクリックし、［関数名］ボックスの一覧から［NOT］をクリックし、［OK］をクリックします。

⑤ NOT 関数の［関数の引数］ダイアログボックスが表示されるので、［論理式］ボックスにカーソルが表示されていることを確認し、セル A6 をクリックします。

⑥［論理式］ボックスに「A6」と表示されるので、続いて「=""」(「""」は半角のダブルクォーテーション2つ) と入力します。

⑦ 数式バーの「IF」をクリックします。

⑧ IF 関数の［関数の引数］ダイアログボックスが、［論理式］ボックスに NOT 関数の式が設定された状態で再び表示されるので、［値が真の場合］ボックスをクリックし、セル A6 をクリックします。

⑨［値が真の場合］ボックスに「A6」と表示されます。

⑩［値が偽の場合］ボックスをクリックし、セル B5 をクリックします。

⑪［値が偽の場合］ボックスに「B5」と表示されます。

⑫［数式の結果 =］に「関東」が表示されていることを確認します。

⑬［OK］をクリックします。

⑭ 数式バーに「=IF(NOT(A6=""),A6,B5)」と表示されたことを確認します。

※［関数の引数］ダイアログボックスを使わずに、この数式を直接セルに入力してもかまいません。

⑮ セル B6 に、セル A6 と同じエリア「関東」が表示されます。

⑯ セル B6 の右下のフィルハンドルをポイントし、マウスポインターの形が＋に変わったら、ダブルクリックします。

⑰ セル B6 の数式がセル B7 〜 B42 にコピーされ、同じ行にエリアが入力されている場合はそのエリア、空白の場合は1つ上の行と同じエリアが表示されます。

【タスク2】ワークシート「入会者数」の「店舗名」の列に入力されている店舗名を、ユーザー設定リストに追加します。続いてワークシート「西日本報告」のセル範囲 B5:B10、B14:B16、B20:B22 に、範囲の先頭のセルに入力されている店舗名を基にオートフィルを使用して店舗名を連続入力します。

① ワークシート「入会者数」のセル C6 〜 C42 を範囲選択します。

②［ファイル］タブをクリックします。

③［ホーム］画面が表示されるので、左側の一覧から［その他］をクリックします。

※ 環境によっては［その他］がない場合があります。その場合は手順④へ進みます。

④［オプション］をクリックします。

⑤［Excel のオプション］ダイアログボックスが表示されるので、左側の一覧から［詳細設定］をクリックします。

⑥［全般］の［ユーザー設定リストの編集］をクリックします。

⑦［ユーザー設定リスト］ダイアログボックスが表示されるので、［ユーザー設定リスト］タブの［リストの取り込み元範囲］ボックスに「$C$6:$C$42」と表示されていることを確認し、［インポート］をクリックします。

⑧［リストの項目］ボックスと［ユーザー設定リスト］ボックスに、店舗名がセル C6 〜 C42 に入力されている順序で表示されます。

⑨［OK］をクリックします。

⑩［Excel のオプション］ダイアログボックスの［OK］をクリックします。

⑪ ワークシート「西日本報告」のシート見出しをクリックします。

⑫ セル B5 をクリックし、セルの右下のフィルハンドルをポイントし、マウスポインターの形が＋に変わったら、ダブルクリックします。

⑬ セル B6 〜 B10 に「千里店」〜「伊丹店」までの店舗名が入力されます。

⑭ セル B14 をクリックし、セルの右下のフィルハンドルをポイントし、マウスポインターの形が＋に変わったら、ダブルクリックします。

⑮ セル B15、B16 に「東広島店」、「松山店」の店舗名が入力されます。

⑯ セル B20 をクリックし、セルの右下のフィルハンドルをポイントし、マウスポインターの形が＋に変わったら、ダブルクリックします。

⑰ セル B21、B22 に「長崎店」、「那覇店」の店舗名が入力されます。

【タスク3】ワークシート「入会者数比較」のピボットテーブルに集計フィールド「入会者数比較」を追加し、W ゼロ入会者数と手ぶら入会者数の差を求めます。

① ワークシート「入会者数比較」のシート見出しをクリックします。

② ピボットテーブル内の任意のセルをクリックします。

③［分析］タブの［フィールド / アイテム / セット］ボタンをクリックします。

④ 一覧から［集計フィールド］をクリックします。

⑤［集計フィールドの挿入］ダイアログボックスが表示されます。

⑥ 問題文の「入会者数比較」をクリックして文字列をコピーします。

⑦［名前］ボックスの「フィールド 2」が反転表示していて選択されていることを確認し、Ctrl + V キーを押します。

⑧「名前」ボックスに「入会者数比較」の文字列が貼り付けられ、上書きされます。

⑨［フィールド］ボックスの一覧から［W ゼロ_入会者数］をクリックします。

⑩［フィールドの挿入］をクリックします。

⑪［数式］ボックスに「=W ゼロ_入会者数」と表示されます。

⑫ 続けて「-」を入力します。

⑬［フィールド］ボックスの一覧から［手ぶら_入会者数］をクリックします。

⑭［フィールドの挿入］をクリックします。

⑮［数式］ボックスに「= W ゼロ_入会者数 - 手ぶら_入会者数」と表示されます。

⑯［OK］をクリックします。

⑰ ピボットテーブルに「合計 / 入会者数比較」の集計フィールドが追加され、W ゼロ_入会者数から手ぶら_入会者数を引いた人数が表示されます。

【タスク4】警告を表示してすべてのマクロを無効にする設定にします。

①［ファイル］タブをクリックします。

②［ホーム］画面が表示されるので、左側の一覧から［その他］をクリックします。

※ 環境によっては［その他］がない場合があります。その場合は手順③へ進みます。

③ ［オプション］をクリックします。

④ ［Excel のオプション］ダイアログボックスが表示されるので、左側の一覧から［トラストセンター］をクリックします。

※ 環境により、［トラストセンター］センターは［セキュリティセンター］の場合があります。

⑤ ［トラストセンターの設定］をクリックします。

⑥ ［トラストセンター］ダイアログボックスが表示されるので、左側の一覧から［マクロの設定］をクリックします。

⑦ ［マクロの設定］の［警告を表示してすべてのマクロを無効にする］をクリックします。

⑧ ［OK］をクリックします。

⑨ ［Excel のオプション］ダイアログボックスの［OK］をクリックします。

● 模擬テスト5

【タスク1】 ワークシート「契約一覧」のセル範囲 D4:D33 に設定されているデータの入力規則のエラーメッセージのタイトルを「積立月額の入力」、メッセージを「5000 円以上 50000 円以下の金額を 1000 円単位で入力してください。」に変更します。

① ワークシート「契約一覧」のセル D4 ～ D33 を範囲選択します。

② ［データ］タブの［データの入力規則］ボタンをクリックします。

③ ［データの入力規則］ダイアログボックスが表示されるので、［エラーメッセージ］タブをクリックします。

④ 問題文の「積立月額の入力」をクリックして文字列をコピーします。

⑤ ［タイトル］ボックスをクリックし、Ctrl ＋ V キーを押します。

⑥ ［タイトル］ボックスに「積立月額の入力」の文字列が貼り付けられます。

⑦ 問題文の「5000 円以上 50000 円以下の金額を 1000 円単位で入力してください。」をクリックして、文字列をコピーします。

⑧ ［エラーメッセージ］ボックスをクリックし、Ctrl ＋ V キーを押します。

⑨ ［エラーメッセージ］ボックスに「5000 円以上 50000 円以下の金額を 1000 円単位で入力してください。」の文字列が貼り付けられます。

⑩ ［OK］をクリックします。

【タスク2】 関数を使用して、ワークシート「契約一覧」のセル範囲 M4:M5 に 20 代の男性、女性の最大積立月額を求めます。

① ワークシート「契約一覧」のセル M4 をクリックします。

② ［数式］タブの［その他の関数］ボタンをクリックします。

③ ［統計］の一覧から［MAXIFS］をクリックします。

④ MAXIFS 関数の［関数の引数］ダイアログボックスが表示されるので、［最大範囲］ボックスにカーソルが表示されていることを確認し、セル D4 ～ D33 を範囲選択します。

⑤ ［最大範囲］ボックスに「積立月額」と表示されます。

⑥ ［条件範囲 1］ボックスをクリックし、セル G4 ～ G33 を範囲選択します。

⑦ ［条件範囲 1］ボックスに「年齢」と表示されます。

⑧ ［条件 1］ボックスをクリックし、「>=20」と入力します。

⑨ ［条件範囲 1］ボックスの「年齢」をドラッグし、Ctrl ＋ C キーを押します。

⑩ ［条件範囲 2］ボックスをクリックし、Ctrl ＋ V キーを押します。

⑪ ［条件範囲 2］ボックスに「年齢」と表示されます。

⑫ ［条件 2］ボックスをクリックし、「<=29」と入力します。

⑬ ［条件範囲 3］ボックスをクリックし、セル F4 ～ F33 を範囲選択します。

※ ［条件範囲 3］ボックスが表示されていない場合は、ダイアログボックス内のスクロールバーを使用して表示します。

⑭ ［条件範囲 3］ボックスに「性別」と表示されます。

⑮ ［条件 3］ボックスをクリックし、セル L4 をクリックします。

⑯ ［条件 3］ボックスに「L4」と表示されます。

⑰ ［数式の結果 =］に 20 代の男性の最大積立月額「50000」が表示されます。

⑱ ［OK］をクリックします。

⑲ 数式バーに「=MAXIFS(積立月額 , 年齢 ,">=20", 年齢 ,"<=29", 性別 ,L4)」と表示されたことを確認します。

※ ［関数の引数］ダイアログボックスを使わずに、この数式を直接セルに入力してもかまいません。

⑳ セル M4 に、20 代の男性の最大積立金額「50000」が表示されます。

㉑ セル M4 の右下のフィルハンドルをポイントし、マウスポインターの形が＋に変わったらダブルクリックします。

㉒ セル M4 の数式がセル M5 にコピーされ、20 代の女性の最大積立金額「30000」が表示されます。

【タスク3】 ワークシート「契約一覧」のテーブルを基に、ワークシート「契約分析」のセル A1 を基点とする位置に、職業別の契約人数を集計するピボットテーブルとドーナツグラフのピボットグラフを作成します。なお、人数の集計には契約番号を使います。ピボットグラフのレイアウトを「レイアウト2」、グラフタイトルを「職業別契約人数の割合」にします。

① ワークシート「契約一覧」のテーブル内の任意のセルをクリックします。

② ［挿入］タブの［ピボットグラフ］ボタンをクリックします。

③ ［ピボットグラフの作成］ダイアログボックスが表示されるので、［分析するデータを選択してください。］の［テーブルまたは範囲を選択］が選択されていて、［テーブル / 範囲］ボックスに「テーブル 1」と表示されていることを確認します。

④ ［ピボットグラフの配置先を選択してください。］の［既存のワークシート］をクリックします。

⑤ ［場所］ボックスをクリックし、ワークシート「契約分析」のシート見出しをクリックして、セル A1 をクリックします。

⑥ ［場所］ボックスに「契約分析 !$A$1」と表示されたことを確認し、［OK］をクリックします。

⑦ ワークシート「契約分析」のセル A1 を基点とする位置に空白のピボットテーブルとピボットグラフが表示されます。

⑧ ［ピボットグラフのフィールド］作業ウィンドウの［レポートに追加するフィールドを選択してください］の一覧の［職業］を［軸（分類項目）］ボックスにドラッグします。

⑨ ［契約番号］を［値］ボックスにドラッグします。

⑩ ［値］ボックスに「個数 / 契約番号」と表示されます。

⑪ ピボットテーブルの行ラベルに「職業」、値に「個数 / 契約番号」が表示されます。

⑫ ピボットグラフの軸（項目）に「職業」、値に「個数 / 契約番号」が表示されます。

⑬ ピボットグラフが選択された状態のまま、［デザイン］タブの［グラフの種類の変更］ボタンをクリックします。

⑭ ［グラフの種類の変更］ダイアログボックスが表示されるので、［すべてのグラフ］タブの左側の一覧から［円］をクリックします。

⑮ 右上の一覧から［ドーナツ］をクリックします。

⑯ 右下にドーナツグラフが表示されます。

⑰ ［OK］をクリックします。

⑱ ピボットグラフがドーナツグラフに変更されます。

⑲ ピボットグラフが選択された状態のまま、［デザイン］タブの［クイックレイアウト］ボタンをクリックします。

⑳ 一覧から［レイアウト2］をクリックします。

㉑ ピボットグラフのレイアウトが変更されます。
㉒ 問題文の「職業別契約人数の割合」をクリックして文字列をコピーします。
㉓ [グラフタイトル] をクリックします。
㉔ 「集計」の文字列をドラッグし、Ctrl + V キーを押します。
㉕ 「グラフタイトル」に「職業別契約人数の割合」の文字列が貼り付けられ、上書きされます。
㉖ グラフタイトル以外の場所をクリックして、グラフタイトルの選択を解除します。

【タスク 4】関数を使用して、ワークシート「満期返戻金計算」のセル C7 に、満期返戻金額を求めます。毎月 1 回の月初の元利均等積立で、積立期間中に利率の変動はないものとします。

① ワークシート「満期返戻金計算」のシート見出しをクリックします。
② セル C7 をクリックします。
③ [数式] タブの [財務] ボタンをクリックします。
④ 一覧から [FV] をクリックします。
⑤ FV 関数の [関数の引数] ダイアログボックスが表示されるので、[利率] ボックスにカーソルが表示されていることを確認し、セル C6 をクリックします。
⑥ [利率] ボックスに「C6」と表示されます。
⑦ 月単位の利率にするため、続けて「/12」と入力します。
⑧ [期間] ボックスをクリックし、セル C5 をクリックします。
⑨ [期間] ボックスに「C5」と表示さます。
※ セル C5 の値は、数値の「5」にユーザー定義の表示形式が設定されていて「5 年」と表示されています。
⑩ 月単位の期間にするため、続けて「*12」と入力します。
⑪ [定期支払額] ボックスをクリックし、セル C4 をクリックします。
⑫ [定期支払額] ボックスに「C4」と表示されます。
⑬ [現在価値] ボックスには何も入力しないか、「0」を入力します。
⑭ [支払期日] ボックスには「1」を入力します。
⑮ [数式の結果 =] に「¥609,241」が表示されていることを確認します。
⑯ [OK] をクリックします。
⑰ 数式バーに「=FV(C6/12,C5*12,C4,,1)」または「=FV(C6/12,C5*12,C4,0,1)」と表示されたことを確認します。
※ [関数の引数] ダイアログボックスを使わずに、この数式を直接セルに入力してもかまいません。
⑱ セル C9 に「¥609,241」と表示されます。

プロジェクト 2　外注管理

【タスク 1】ワークシート「プロジェクト」のセル範囲 C4:D12 を、ワークシート「予定表」のセル範囲 A4:B12 にリンク貼り付けします。入稿予定の日付は「10/5」の形式で表示されるように設定します。

① ワークシート「プロジェクト」のセル C4 ～ D12 を範囲選択します。
② Ctrl + C キーを押します。
③ ワークシート「予定表」のシート見出しをクリックします。
④ セル A4 をクリックします。
⑤ [ホーム] タブの [貼り付け] ボタンの▼をクリックし、[その他の貼り付けオプション] の一覧から [リンク貼り付け] をクリックします。
⑥ セル A4 ～ B12 にワークシート「プロジェクト」のセル C4 ～ D12 のデータがリンク貼り付けされ、それぞれコピー元の対応するセルを参照する数式が入力されます。
⑦ セル A4 ～ A12 にはプロジェクト名、セル B4 ～ B12 には日付がシリアル値で表示されます。
⑧ セル B4 ～ B12 を範囲選択します。
⑨ [ホーム] タブの [数値] グループ右下の [表示形式] ボタンをクリックします。

⑩ [セルの書式設定] ダイアログボックスの [表示形式] タブが表示されるので、[分類] ボックスの [日付] をクリックします。
⑪ [種類] ボックスの一覧から「3/14」をクリックします。
⑫ [サンプル] に「10/5」と表示されたことを確認します。
⑬ [OK] をクリックします。
⑭ セル B4 ～ B12 の日付が「10/5」の形式で表示されます。

【タスク 2】ワークシート「予定表」のセル範囲 C3:Q3 に、WEEKDAY 関数を使って、各日付が土曜日の場合にフォントの色の「標準の色」の「青」、日曜日の場合に、「標準の色」の「赤」を設定します。なお、WEEKDAY 関数は日曜日の戻り値が「1」になる種類（既定）を使用します。

① ワークシート「予定表」のセル C3 ～ Q3 を範囲選択します。
② [ホーム] タブの [条件付き書式] ボタンをクリックします。
③ [新しいルール] をクリックします。
④ [新しい書式ルール] ダイアログボックスが表示されるので、[ルールの種類を選択してください] ボックスで [数式を使用して、書式設定するセルを決定] をクリックします。
⑤ [ルールの内容を編集してください] の [次の数式を満たす場合に値を書式設定] ボックスに「=WEEKDAY(C3)=7」と入力します。
⑥ [書式] をクリックします。
⑦ [セルの書式設定] ダイアログボックスの [フォント] タブの [色] ボックスの▼をクリックし、[標準の色] の [青] をクリックします。
⑧ [プレビュー] でフォントの色が青色になっていることを確認し、[OK] をクリックします。
⑨ [新しい書式ルール] ダイアログボックスの [プレビュー] でフォントの色が青色になっていることを確認し、[OK] をクリックします。
⑩ 土曜日の日付のフォントの色が青色になります。
⑪ セル C3 ～ Q3 を範囲選択した状態のまま、再び [ホーム] タブの [条件付き書式] ボタンをクリックします。
⑫ [新しいルール] をクリックします。
⑬ [新しい書式ルール] ダイアログボックスが表示されるので、[ルールの種類を選択してください] ボックスで [数式を使用して、書式設定するセルを決定] をクリックします。
⑭ [ルールの内容を編集してください] の [次の数式を満たす場合に値を書式設定] ボックスに「=WEEKDAY(C3)=1」と入力します。
⑮ [書式] をクリックします。
⑯ [セルの書式設定] ダイアログボックスが表示されるので、[フォント] タブの [色] ボックスの▼をクリックし、[標準の色] の [赤] をクリックします。
⑰ [プレビュー] でフォントの色が赤色になっていることを確認し、[OK] をクリックします。
⑱ [新しい書式ルール] ダイアログボックスの [プレビュー] でフォントの色が赤色になっていることを確認し、[OK] をクリックします。
⑲ 日曜日の日付のフォントの色が赤色になります。

【タスク 3】ワークシート「外注先」をセルの選択はできるようにして、パスワードを設定せずに保護します。なお、セル範囲 A4:C13 にタイトル「外注先リスト」、範囲パスワード「List」を設定し、パスワードが入力されたときだけ編集できるようにします。

① ワークシート「外注先」のシート見出しをクリックします。
② セル A4 ～ C13 を範囲選択します。
③ [校閲] タブの [範囲の編集を許可する] ボタンをクリックします。
④ [範囲の編集の許可] ダイアログボックスが表示されるので、[新規] をクリックします。
⑤ [新しい範囲] ダイアログボックスが表示されます。
⑥ 問題文の「外注先リスト」をクリックして文字列をコピーします。

⑦ [タイトル] ボックスの「範囲 1」が反転表示していて選択されていることを確認し、Ctrl ＋ V キーを押します。

⑧ [タイトル] ボックスに「外注先リスト」の文字列が貼り付けられ、上書きされます。

⑨ [セル参照] ボックスに「=$A$4: $C$13」と表示されていることを確認します。

⑩ 問題文の「List」をクリックして文字列をコピーします。

⑪ [範囲パスワード] ボックスをクリックし、Ctrl ＋ V キーを押します。

⑫ [範囲パスワード] ボックスに「List」の文字列が貼り付けられ、「****」と表示されます。

⑬ [OK] をクリックします。

⑭ [パスワードの確認] ダイアログボックスが表示されるので、[パスワードをもう一度入力してください。] ボックスにカーソルが表示されていることを確認し、Ctrl ＋ V キーを押します。

⑮ [パスワードをもう一度入力してください。] ボックスに「List」の文字列が貼り付けられ、「****」と表示されます。

⑯ [OK] をクリックします。

※ ここで [範囲の編集の許可] ダイアログボックスが表示されない場合は、Excel のウィンドウの任意の場所をクリックします。

⑰ [範囲の編集を許可] ダイアログボックスの [シートが保護されているときにパスワードでロックを解除する範囲] ボックスの [タイトル] に「外注先リスト」、[セルの参照] に「$A$4:$C$13」と表示されていることを確認します。

⑱ [シートの保護] をクリックします。

⑲ [シートの保護] ダイアログボックスが表示されるので、[シートの保護を解除するためのパスワード] ボックスには入力せずに、[シートとロックされたセルの内容を保護する] チェックボックスがオンになっていることを確認します。

⑳ [このシートのすべてのユーザーに許可する操作] ボックスの [ロックされたセル範囲の選択] と [ロックされていないセル範囲の選択] チェックボックスがオンになっていることを確認します。

㉑ [OK] をクリックします。

【タスク4】関数を使用して、ワークシート「外注管理」のセル範囲 B4:B18 に、業務 ID を基に、登録されている名前付き範囲「プロジェクトリスト」のタイトルを表示します。

① 名前ボックスの▼をクリックし、一覧から [プロジェクトリスト] をクリックします。

② ワークシート「プロジェクト」のセル A4 ～ F12 が選択されて表示されます。

③ 名前付き範囲「プロジェクトリスト」の 1 列目が業務 ID、3 列目がタイトルになっていることを確認します。

④ ワークシート「外注管理」のシート見出しをクリックします。

⑤ セル B4 をクリックします。

⑥ [数式] タブの [検索 / 行列] ボタンをクリックします。

⑦ 一覧から [VLOOKUP] をクリックします。

⑧ VLOOKUP 関数の [関数の引数] ダイアログボックスが表示されるので、[検索値] ボックスにカーソルが表示されていることを確認し、セル A4 をクリックします。

⑨ [検索値] ボックスに「A4」と表示されます。

⑩ [範囲] ボックスをクリックし、[数式] タブの [数式で使用] ボタンをクリックします。

⑪ 一覧から [プロジェクトリスト] をクリックします。

⑫ [範囲] ボックスに「プロジェクトリスト」と表示されます。

⑬ [行番号] ボックスをクリックし、「3」と入力します。

⑭ [検索方法] ボックスをクリックし、「FALSE」を入力します。

⑮ [数式の結果 =] にセル A4 の業務 ID「M0045」のタイトル「Windows10 スーパー入門」が表示されていることを確認します。

⑯ [OK] をクリックします。

⑰ 数式バーに「=VLOOKUP(A4,プロジェクトリスト ,3,FALSE)」と表示されたことを確認します。

※ [関数の引数] ダイアログボックスを使わずに、この数式を直接セルに入力してもかまいません。

⑱ セル B4 に、セル A4 の業務 ID「M0045」のタイトル「Windows10 スーパー入門」が表示されていることを確認します。

⑲ セル B4 の右下のフィルハンドルをポイントし、マウスポインターの形が＋に変わったら、ダブルクリックします。

⑳ セル B4 の数式がセル B5 ～ B18 にコピーされ、各行の業務 ID に対応するタイトルが表示されます。

プロジェクト 3　チケット予約

【タスク1】小計機能を使用して、ワークシート「9 月公演チケット集計」の表の公演名ごとの枚数と料金の合計と総計を求めます。なお、公演名は昇順で並ぶようにします。

① ワークシート「9 月公演チケット集計」のシート見出しをクリックします。

② セル A3 ～ G30 を範囲選択します。

③ [データ] タブの [並べ替え] ボタンをクリックします。

④ [並べ替え] ダイアログボックスが表示されるので、[列] の [最優先されるキー] ボックスの▼をクリックし、一覧から [公演名] をクリックします。

⑤ [並べ替えのキー] ボックスが [セルの値]、[順序] ボックスが [昇順] になっていることを確認します。

⑥ [OK] をクリックします。

⑦ 表が公演名の昇順に並び変わります。

※ この表は見出し行の上にタイトルの結合セルがあり、自動でデータベースのリストとして認識されないため、手順②でリストのセル範囲を選択してから、手順③～⑦で [並べ替え] ボタンを使ってデータを並べ替えます。

⑧ 表が範囲選択されている状態のまま、[データ] タブの [小計] ボタンをクリックします。

⑨ [集計の設定] ダイアログボックスが表示されるので、[グループの基準] ボックスの▼をクリックし、一覧から [公演名] をクリックします。

⑩ [集計の方法] ボックスが [合計] になっていることを確認します。

⑪ [集計するフィールド] ボックスの一覧から、[枚数] [料金] チェックボックスをオンにし、それ以外はオフにします。

⑫ [現在の小計をすべて置き換える] チェックボックスと [集計をデータの下に挿入する] チェックボックスがオンになっていることを確認します。

⑬ [OK] をクリックします。

⑭ 集計行が挿入され、枚数、料金の公演名ごとの合計と総計が表示されます。

【タスク2】ワークシート「予約月別集計」のピボットグラフの「公演名」のフィールドを折りたたんで、予約月のみの集計にします。

① ワークシート「予約月別集計」のシート見出しをクリックします。

② ピボットグラフの右下の [フィールド全体の折りたたみ] ボタンをクリックします。

③ ピボットグラフとピボットテーブルの「公演名」のフィールドが折りたたまれて、予約月のみの集計になります。

【タスク3】ワークシート「実績 _ 目標」のセル範囲 C7:C9 に、連続データの作成機能を使用して、前年度から 2 割ずつ増える値を入力します。

① ワークシート「実績 _ 目標」のシート見出しをクリックします。

② セル C6 ～ C9 を範囲選択します。

③ [ホーム] タブの [フィル] ボタンをクリックします。

④ 一覧から [連続データの作成] をクリックします。

⑤ [連続データの作成] ダイアログボックスが表示されるので、[範囲] が [列] になっていることを確認します。

⑥ [種類] の [乗算] をクリックします。
⑦ [増減値] ボックスに「1.2」と入力します。
⑧ [OK] をクリックします。
⑨ セル C7 〜 C9 に前年度から 2 割ずつ増える値が入力されます。

【タスク4】ワークシート「友の会名簿」のテーブルのメールアドレスと職業を除くすべての項目が重複しているデータを削除します。

① ワークシート「友の会名簿」のシート見出しをクリックします。
② テーブル内の任意のセルをクリックします。
③ [データ] タブ（または [デザイン] タブ）の [重複の削除] ボタンをクリックします。
④ [重複の削除] ダイアログボックスが表示されるので、[列] ボックスのすべての項目のチェックボックスがオンになっていることを確認します。
⑤ [メールアドレス] と [職業] チェックボックスをオフにします。
⑥ [OK] をクリックします。
⑦ 「重複する 4 個の値が見つかり、削除されました。一意の値が 83 個残っています。」と表示されるので、[OK] をクリックします。

プロジェクト 4　食べ歩き記録

【タスク1】ワークシート「集計」のピボットテーブルの空白セルに「0」が表示され、ファイルを開いたときにデータが更新される設定にします。

① ワークシート「集計」のシート見出しをクリックします。
② ピボットテーブル内の任意のセルをクリックします。
③ [分析] タブの [ピボットテーブル] ボタンをクリックします。
④ [オプション] をクリックします。
⑤ [ピボットテーブルオプション]ダイアログボックスが表示されます。
⑥ 問題文の「0」をクリックしてコピーします。
⑦ [レイアウトと書式] タブの [書式] の [空白セルに表示する値] チェックボックスがオンになっていることを確認し、右側のボックスをクリックして、Ctrl + V キーを押します。
⑧ 「0」が貼り付けられます。
⑨ [データ] タブの [ファイルを開くときにデータを更新する] チェックボックスをオンにします。
⑩ [OK] をクリックします。
⑪ 「[開くときに更新する] オプションを変更すると、同じデータを基にしたピボットテーブルレポートのオプションも変更されます。…」と表示されるので、[OK] をクリックします。
⑫ ワークシート「集計」のピボットテーブルの空白だったセルに「0」が表示されます。

【タスク2】ワークシート「集計（割合）」のピボットテーブルを総計に対する比率に変更し、小数点以下第 1 位までのパーセント表示にします。

① ワークシート「集計（割合）」シート見出しをクリックします。
② セル A3（[合計 / 価格] のセル）をクリックします。
③ [分析] タブの [アクティブなフィールド]が[合計 / 価格]になっていることを確認し、[フィールドの設定] ボタンをクリックします。
④ [値フィールドの設定] ダイアログボックスが表示されるので、[計算の種類] タブの [計算の種類] ボックスの▼をクリックし、一覧から [総計に対する比率] をクリックします。
⑤ [表示形式] をクリックします。
⑥ [セルの書式設定] ダイアログボックスの [表示形式] タブが表示されるので、[分類] ボックスの [パーセンテージ] が選択されていることを確認し、[小数点以下の桁数] ボックスを「1」にします。
⑦ [OK] をクリックします。
⑧ [値フィールドの設定]ダイアログボックスの[OK]をクリックします。
⑨ ピボットテーブルの値が総計に対する比率になり、小数点以下第 1 位までのパーセント表示になります。

【タスク3】ワークシート「高評価」のピボットグラフの横軸に、ジャンル別の明細を追加し、スライサーを使用して評価が 7 以上の店舗数を表示します。

① ワークシート「高評価」のシート見出しをクリックします。
② ピボットグラフをクリックします。
③ [ピボットグラフのフィールド] 作業ウィンドウの [レポートに追加するフィールドを選択してください] の一覧の [ジャンル] を [軸（分類項目）] ボックスの [最寄り駅] の下にドラッグします。
④ ピボットグラフの横軸に最寄り駅とジャンル別の明細が表示されます。
⑤ [分析] タブの [スライサーの挿入] ボタンをクリックします。
⑥ [スライサーの挿入] ダイアログボックスが表示されるので、[評価] チェックボックスをオンにします。
⑦ [OK] をクリックします。
⑧ [評価] スライサーが表示されるので、[7] から [10] までをドラッグします。
⑨ ピボットテーブルとピボットグラフに評価が 7 以上の店舗数が集計されます。

プロジェクト 5　売上試算

【タスク1】ワークシート「競合店調査①」に、店別の購入者数を縦棒、平均客単価をマーカー付き折れ線、第 2 軸で表すグラフを作成します。グラフタイトルを「競合店の購入者数と客単価」にします。

① ワークシート「競合店調査①」のセル A3 〜 B6 を範囲選択します。
② Ctrl キーを押しながら、セル D3 〜 D6 を範囲選択します。
③ [挿入] タブの [おすすめグラフ] ボタンをクリックします。
④ [グラフの挿入] ダイアログボックスが表示されるので、[すべてのグラフ] タブの左側の一覧から [組み合わせ] をクリックします。
⑤ [購入者数] の系列のグラフの種類が [集合縦棒] になっていることを確認します。
⑥ [平均客単価] の系列の[グラフの種類]ボックスの▼をクリックし、[折れ線] の [マーカー付き折れ線] をクリックします。
⑦ [平均客単価] の系列の [第 2 軸] チェックボックスをオンにします。
⑧ グラフのプレビューで、購入者数が集合縦棒、平均客単価がマーカー付き折れ線、第 2 軸で表示されていることを確認します。
⑨ [OK] をクリックします。
⑩ 店別の購入者数が縦棒、平均客単価がマーカー付き折れ線、第 2 軸のグラフが表示されます。
⑪ 問題文の「競合店の購入者数と客単価」をクリックして文字列をコピーします。
⑫ [グラフタイトル] をクリックします。
⑬ 「グラフタイトル」の文字列をドラッグし、Ctrl + V キーを押します。
⑭ 「グラフタイトル」に「競合店の購入者数と客単価」の文字列が貼り付けられ、上書きされます。
⑮ グラフタイトル以外の場所をクリックして、グラフタイトルの選択を解除します。

【タスク2】ワークシート「来客数」のセル C4 が参照しているすべてのセルと、さらにその先のセルが参照しているすべてのセルをトレース矢印で表示します。ほかのワークシートのセル（範囲）を参照している場合は、そのセル（範囲）へジャンプします。

① ワークシート「来客数」のシート見出しをクリックします。
② セル C4 をクリックします。
③ [数式] タブの [参照元のトレース] ボタンをクリックします。
④ セル A4 と B4 から、セル C4 に向かうトレース矢印が表示されます。
⑤ 再び [数式] タブの [参照元のトレース] ボタンをクリックします。
⑥ 他のワークシートを示すアイコンからセル B4 へ向かう点線のトレース矢印が表示されます。

⑦ 点線のトレース矢印をダブルクリックします。

⑧ ［ジャンプ］ダイアログボックスが表示されるので、［移動先］ボックスの「'[ex5-5_ 売上試算 .xlsx] 競合店調査② '!$D$4:$D$6］（練習モードの場合は「'[ex5-5-2.xlsx] 競合店調査② '!$D$4:$D$6]）をクリックします。

⑨ ［参照先］ボックスに「'[ex5-5_ 売上試算 .xlsx] 競合店調査② '!$D$4:$D$6」（練習モードの場合は「'[ex5-5-2.xlsx] 競合店調査② '!$D$4:$D$6」）と表示されます。

⑩ ［OK］をクリックします。

⑪ ワークシート「競合店調査②」のセル D4 ～ D6 が選択されます。

【タスク 3】予測機能を使用して、ワークシート「試算」の粗利益が「100000」になるように、セル A5 の平均客単価を設定し直します。

① ワークシート「試算」のシート見出しをクリックします。

② セル F5 をクリックします。

③ ［データ］タブの［What-If 分析］ボタンをクリックします。

④ ［ゴールシーク］をクリックします。

⑤ ［ゴールシーク］ダイアログボックスが表示されるので、［数式入力セル］ボックスに「F5」と表示されていることを確認します。

⑥ 問題文の「100000」をクリックしてコピーします。

⑦ ［目標値］ボックスをクリックし、Ctrl ＋ V キーを押します。

⑧ ［目標値］ボックスに「100000」が貼り付けられます。

⑨ ［変化させるセル］ボックスをクリックし、セル A5 をクリックします。

⑩ ［変化させるセル］ボックスに「$A$5」と表示されます。

⑪ ［OK］をクリックします。

⑫ ［ゴールシーク］ダイアログボックスが表示され、「セル F5 の収束値を探索しています。解答が見つかりました。目標値：100000 現在値：100,000」と表示されます。

⑬ ［OK］をクリックします。

⑭ セル A5 の平均客単価が「1,564」になります。

⑮ セル F5 に「100,000」と表示されたことを確認します。

【タスク 4】ワークシート「既存店売上」のセル範囲 B4:E7 の数値にユーザー定義の表示形式を設定し、桁区切りスタイル、千単位にします。なお、数値が 0 のときは「0」が表示されるようにします。

① ワークシート「既存店売上」のシート見出しをクリックします。

② セル B4 ～ E7 を範囲選択します。

③ ［ホーム］タブの［数値］グループ右下の［表示形式］ボタンをクリックします。

④ ［セルの書式設定］ダイアログボックスの［表示形式］タブが表示されるので、［分類］ボックスの［ユーザー定義］をクリックします。

⑤ ［種類］ボックスの一覧から［#,##0］をクリックします。

⑥ ［種類］ボックスに「#,##0」と表示されるので、末尾に「,」（半角のカンマ）を入力して、「#,##0,」にします。

⑦ ［サンプル］に「29,885」と表示されたことを確認します。

⑧ ［OK］をクリックします。

⑨ セル B4 ～ E7 の数値が桁区切りスタイル、千単位で表示されます。

⑩ セル B6 に「0」が表示されていることを確認します。

【タスク 5】データが変更されたときに、手動で再計算する設定にし、ブックを保存するときに再計算が行われる設定にします。

① ［ファイル］タブをクリックします。

② ［ホーム］画面が表示されるので、左側の一覧から［その他］をクリックします。

※ 環境によっては［その他］がない場合があります。その場合は手順③へ進みます。

③ ［オプション］をクリックします。

④ ［Excel のオプション］ダイアログボックスが表示されるので、左側の一覧から［数式］をクリックします。

⑤ ［計算方法の設定］の［ブックの計算］の［手動］をクリックします。

⑥ ［ブックの保存前に再計算を行う］チェックボックスがオンになっていることを確認します。

⑦ ［OK］をクリックします。

プロジェクト 6　社内試験評価

【タスク 1】ワークシート「筆記試験」に設定されている条件付き書式を変更して、各科目と合計の上位 3 位の点数に書式が適用されるようにします。

① ワークシート「筆記試験」が表示されていることを確認します。

② ［ホーム］タブの［条件付き書式］ボタンをクリックします。

③ ［ルールの管理］をクリックします。

④ ［条件付き書式ルールの管理］ダイアログボックスが表示されるので、［書式ルールの表示］ボックスの▼をクリックし、一覧から［このワークシート］をクリックします。

⑤ ［ルール（表示順で適用）］に「上位 3 位」が表示されるので、［適用先］ボックスの「=$B$4:$D$18」を「=$B$4:$B$18」に変更します。

⑥ ［OK］をクリックします。

⑦ 「関係法規」のセル B4 ～ B18 の上位 3 位に書式が適用されます。

⑧ セル B4 をクリックします。

⑨ ［ホーム］タブの［書式のコピー / 貼り付け］ボタンをダブルクリックします。

⑩ マウスポインターの形が刷毛に変わるので、セル C4 ～ C18 をドラッグします。

⑪ 「経営学」のセル C4 ～ C18 の上位 3 位に書式が適用されます。

⑫ マウスポインターの形が刷毛のままの状態で、セル D4 ～ D18 をドラッグします。

⑬ 「商品知識」のセル D4 ～ D18 の上位 3 位に書式が適用されます。

⑭ マウスポインターの形が刷毛のままの状態で、セル E4 ～ E18 をドラッグします。

⑮ 「合計」のセル E4 ～ E18 の上位 3 位に書式が適用されます。

⑯ ［ホーム］タブの［書式のコピー / 貼り付け］ボタンをクリックしてオフにします。

⑰ マウスポインターの形が元に戻ります。

【タスク 2】ワークシート「筆記試験」の合計点をもとにパレート図を作成します。グラフタイトルを「筆記合計点の分布」にし、ピンの幅を「20」にします。

① ワークシート「筆記試験」のセル E4 ～ E18 を範囲選択します。

② ［挿入］タブの［統計グラフの挿入］ボタンをクリックします。

③ ［ヒストグラム］の［パレート図］をクリックします。

④ パレート図が作成されます。

⑤ 問題文の「筆記合計点の分布」をクリックしてコピーします。

⑥ ヒストグラムの［グラフタイトル］をクリックします。

⑦ 「グラフタイトル」の文字列をドラッグし、Ctrl ＋ V キーを押します。

⑧ 「グラフタイトル」に「筆記合計点の分布」が貼り付けられ、上書きされます。

⑨ ヒストグラムの横軸をダブルクリックします。

⑩ ［軸の書式設定］作業ウィンドウが表示されるので、［軸のオプション］の［ピン］の［ピンの幅］をクリックします。

⑪ 問題文の「20」をクリックしてコピーします。

⑫ ［ピンの幅］ボックスの「38.0」をドラッグし、Ctrl ＋ V キーを押します。

⑬ ［ピンの幅］ボックスに「20」が貼り付けられ、上書きされます。

⑭ Enter キーを押します。

⑮ パレート図のピンの幅が 20 に変更され、ピンの数が 5 つになります。

【タスク3】ワークシート「実技試験2」のセル範囲 E5:E19 には、チェックポイント1～3に「○」が3個なら「A」、2個なら「B」、それ以外なら「C」と表示する数式が入力されていますが、正しく表示されていません。数式の検証機能を使用して、正しい数式に修正します。

① ワークシート「実技試験2」のシート見出しをクリックします。
② セル E5 をクリックします。
③ ［数式］タブの［数式の検証］ボタンをクリックします。
④ ［数式の検証］ダイアログボックスが表示され、［検証］ボックスにセル E5 の数式が表示され、「COUNTIF(B5:D5," ○ ")」の部分に下線が付いていることを確認します。
⑤ ［検証］をクリックします。
⑥ 下線の部分がその式の結果である「2」に変化し、さらにこれを含む「2=3」の部分に下線が付きます。
⑦ ［検証］をクリックします。
⑧ 下線の部分がその式の結果である「FALSE」に変化し、「COUNTIF(B5:D5,"O ")」の部分に下線が付きます。
⑨ ［検証］をクリックします。
⑩ 下線の部分がその式の結果である「0」に変化し、さらにこれを含む「0=2」の部分に下線が付きます。最初の「COUNTIF(B5:D5," ○ ")」の結果は「2」だったのにここでは「0」になっているので、この部分の式に問題があることがわかります。
⑪ ［閉じる］をクリックします。
⑫ 数式バーの式の2番目の「COUNTIF(B5:D5," O ")」の部分を確認します。この「O」は英字の「O」のため、最初の式の「○」と違うことがわかります。
⑬ 数式バーの最初の式の「○」をドラッグし、Ctrl + C キーを押します。
⑭ 数式バーの2番目の式の「O」をドラッグし、Ctrl + V キーを押します。
⑮ 2番目の式の「O」が1番目の式の「○」に上書きされます。
⑯ Enter キーを押します。
⑰ セル E5 に「B」と表示されます。この行の「○」が2個なので、正しい評価です。
⑱ セル E5 をクリックします。
⑲ セル E5 の右下のフィルハンドルをマウスポインターの形が＋に変わったらダブルクリックします。
⑳ セル E5 の数式がセル E6 ～ E19 にコピーされ、各行の「○」の数に基づいた評価が正しく表示されます。

【タスク4】ワークシート「合否判定」の「判定」の列の数式を編集し、各行の「筆記試験」の結果が240点以上で、かつ「実技試験1」または「実技試験2」のどちらか一方でも「A」であれば、「合格」、そうでなければ「不合格」と表示します。

① ワークシート「合否判定」のシート見出しをクリックします。
② セル E4 をクリックします。
③ 数式バーに「=AND(B4>=240,OR(C4="A",D4="A"))」と表示されていることを確認します。
④ 「=」の後ろをクリックし、「IF(」を入力します。
⑤ 数式バーの「IF」をクリックします。
⑥ 数式バーの左側の［関数の挿入］ボタンをクリックします。
⑦ IF 関数の［関数の引数］ダイアログボックスが表示されるので、［論理式］ボックスに「AND(B4>=240,OR(C4="A",D4="A"))」と表示されていることを確認します。
⑧ 問題文の「合格」をクリックして文字列をコピーします。
⑨ ［値が真の場合］ボックスをクリックし、Ctrl + V キーを押します。
⑩ ［値が真の場合］ボックスに「合格」の文字列が貼り付けられます。
⑪ 問題文の「不合格」をクリックして文字列をコピーします。
⑫ ［値が偽の場合］ボックスをクリックし、Ctrl + V キーを押します。

⑬ ［値が偽の場合］ボックスに「不合格」の文字列が貼り付けられます。
⑭ ［OK］をクリックします。
⑮ 数式バーに「=IF(AND(B4>=240,OR(C4="A",D4="A"))," 合格 "," 不合格 ")」と表示されたことを確認します。
※ ［関数の引数］ダイアログボックスを使わずに、数式を直接編集してこの数式にしてもかまいません。
⑯ セル E4 に「不合格」と表示されます。
⑰ セル E4 の右下のフィルハンドルをポイントし、マウスポインターの形が＋に変わったらダブルクリックします。
⑱ セル E4 の数式がセル E5 ～ E13 にコピーされ、各行の筆記試験が240点以上で、かつ「実技試験1」または「実技試験2」のどちらか一方でも「A」であれば、「合格」と表示され、そうでなければ「不合格」と表示されます。

【タスク5】フラッシュフィルを使って、ワークシート「受験者名簿」の「入社年」の列に、社員番号の先頭の4字を表示します。

① ワークシート「受験者名簿」のシート見出しをクリックします。
② セル D4 をクリックします。
③ セル A4 の社員番号の先頭の4字「2019」を入力します。
④ セル D5 がアクティブセルの状態で、［ホーム］タブの［フィル］ボタンをクリックします。
⑤ 一覧から［フラッシュフィル］をクリックします。
⑥ セル D5 ～ D18 に各行の社員番号の先頭の4字が表示されます。

　以下の使用許諾契約書は、お客様と株式会社日経BP（以下、「日経BP」といいます）との間に締結される法的な契約書です。本プログラムおよびデータ（以下、「プログラム等」といいます）を、インストール、複製、ダウンロード、または使用することによって、お客様は本契約書の条項に拘束されることに同意したものとします。本契約書の条項に同意されない場合、日経BPは、お客様に、プログラム等のインストール、複製、アクセス、ダウンロード、または使用のいずれも許諾いたしません。

●使用許諾契約書

1. 許諾される権利について
日経BPは、本契約に基づき、以下の非独占的かつ譲渡不可能な使用権をお客様に許諾します。
（1）プログラム等のコピー1部を、1台のコンピューターへインストールし、1人が当該コンピューター上で使用する権利。
（2）保存のみを目的とした、プログラム等のバックアップコピー1部を作成する権利。

2. 著作権等
（1）プログラム等およびプログラム等に付属するすべてのデータ、商標、著作、ノウハウおよびその他の知的財産権は、日経BPまたは著作権者に帰属します。これらのいかなる権利もお客様に帰属するものではありません。
（2）お客様は、プログラム等およびプログラム等に付属する一切のデータは、日経BPおよび著作権者の承諾を得ずに、第三者へ、賃貸、貸与、販売、または譲渡できないものとします。
（3）本許諾契約の各条項は、プログラム等を基に変更または作成されたデータについても適用されます。

3. 保証の限定、損害に関する免責
（1）プログラム等を収録した媒体に物理的損傷があり、使用不能の場合には、日経BPは当該メディアを無料交換いたします。ただし、原則として、交換できるのは購入後90日以内のものに限ります。
（2）前項の場合を除いては、日経BPおよび著作権者は、プログラム等およびプログラム等に付属するデータに関して生じたいかなる損害についても保証いたしません。
（3）本契約のもとで、日経BPがお客様またはその他の第三者に対して負担する責任の総額は、お客様が書籍購入のために実際に支払われた対価を上限とします。

4. 契約の解除
（1）お客様が本契約に違反した場合、日経BPは本契約を解除することができます。その場合、お客様は、データの一切を使用することができません。またこの場合、お客様は、かかるデータの複製等すべてを遅滞なく破棄する義務を負うものとします。
（2）お客様は、プログラム等およびそれに付属するデータ、プログラム等の複製、プログラム等を基に変更・作成したデータの一切を破棄することにより、本契約を終了することができます。ただし、本契約のもとでお客様が支払われた一切の対価は返還いたしません。

5. その他
（1）本契約は、日本国法に準拠するものとします。
（2）本契約に起因する紛争が生じた場合は、東京簡易裁判所または東京地方裁判所のみをもって第1審の専属管轄裁判所とします。
（3）お客様は事前の承諾なく日本国外へプログラム等を持ち出すことができないものとします。日経BPの事前の承諾がない場合、お客様の連絡・通知等一切のコンタクトの宛先は、日本国内に限定されるものとします。

■ 本書についての最新情報、訂正、重要なお知らせについては、下記 Web ページを開き、書名もしくは
　ISBN で検索してください。ISBN で検索する際は - （ハイフン）を抜いて入力してください。

　　　https://bookplus.nikkei.com/catalog/

■ 本書に掲載した内容および模擬テストプログラムについてのお問い合わせは、下記 Web ページのお問い
　合わせフォームからお送りください。電話およびファクシミリによるご質問には一切応じておりません。
　なお、本書の範囲を超えるご質問にはお答えできませんので、ご了承ください。ご質問の内容によっては、
　回答に日数を要する場合があります。

　　　https://nkbp.jp/booksQA

装　　　　丁 ●折原カズヒロ
編 集 協 力 ●株式会社 ZUGA
Ｄ Ｔ Ｐ 制 作 ●真壁 みき
模擬テスト
プログラム開発 ●エス・ビー・エス株式会社

MOS攻略問題集 Excel 365 & 2019 エキスパート

2021 年　5 月 24 日　初版第 1 刷発行
2024 年　1 月　9 日　初版第 5 刷発行

著　　　者：土岐 順子
発　行　者：中川 ヒロミ
発　　　行：株式会社日経 BP
　　　　　　〒 105-8308　東京都港区虎ノ門 4-3-12
発　　　売：株式会社日経 BP マーケティング
　　　　　　〒 105-8308　東京都港区虎ノ門 4-3-12
印　　　刷：大日本印刷株式会社